2900.6	(米)	....
2500	//	....
2000	//	....
1500	//	....
1000	//	....
500	//	....
147.8	//	....

66 Eco Landmarks in *Guizhou*

水 墨 黔 乡　　✴　　66 个贵州生态地标

生态地标项目组

科学出版社

图书在版编目(CIP)数据

水墨黔乡：66个贵州生态地标 / 生态地标项目组编. —北京：科学出版社, 2017.9

ISBN 978-7-03-053533-7

Ⅰ. ①水… Ⅱ. ①生… Ⅲ. ①贵州—概况 Ⅳ. ①K927.3

中国版本图书馆CIP数据核字(2017)第117752号

责任编辑：张 婷 王亚萍 / 责任校对：郑金红
责任印制：张 倩 / 图书策划：鹿蒠工社
编辑部电话：010-64003096
E-mail:zhangting@mail.sciencep.com

科学出版社 出版
北京东黄城根北街16号
邮政编码：100717
http://www.sciencep.com

四川金邦印务有限公司 印刷
科学出版社发行 各地新华书店经销
*

2017年9月第 一 版　开本：720×1000 1/16
2017年9月第一次印刷　印张：19
字数：250 000
定价：88.00元
（如有印装质量问题，我社负责调换）

编委会：

顾问委员会：欧阳志云　朱春全　蒋志刚　吕　舟　闵庆文
专家委员会：乙　引　喻理飞　熊康宁　罗　扬　刘济明　刘保党　冉景丞　刘丙万　杜　安　江大勇
　　　　　　孙作玉　张华海　殷建强　高煜明　谢双喜　梅再美　何师意　朱　军　杨成华　容　丽
　　　　　　高华端　姜运力　肖时珍　蒲应春　袁　果　黄承玲　吴忠荣　侯　勉　潘永荣　闻　丞
　　　　　　刘　冰　杨卫诚　谷小平

总 策 划：黎　平　朱春全　乙　引　缪　杰　刘保党
策　　划：冉景丞　李文义　刘艳丽　王明自　严晓梅　宗　伟　李王刚　陆跃芳
主　　编：黎　平
副 主 编：刘保党　冉景丞
项目统筹：刘艳丽　蒙文萍　龚记熠　冯　杰
协 调 组：孙吉慧　李　宏　邓伯龙　吴惊毅　来楷迪　赵　恒　高世娟　孙运刚　郭群义　刘言生
　　　　　夏正贤　张卫民　姚正明　吴太伦　张维勇　吴安康
资 料 组：郭群义　王青伟　陈东生　吴忠荣　张小鹏　方忠艳　谷祥卉　赵　璐　刘伦衔　李欲轲
　　　　　鲁小明　苏志孟　张　旭　李钥含　方　敏　任韦恒　何小红　庄玉芳　翟立升　黄建敏
　　　　　刘　倩　向　锐　陈　婷　熊梦莲　简　燕　孙贵红　侯天文　江亚猛　林　虹　石牌垌
调 研 组：刘保党　冉景丞　刘艳丽　李文义　王明自　粟海军　杨卫诚　彭　涛　张明明　水　伊
　　　　　陈　旭　蒙文萍　方忠艳　张小鹏
创 作 组：刘俊燕　水　伊　刘艳丽　呙亚萍　黄怀凤　蒙文萍　冉景丞　彭　涛　杨卫诚　张　潮
　　　　　杜　安　汤晓辛　胡　宁　刘雨媞　容　丽　唐　明　王野影　刘　杰　张习敏　徐　雨
　　　　　张明明　丹　菲　冯　海　姜运力　陈　尽　谢双喜　蒲应春　杜　薇　吴忠荣　田　园
　　　　　王瑞卿　张一诺　王　超　王娇娇　林文彬　李大华　麻俊虎
图 片 组：安明态　蔡　琼　曹经建　陈东升　陈　林　陈荣森　陈　旭　陈永红　陈正军　崔　卿
　　　　　代传付　段　彪　范国文　范　辉　郭　亮　郭　轩　郭　应　郭泽玉　何　彬　黄　强
　　　　　朱惊毅　李贵云　李隆平　李雁秋　李云贵　龙胜勇　吕敬才　潘永荣　彭　涛　蒲红强
　　　　　钱长江　粟海军　孙鲁荣　孙晓明　唐承贵　王　熙　王　云　魏鲁明　吴承贵　徐　建
　　　　　徐建民　杨成华　杨传东　杨卫诚　杨炎冰　姚小刚　余登利　喻德江　张　霆　张忠刚
　　　　　郑　铁　周东亚　周秋亮　邹雪军　王丽霞　吴　杰　肖时珍　林文彬　Dante Fenolio
审校专家组：冉景丞　梅再美　潘永荣　谢双喜　朱　军　罗　杨　肖时珍　吴忠荣　姜运力　殷建强
　　　　　闻　丞　刘保党
翻　　译：刘惠华　张　萍
科学支持：刘丙万　闻　丞　侯　勉　刘　冰　宋大昭
艺术总监：王明自
设计制作：吴勇韬　李光旭　张　博　廖顺宝
文字编辑：蒙文萍　刘艳丽　田　园　王瑞卿　韦荣华　张　婷　方忠艳
校　　对：刘艳丽　刘俊燕　冯　海　刘　雅

出　　品：鹿蒿工社

鸣　　谢：中国科学院水生生物研究所　石阡温泉管理局　安顺市林业局　贵州省生物研究所
　　　　　湄潭县林业局　王丽霞　徐德海　杨胜刚　周长树　李　丽　敖家辉　田　毅　倪建红

序

文 / 黎 平

(一)

  2016年，贵州省林业厅启动了"国家公园建设""全省生物多样性关键区域调查""野生动植物生态廊道建设""生态家园建设"等项目，同时继续推动"自然保护区综合科考"和"美丽中国跨界科考"活动，以专业保护管理者的姿态进行全省的生态本底分析与保护、生态知识的公众影响力转化。我对这些项目抱有很大期望。长期以来，林业守护中国的自然精华地，积累了丰富的监测数据与保护管理经验，是中国生态文明建设的重要支撑，但林业在生态影响力公众化的转型道路上仍需探索，我希望通过这些项目的推进，能够逐渐实现林业的管理和保护目标。

  在遵义市习水县为"生态家园"项目选址时，我得知鹿蒿工社正在习水县做"生态地标"试点项目。"生态地标"的名字引起了我的好奇心，我跟鹿蒿工社的刘保党先生做了一席交谈。我问他："这是生态项目，为什么不跟林业厅合作？"刘先生回答说："这是吃螃蟹一样的新项目，涉及的行业和知识众多，国内以前没有先例，要选小一点的地方实践完善，也要选强势的部门来组织协调。"我又问他："您怎么理解生态地标这个项目？"刘先生回答说："生态地标，指反映自然环境圣洁美好、生态系统健康完善、人与自然协同共进的'功与场'，是闪烁着自然之光和文明之光的顶级文化象征。通过梳理生态地标，让当地人民建立家园自豪感，深入了解和爱护自己的家园。"我听了，想：这也是贵州林业厅要做的事情。

  2016年习水县"生态地标"项目结束后，鹿蒿工社同世界自然保护联盟（IUCN）

中国代表处、贵州师范大学、贵州省林业厅酝酿成立贵州省生态地标研究中心，这个过程中他们对生态地标项目的打磨已经比较清晰。同时鹿䴢工社承担中央电视台大型自然类纪录片《自然的力量》第二季调研工作时，也重点关注了贵州的草海湿地、麻阳河的喀斯特森林等特殊生境，联合中国科学院、贵州大学、贵州师范大学、贵州省林业科学研究院的专家，逐个分析提炼这些地方的生态价值与生物多样性故事，作为向世界介绍中国生物多样性的案例。这些消息令我振奋。我意识到，生态地标项目的理念与林业宣传的目标不谋而合，通过生态地标项目，能迅速联合中国最强的科研力量，共同推动贵州生态格局的整体分析与价值呈现，并在此过程中完善林业数据的比较化和系统化，加速公众影响力正面转化，这与林业实现自身价值的大方向吻合。

时间很快就到了 2017 年。春节过后的 2 月中旬，我见到了刘保党先生，对他说："我们一起启动贵州省生态地标的整体项目吧。"

（二）

我对于由林业启动生态地标项目的信心还在于贵州省野生动植物管理站的冉景丞站长一直在深度参与这件事，他是贵州林业自然保护区生态知识集大成者，去过贵州省的每一个保护区。我认为，即使有中国最强的科研力量和文化力量，生态地标项目的品质还是要基于地方林业部门的科学家和管理者长期保护管理的基础和经验。当然我也知道，这件事并不轻松，因为，生态地标注重整体格局与生态系统的完整性，要囊括很多其他类型的自然保护地，往往人们耳熟能详的几个地点资料比较完善，但要从全省格局梳理，资料就没有那么现成了，很可能围绕每个地标，还要经历一个个科研攻关的过程，并以此逐步完善我们的科研力量、提升我们的科研水平。

我给项目组传递的信息，一是要有信心，保持良好的工作状态，各位专家要多出智慧和力量，圆满地完成这项工作，作为献给贵州第一个"生态日"的一份珍贵的生日礼物。二是生态地标的选择要突出"生态"二字,要有生态的"眼",从"眼"着手,衍生更大的经济效益和社会效益,达到生态地标创立的目的和意义。三是生态地标出版物要有灵魂,梳理出各生态地标的生态内涵和文化内涵,要放在贵州的大格局去看,把生态地标串联起来,做成一棵"生态树",让读者阅读后能够获得丰满的生态知识,并得到一定的启发。

就目前了解到的情况,项目执行中项目组遇到了很多挑战。我很高兴,因为有很多问题其实是对林业保护管理工作的问题反馈,比如,很多国家湿地公园在生态地标价值点的会议讨论名单中几起几落,原因就在于这些湿地公园在规划时受限于行政、财政等种种因素,没有很好地考虑生态系统的完整性与生态价值的整体性,而没有全局观的湿地保护会因为不能实现有效保护而无法进入名单。例如,明湖国家湿地公园最终以梅花山的地标名义入选,只有把梅花山涵盖进来,地标才是完整的生态系统。另外,科学家们不仅关注河流湿地,也关注河流上游的水源地、河流中游的风景地,还有河流终点的江河。这种用整体流域的概念来实现湿地保护的思路,也是我们的保护工作注重的方向。还有,部分有价值的区域研究资料甚少,需要加强科研调查,如花溪久安古茶树与六枝古杨梅群落,这些古树资源的保护与贵州的民族文化、贵州历史结合得非常紧密,有很好的社会传播度,但如果当地没有对它做足够的科学调查,这个价值就始终缺乏严谨的认定。另外一个问题是,这次生态地标项目需要各个保护区和湿地公园提交图片,但收集效果不好,最后借助摄影家协会的力量才完成,这意味着我们的保护管理工作缺乏系统的档案规划。就这些问题来说,项目对林业保护管理工作的思路调整都有重要启发。

(三)

我很欣慰贵州省第一批生态地标名录能够按时完成,项目组执行团队承受了很大的压力,克服了难以想象的困难。整个贵州省的科研力量都被项目调动起来,因为时间太紧迫、资料太匮乏,中间他们应该动摇过信心,我希望他们不要停下来,因为对林业来说,这也是一个吃螃蟹的事情。只有每一次都坚持做完,才能逐渐完成积极的转变。

《水墨黔乡:66个贵州生态地标》就要付梓了,它凝聚了项目组所有人的心血,也代表了大家建设美好生态家园的希望。林业人始终致力于培育生态资源、保护生态资源、科学合理利用生态资源的工作,我们始终都在寻找人与自然和谐相处的路径,尽管我们永远在路上,但我们可以自豪地说:林业事业是让生命更美好的事业!林业人每一天都在从事大自然的修复工作。大山深处有许多默默奉献的林业英雄!

序

文 / 朱春全

设计贵州生态地标是一种新的尝试，从生态文化的角度整理、挖掘贵州省具有特殊价值的标志性生物个体、群落、生态系统、自然风景和历史遗迹，对于认识和传播贵州古老又年轻的生态文化传统和生存智慧具有重要的意义。

贵州省的特殊地形地貌和独特气候条件孕育了十分丰富的生物多样性，也养育了众多的民族和文化。贵州省是中国生物多样性和文化多样性最丰富的省份之一，因为其丰富的生物种类组成、多样的生态系统类型，以及丰富多彩的民族文化多样性而享誉世界，如贵州的黔金丝猴、妥乐古银杏群、梵净山、黄果树瀑布、丹霞地貌、古生物化石群、苗寨和侗族大歌等。珍贵古老的树木生长在大山里、河流旁、村屯边和房前屋后，记录和寄托着生活繁衍在那里的人们的梦想和依恋，老人在树下乘凉、孩子们围绕着大树嬉戏，诉说着数千年间创造和流传着的故事，分享着日新月异的万千气象。

随着工业化和城市化进程的不断加速，越来越多的人，特别是年轻人搬进了城里，远离了养育他们的家乡和山山水水，传统文化和生存智慧面临着挑战。因此，贵州生态地标应运而生，填补了这方面的空白。

贵州生态地标在鹿蒿工社刘保党带领的团队的积极倡导和推动下，得到了贵州省林业厅黎平、冉景丞，贵州师范大学乙引等同仁的支持，IUCN中国代表处也有幸参与了贵州省生态地标项目。

IUCN 高度关注、重视原住民和当地社区的传统知识及生存智慧的保护和传承。IUCN 一直是"人是自然的一部分"概念的倡导者，特别重视"当地社区和传统生活方式"的重要性，呼吁"关注尚存的非常巨大的传统知识库和当地文化经验，为未来管理政策和规划行动等进化提供重要的基础"。IUCN 会员大会通过决议，使原住民代表成为 IUCN 理事会的永久成员，并使原住民组织成为 IUCN 的新型会员。通过几十年的不懈努力，IUCN 为把文化多样性成为自然保护关注的主要部分做出了重要贡献，形成了生物多样性保护和文化多样性保护的有机结合的国际共识。自 1964 年以来，IUCN 连续发布濒危物种红色名录，为全球物种保护提供科学依据。近年来，IUCN 又陆续开发了"IUCN 关键生物多样性区域""IUCN 生态系统红色名录""IUCN 自然保护地绿色名录"和"生态系统生产总值"（GEP）等新的概念和国际标准，为生物多样性和文化多样性保护、遏止生态系统退化、更好地认识和利用自然的价值提供了科学依据和技术支持。同时，IUCN 作为世界自然及自然和文化双遗产委员会的官方技术咨询机构，作为生物多样性公约、国际重要湿地公约、珍稀濒危物种国际贸易等国际公约的推动者和技术支持机构，为世界各国的自然和文化保护提供可靠的科学支撑。希望通过参与生态地标的挖掘和梳理，能够把 IUCN 的相关理念和标准传递给更多的人。

贵州生态地标从策划到成稿，有许多专家和学者参与和付出，不仅仅是一批专家学者智慧的结晶，也是入选地标的自然和社会文化价值的呈现。相信贵州生态地标将成为凝聚和传承贵州省生态文化知识和智慧的载体，成为使人认识和了解贵州的最佳途径。

2017 年 5 月 25 日于北京

序

文 / 乙引

鸟瞰贵州版图，她宛若池塘里亭亭玉立的一片荷叶。荷叶的一端柔美地向下倾斜，那是海拔自高向低过渡时的写意；叶面凹凸不平，中部微微隆起，那是群山尽情地起舞；叶脉蜿蜒曲折，连绵不绝，那是江河欢唱后留下的余音袅袅；荷叶上还镶嵌着许多晶莹剔透的水珠，碧翠欲滴，那是生态地标正展现迷人魅力。

"贵州荷叶"位于副热带东亚大陆的季风区内，属中国亚热带高原季风湿润气候，主要特点为：气候温和，四季分明；雨量充沛，时空分布不均；光照不足，相对湿度较大；立体气候明显，"一山有四季，十里不同天"。地貌类型较为复杂，以高原山地和丘陵为主，是一个海拔较高、纬度较低、喀斯特地貌典型发育的山区，其中，喀斯特地貌出露面积10.91万平方公里，占全省总面积的61.9%。地势西高东低，起伏较大，自中部向北、东、南三面倾斜，呈三级阶梯分布。贵州独特的气候和地貌特征是贵州森林、湿地、草原、荒漠、农田和城市等各类陆地生态系统发育与演变的自然基础。

从宏观上看，"贵州荷叶"具有连续完整的"四山八水"格局。苗岭山脉横亘在荷叶中部，将荷叶分隔为两部分，它们分属长江流域和珠江流域，是"两江"中上游的生态屏障，维护着长江三角洲、珠江三角洲两个重要经济圈的生态安全。苗岭以北属于长江流域，由乌蒙山脉、大娄山脉和武陵山脉形成了牛栏江横江水系、乌江水系、赤水河綦江水系和沅江水系四大水系；苗岭以南属于珠江流域，由南盘江水系、北盘江水系、红水河水系和都柳江水系四大水系组成。"四山八水"格局，激起了远山对碧水的依恋，撮合了流水对青山的缠绵，在"贵州荷叶"上雕琢出山、水、洞、林、石的交相辉映，哺育出人与自然的和谐相处，最终塑造出贵州生态地标的非凡气质。

贵州的山水格局决定了生态地标的分布，使生态地标好似轻柔洒落在荷面上的水滴，星罗棋布，既相互独立，又相互联系，构建起了绚丽景观的舞台、复杂生态系统的灵魂、珍稀动植物的天堂和物种的基因库。首先，四大山脉地势跌宕起伏，汇聚了"贵州荷叶"上的五个主要生态区，分别是东部湿润亚热带常绿阔叶林生态区、南部干热河谷南亚热带季雨林生态区、西部半湿润亚热带针阔混交林－草山喀斯特脆弱环境生态区、北部湿润亚热带常绿阔叶林生态区、中部湿润亚热带喀斯特脆弱生态区，各生态区之间有生态廊道连接。这里也是各种森林景观最为集中的地区，植被具有明显的亚热带性质，以中亚热带常绿阔叶林为主，组成种类繁多，类型复杂，地域分异明显，在水平方向上表现出明显的纬度和经度地带性，一些生态地标在垂直方向上则形成亚热带山地垂直带谱，在一些海拔较高的平坦地区则出现高山草原。其次，八大水系使河流水系的自然形态变得复杂，形成了走向各异、类型多样的河流湿地、湖泊湿地、沼泽湿地和人工湿地；河流不断地冲刷和溶蚀庞大的山体，将其切割并形成独特的喀斯特峡谷；地上河流和地下暗河构成了喀斯特水文的二元特征，它们是贯通各生态地标内外的水上廊道。

"贵州荷叶"漂浮在长江、珠江的中上游，它是"两江"中上游的生态屏障，维护着"两江"下游两个重要经济圈的生态安全，因此，在全国这块"荷塘"上，贵州荷叶主要起生态调节作用，行使着水源涵养、水土保持和生物多样性维护等三大功能。其中，位于大娄山脉的大娄山区是赤水河与乌江水系、横江水系的分水岭，是全国水源涵养重要区，该区域水热条件良好，生物资源丰富，以水源涵养和土壤保持为主；位于毕节、六盘水、安顺、黔西南、黔南的喀斯特山地是全国西南喀斯特土壤保持重要区，该区域生态系统极其脆弱，水土流失敏感性程度高，土壤一旦流失，生态恢复重建难度极大；位于武陵山脉的武陵山区是全国生物多样性保护重要区，该区域山地坡度大，降雨丰富，水土流失敏感性程度高，其中，武陵山地和黔东北地区既是东亚热带植物区系分布核心区，又是长江支流清江和澧水的发源地及沅水、资水、乌江水系的汇水区，以生物多样性保护为主，黔东南丘陵和黔东中低山地区以水源涵养为主。目前，贵州已有 25 个县纳入国家重点生态功能区，占县域数量的 28%。这 25 个县全部为国家级贫困县和集中连片特殊困难区县，普遍存在资源利用不合理、生产经营方式粗放等问题，导致水土流失严重、野生动植物栖息地破坏和生态系统功能退化等现象。因此，调整经济结构，推动绿色发展，确保生态系统结构和功能的完整性，对于维护贵州乃至全国的生态安全具有重要意义。

一片荷叶，描绘一幅山水画卷，讲述一段美好生态。正如露珠滋润着荷叶的生长，贵州生态地标赋予了贵州家园无与伦比的美丽，它们是用时间串成的生态故事。地质地貌地标吟唱着远古家园由海相演变为陆相的地质过程，山与水的结合造就了溶洞、天坑和天生桥等岩溶景观，而古生物类群大爆发更像是烟花的宿命，绽放时绚丽多彩，熄灭时归于平寂；森林、湿地、草地和石漠地标诠释了古老家园适应自然的生态演变，适应是大自然的魔力，所到之处，无不幻化出了多姿多彩的生态景观；文化地标则聚焦现代家园，着力刻画人与自然和谐相处、薪火相传的历史遗迹。倘若有那么一天，当露珠不再出现在荷叶上时，荷叶终将萎蔫而失去光彩；当贵州生态地标褪祛了它的本色时，贵州生态家园将会衰退而崩塌，那些祖祖辈辈生活在这块土地上的万千生灵也将面临无家可归的困境。

请珍爱这里的每一座青山，请呵护这里的每一池碧水，让山与水完美交融，让我们的生态家园更加美好。

前言

文 / 刘保党　刘艳丽

一 / 缘起

2015年秋天，西藏林芝，鹿蓠工社的生态科考沿着帕隆藏布江行进，沿途车辆极多，众生皆见沿途高山大江，针林星寒，云带飘绕，万年冰川清透幽蓝，因景色如画而人人惊叹。于是很多游客停车拍照，情不自禁地说："太美了！"停驻片刻并再次上车。

沿着波密河，在波密去然乌镇的路上，我们远远看到高山上的来古冰川，冰舌宽大硕厚，凝聚着万年冰雪冻成的淡水，从山顶逶迤而下，冰川附近是高山流石滩，流石滩下方依次是高山草甸、高山灌丛、针叶林、针阔混交林这样的森林垂直带景观，河谷蒸腾的水汽在河面上氤氲，干旱气团与暖湿气团冲撞形成的云带绕着山腰，轻灵优雅，景色依然美如画，游客在身旁停下来，说了同样的话："太美了。"然后，上车离开。

这样的情形在后来我们考察贵州梵净山、茂兰、习水时也多次重演，令我们这批从事生态保护工作多年的人感到很大的遗憾。在如此重要的生态高地，游客脑海中能浮现的评价却只有"美"而无法得知美的内涵，甚至可能连景观名字都无法获知。这说明生态保护科研宣教严重缺位，而这种缺位往往导致一系列的社会后果。

另外一些事情也引发我们的思考。我们曾经考察过贵州和云南的民族村寨，很为少数民族村寨的规划与布局惊叹，与现代飞速发展的城市关注房屋修建与道路建设不同，少数民族的村寨规划与布局包含了一整套的生产与生活文化空间，以台江县登鲁村为例，只有100多户的村寨有2万多株楠木的风景林，是村民精心维护400年的成果，村寨同时分布梯田、风雨桥、土地庙、踩鼓场、青石步梯等多个文化空间，共同维系村落生态系统与社会系统的良好运行。在岜沙苗寨，沟谷溪流终年流水潺潺，参天古树枝繁叶茂，每个去世的人都会安身在一棵从他出生起就为他种下的大树中。每逢节日，人们相聚在踩鼓场唱歌跳舞，分享欢乐抚慰忧伤，在这样的村寨空间中人们感觉十分安全舒适。那时我们就意识到，我们的祖先对家园、对生态有一套非常整体的认知系统，富含对山、水、林的生态认识，以及对家园可持续的整体观念，在这种认知文化体系下，人们能够合理规划家园，利用不同生态系统的生态功能规划、建设家园，避免灾害、保护家园安全。万物生命因此在自然生态系统中生机勃勃，自然生态系统能够有序运转，既是生物多样性的世界，也是家园安全的保障。

所有这些正是现代城市发展中最缺乏的：对生态系统的整体认知。近年气候多变，现代化的城市发展过快，更明显地暴露了这种认知不足导致的后果：排水设施等修建不足，出现了多次"到城市中看海"的事件。在郊外，由于对森林、湿地等生态系统的功能认识不足，经济发展有时候敢于同森林湿地生态系统抢夺空间而毫无敬畏之心。生态退化导致水灾、泥石流、洪水灾害频发，给人们的生活带来了苦难，这些都与当代人对生态系统整体认知不足有关。

在地球环境遭受重重压力、生态保护如此迫切的今天，游客身处中国生态最重要的一处地区，沿途所有冰川、灌丛、森林、河谷都是家园生态屏障中最重要的组成，这些生态系统的留存与我们身家性命紧密联系，影响着大气候与物种存续，影响着千千万万人的生活，是修复人们生态整体认知的场所。可是很多人"不识庐山真面目"。

观念决定行动。生态文化是关于生命与环境关系的认知体系，生态与我们今天的家园建设及可持续发展息息相关。除非公众脑海中有"生态"意识，中国的生态保护才能变成千千万万具体的行动，中国的"发展"才能更具体地变为"可持续发展"。中国的未来才是可以世代生息的家园和未来。

基于此，我们决定启动"生态地标"项目，呈现历年来中国科学家对生态及"生态与人人有关"观点的思考和看法。

二 / 入选标准及甄选过程

生态地标，特指反映自然环境圣洁美好，生态系统健康、人与自然协同共进之"功与场"，是闪烁着自然之光和文明之光的顶级文化象征。生态地标按类型可分为：自然景观和生态文化景观。其中，自然景观指自然影响人类的标志地，即自然之光；而自然影响人类，人类守护大自然和谐发展的样板地，我们称之为文明之光，归类为生态文化景观。

2016年，我们在贵州省习水县进行了生态地标项目的试点。邀请多位当今中国最优秀的科学家参与讨论，并参照世界遗产，以7条标准，甄选出习水县的21个生态地标。生态地标入选标准为：

1. 是地球演化史的见证者和产物。

2. 是生命演化史的参与者和产物。

3. 是绝妙的自然景观。其背后承载各种地貌和生态系统类型，有经常可见的优势物种及其群落，以及濒危物种。

4. 有独特的自然禀赋。其影响人类生计方式，并对人类当下的生产生活产生持续影响，是生态系统可持续发展的典型代表。

5. 与人类相生相伴的文化物种。

6. 具有物质形态和精神作用双重性的活态遗存，和人类日常生活仍旧息息相关。

7. 独有的自然景观或物种，在世界或全国、全省范围内具有唯一性。

共同列出了生态地标的标准后,生态地标的甄选过程大概经过5个步骤:

1. 梳理当地的山形水系、地理地质、生物多样性和民族多样性,总结当地的生态特点。

2. 列出当地所有的世界遗产地、风景名胜区、自然保护区、国家湿地公园、国家森林公园、传统文化名村名镇名录,根据每个地标的区位、基本资料与生态特点,从生态系统的角度分析,将这些地标归入不同的类别,并甄选它们中最有代表性的地标。

3. 在地图上标出生态价值较高的区域,分析判断地标在各个区域的比重,分析并判断生态本底与保护管理情况。

4. 对筛选出来的地标点,召开专家会议,邀请当地老专家讲解并导引考察,实地考察并共同分析,从气象、地质、生物、地理、民族等角度对其价值点进行讨论,并就生物与环境的适应关系进行举例说明。

5. 邀请科学家讲解与研究生、教授写作结合,反复沟通修改,培育引导作者进行创作转化。

习水县的试点项目,由县政府出面协调各部门资料,当地老专家讲解,我们邀请了IUCN中国代表处、贵州省林业厅、贵州大学、贵州师范大学和贵州省中国科学院天然产物化学重点实验室的十多位专家在习水县进行了实地考察与甄选,同时配备世界自然遗产专家与国内知名纪录片撰稿人撰写生态地标评述报告,最后借助新媒体方法为生态地标的权威性与传播性做了首次尝试。试点项目比较顺利,但到了贵州省生态地标项目,事情就变得不一样了。

三 / 为何选择贵州

选择贵州做生态地标,不外乎天时地利人和。首先,贵州属于亚热带气候,水热条件较好，地表与地下生境多样，民族多样，生物多样性名列全国第四。其次，贵州在近代由于喀斯特地貌和生境破碎的原因，少有大规模的工业和农业进驻，生态较为完整。第三，贵州有一批愿意做事、愿意往前冲的人。2015年我们跟贵州省野生动物与森林植物管理站合作撰写《物种100·贵州智慧》，2016年"生态地标"与"公民生态手册"的试点项目在贵州省遵义市习水县实践，项目执行中依托了大批贵州籍的科学家，关键时候大家都十分给力，克服重重困难，完成任务要求。在克服困难的过程中我们与科学家结下了很深的友谊。

从一开始，这个项目就特别有意思。尽管有贵州省生态地标研究中心（筹）的大批专家做支持，但从一开始，大家就倾向于认为这件事不可能完成，至少不可能在一年内完成。因为空间的尺度太大，综合性太高，地标的范围扩大，对价值的梳理与提炼要求更高，要基于对地标的长期科研基础，也要从多个层面突破行业限制。比如林业为主的科学家要面对古生物化石群这样的古生态系统和石阡温泉群这样的热泉生态系统，就特别需要地质专家的专业，需要古生物研究专家的介入；而六枝古杨梅群落、云雾山古茶树群落甚至长江上游珍稀特有鱼类保护区这样的淡水生态系统等，也特别需要补充该领域的专家以新的角度来诠释其生态意义。

在一个县里和一个省里，情况复杂度是不一样的。有时候科学家对自己多年花费心血研究出来的科研成果还比较小心，不愿意分享。这时候就尽力沟通；有的区域虽然生态价值高，在生态系统的关键节点，但由于种种原因就是没做系统的科研，价值点不好定位；还有一些地方生态价值很高，但是为了发展，刻意不申请纳入保护范围。甚至于一些地方动植物名录一看就是不准确的。

在贵州省的广阔地域中，基于时间、空间的大尺度，综合各个领域的专家，我们先用了两个月筹备项目组。启用气象、地质、地理、动物、植物、人文等领域的30多位专家，并获得了林业系统、住建系统、农业系统、环保系统、教育系统多位同仁的资料支持，价值评述讨论会议紧锣密鼓地召开，在专家们出野外的间隙和节假日也常常从早上开到晚上。必要的时候也追着在野外的科学家请教咨询意见。价值评述文稿前后至少改了 15 次。这都与贵州科学家愿意做事并为此克服重重困难的热情与努力分不开。

在执行过程中，项目组主要克服了三个方面的困难：对跨部门跨领域科研成果的整合、提炼，对国际与国内生态视野的对话与梳理，对科研论文与公众阅读文体的转化。

四 / 本书结构及章节说明

贵州省生态地标是贵州优良生态系统的代表，是贵州作为国民自豪感的自然精华，是承载贵州人民生态智慧经典的地方，是极具引领生态保护与绿色发展相结合的人文精华。

为了更好呈现贵州省生态地标，在整个贵州的"天"处于亚热带气候的前提下，我们采用"地"来作为全书的结构及章节脉络。贵州是个大斜坡，有四大山系八大水系，喀斯特地貌突出，生物化石众多。根据贵州省生态格局，全书分为古生物化石群、乌蒙山、大娄山、武陵山、苗岭、黔南喀斯特丘陵地区、其他山系交汇过渡带七个章节，对贵州省的生态地标进行归类。地标内容包含了森林、湿地、荒漠、草甸、溶洞等多个生态系统及古生态系统和热泉生态系统。在对价值点的提炼中，我们尽力突破局限，不就生态说生态，而是通过生态关联，分析每个地标在地域空间中与其他地标的联系。同时，贵州省一批生态文化地标如妥乐古银杏群、台江登鲁楠木风景林、从江加榜梯田、久安古茶树群落等作为具有整体认知的文化系统代表地，也入选名录并进行评述，期望能给公众对家园生态的整体认知与合理规划以借鉴。美好的家园往往需要数百年的生发与维护方显端倪。

不忘初心，方得始终。第一批生态地标的很多名单是公众耳熟能详的风景名胜和旅游地，我们特别希望，通过生态地标这个项目的科研分析、梳理与传播，公众从此能在观察自然美的过程中多一双生态的眼睛，明白我们身边的山水价值及我们的家园实质给予我们的恩惠，并逐渐升级对生态系统的看法。生态是整体的，是有序运行的。当我们明白这一点，我们对家园的规划、发展和保护就会有不同的考虑与行动。设想下，如果我们能整体理解生态，开始有效守护那些与我们息息相关的生态地标，那一百年后，两百年后，未来的家园是什么样子？我们的后代会生活在怎样的社会？也许就在两百年的老树下乘凉说起我们的故事，这种留给他们宝贵遗产的感觉是何等自豪！

未来社会什么样？画笔就握在我们手中。握在生态地标手中。

目 录 /

序一 i

序二 v

序三 vii

前言 xi

第一部分	/ 水墨黔乡：贵州生态格局
第一章	/ 贵州生态简史 003
第二章	/ 大斜坡上的生态格局 007
第三章	/ 水墨交融的山地生境 019

第二部分	/ 水墨黔乡：66个贵州生态地标
第一章	/ 黔山贵水歌圣境 —— 66个贵州生态地标价值评述 039
第二章	/ 贵州大写古生命 —— 古生物化石群5个地标 .... 042—059
[01]	瓮安古生物化石群：动物世界的黎明 045
[02]	凯里台江古生物化石群：三叶虫的时代 048
[03]	盘县古生物化石群：海生爬行动物的地盘 051
[04]	兴义古生物化石群：贵州龙的故乡 054
[05]	关岭古生物化石群：海百合的天堂 057
第三章	/ 巅峰磅礴卷烟云 —— 乌蒙山脉11个地标 .... 060—097
[06]	韭菜坪：贵州屋脊上世界最大的野生韭菜花海 063

[07]	梅花山：滇黔阴晴分界线	066
[08]	八大山：瀑布源头不见水	069
[09]	野钟：乌蒙山的"地缝"	072
[10]	百里杜鹃：杜鹃花家族圣地	075
[11]	草海：云贵高原最大的淡水湖	079
[12]	大坪箐：乌江上游的隐形水库	082
[13]	水西海子群：贵州高原海子链	085
[14]	织金洞：溶洞景观举世无双	088
[15]	六枝古杨梅群落：傲视千年的古杨梅	092
[16]	妥乐古银杏群：中国保存最完整的古银杏群	095

第四章 / 咽锁黔川戏赤乌 —— 大娄山脉 11 个地标　098—137

[17]	娄山关：黔北咽喉	101
[18]	黄莲：方竹的突围	104
[19]	冷水河：黔北唯一的阔叶林带	107
[20]	大沙河：银杉基因库	111
[21]	麻阳河：黑叶猴王国	114
[22]	宽阔水：观鸟圣境	118
[23]	百面水：百面来水，百潭如镜	121
[24]	双河洞：世界最长的白云岩洞穴	124
[25]	九洞天：一洞一世界	127
[26]	茅台镇：酿酒聚落	130
[27]	思南四野屯：中国古楠木之乡	133

第五章 / 呼啸四省开两江 —— 武陵山脉 5 个地标　138—155

[28]	梵净山：贵州最完整森林垂直带谱	141
[29]	佛顶山：生态廊道	144
[30]	锦江：鱼类种质基因库	147
[31]	石阡鸳鸯湖：中国最大的鸳鸯越冬地	150
[32]	石阡温泉群：暖了一条河	153

第六章 / 横亘黔中聚物华 —— 苗岭山脉 18 个地标　156—213

[33]	雷公山：苗族圣山	159
[34]	斗篷山：森林斗篷	162
[35]	月亮山：几十条河流从咱山脚出发	165
[36]	尧人山：岩石会下蛋	168
[37]	云雾山：云雾宠名茶	171

[38]	黔灵山：城中最大原生森林	174
[39]	龙里草原：云上草原	177
[40]	八舟河：鸬鹚的情义	180
[41]	清水江：订单林业诞生地	183
[42]	岔河：腊梅河谷	186
[43]	花溪湿地：一溪走过百花开	189
[44]	格凸河：成就雨燕家园	192
[45]	红枫湖－百花湖湿地：岛屿两百多，问君有几湖	195
[46]	岜沙苗寨：人与生命树，生同日死同穴	198
[47]	加榜梯田：诗意的稻鸭鱼	201
[48]	增冲侗寨：侗不离水，侗不离鱼	204
[49]	登鲁村：楠木风景林	208
[50]	久安古茶树群：黔史问茶香	211

第七章 / 万仞锥峰竞成林 —— 黔南喀斯特丘陵区 8 个地标　　214—241

[51]	茂兰喀斯特森林：地球腰带上的绿宝石	217
[52]	紫林山：都柳江源	220
[53]	桑郎河谷：贵州雨林	223
[54]	龙头大山：唯一的辐花苣苔分布地	226
[55]	万峰林：锥峰与水的旋律	229
[56]	招堤湿地：喀斯特丛中的湿地	232
[57]	花江峡谷：万家花瓣一江流	235
[58]	打岱河天坑群：天眼之所	239

第八章 / 绿野仙踪任迁徙 —— 交汇过渡带 8 个地标　　242—269

[59]	长江上游珍稀特有鱼类保护区（赤水河段）：唯一的原生态河流	245
[60]	黔北丹霞：赤壁隐桫椤	248
[61]	习水中亚热带常绿阔叶林：红岩绿洲	251
[62]	白鹭湖："百里画廊"百鹭飞	255
[63]	云台山：白云石上走白云	258
[64]	朱家山：潕阳河源头	261
[65]	潕阳河：黄金水道	264
[66]	黄果树瀑布群：世界岩溶瀑布博物馆	267

后记　　271

*/

贵州生态简史

*//

大斜坡上的生态格局

*///

水墨交融的山地生境

第一部分 水墨黔乡

贵州生态格局

一

第一部分 / 第一章

贵州生态简史

文 / 闻丞

  贵州位于中国西南地区东部，云贵高原腹地。在贵州版图上，长江、珠江水系分别从南北方向蜿蜒而过，乌蒙、武陵山系耸立西东，大娄山、苗岭屏其北南，地势西高东低。而其北有四川盆地，南有岭南低地，东为江南丘陵，仿佛从横断山向中国东南伸出的一块楔子，又似中国东南向横断山乃至喜马拉雅山延伸的一列阶梯。

  贵州多山、多雨、多河川；又因为大部分属于喀斯特高原，于是又多溶洞、多暗河。云贵高原深厚的喀斯特地层源于古生代以来直至第三纪早期的浅海环境。在古生代以来直至三叠纪的漫长岁月里，云贵高原尤其是贵州全境，几乎全部是位于劳亚大陆（欧亚古陆）东南缘的亚热带海域。在冈瓦纳大陆向北挤压欧亚板块之前，云贵高原一带曾经是古特提斯洋的一部分。随着冈瓦纳大陆向北俯冲，特提斯洋缩小，云贵高原所在的区域渐成温暖的浅海，于是大量海洋生物繁盛起来。这一历史过程中形成的古生物遗迹，在贵州西部的兴义、关岭等地留下了至今依然显而易见的地质标志。各种各样的中生代"海龙"，从这里游向世界，并在三叠纪形成的喀斯特地层中留下了精美的化石遗迹。嗣后，随着冈瓦纳大陆解体，印度板块与非洲板块分离并向北挤压欧亚板块，特提斯洋变为特提斯海，板块运动引起的活跃地质构造活动造成了大量变质岩等构成的岛屿、群岛和岛链。它们从巨厚的碳酸盐沉积层中喷涌而出，形成了今天贵州几大地标性山系的前身，包括当今贵州第一高峰，也是贵州的世界级地标梵净山。进入新生代后，伴随着印度板块对欧亚板块的进一步挤压，特提斯海渐渐消失，青藏高原和横断山在云贵高原地块以西迅速浮出水面，乃至冲向云天。在这个过程中，云贵高原被携带隆升，陆相沉积的红砂岩地层形成，扬子古海渐次向东消退，形成云贵高原西高东低的格局。

青藏高原隆升改变了全球大气环流的格局，湿润的西南季风、东南季风得以进入东亚亚热带、温带地区，位于北亚热带和暖温带之间的贵州地块由此为湿润的季风气候所笼罩。丰沛的降水造成了对喀斯特地貌的活跃侵蚀，于是各种溶洞、天坑、天生桥、孤峰、峰丛、峰林景观渐次诞生。而随着喀斯特地层的消退，较为坚固的变质岩山体逐渐凸显，而丹霞地貌亦随着水蚀而焕发异彩。在第四纪，冰期、间冰期交替上演。贵州由于其地理位置和1000余米的平均海拔，在其东北一隅和西南一隅分别形成了滇黔桂古植物孑遗区和黔渝鄂古植物孑遗区，成为水青冈属树木等古老动植物的庇护所。而在冰期南下的物种于间冰期又演化出新的当地特有物种，如梵净山冷杉。这些新老物种一起，形成了附着于贵州地貌景观中的生物景观。

在贵州大地，现代人类算是一员后来者。但人类在不足万年的短暂时间里，在极大尺度上改变了贵州大地的面貌，并形成了自己的地理标志。也正因为人类的这种能力，有学者称末次冰期后的岁月为"人类纪"。苗、瑶、侗族在贵州大地上开辟了大片的梯田，与山、水、森林一起形成了早期稻作文明的生命共同体。14世纪末自江南大批移民而来的屯堡人在贵州有限的平原上建筑了大规模的水利系统，再造了小江南的人文田园景观。进入工业文明时代后，水坝形成的人工湖泊，现代建筑技术产生的恢弘大桥和新兴向荣的城镇，成为贵州的另一道风景。亿万年来，云贵大地上有深厚的历史积淀，今天又有快速变化的生机，所有这些进程，不仅在地表上留下显而易见的痕迹，更会在人类文明、文化史上产生深远的印象。

第一部分 / 第二章

大斜坡上的生态格局

文 / 冉景丞

贵州作为一个整体存在的历史并不长，明永乐十一年（1413 年）设置贵州承宣布政使，正式建制贵州省。但贵州的人类活动史却相当久远，早在 24 万年前就有古人类居住、活动，有旧石器时代早期的黔西观音洞文化，晚期直立人的桐梓人，早期智人的水城人和盘县大洞人，晚期智人的兴义人、普定穿洞人、桐梓马鞍山人、白岩脚洞人和安龙观音洞人等史前文化遗迹。

贵州省位于东经 103°31′~109°30′，北纬 24°30′~29°13′，全省总面积为 171670 平方公里。山高谷深，沟壑纵横，喀斯特地貌约占贵州省土地面积的 73%。贵州的地貌拥有高原山地、丘陵和盆地三种基本类型，其中 92.5% 的面积为山地和丘陵。北部有大娄山脉，自西向东北斜贯北境；中南部苗岭横亘，占据了三分之一个贵州；东北境有武陵山由湘蜿蜒入黔，展现了最古老的地层地貌；西部有高耸的乌蒙山，是贵州的屋脊。乌蒙山、大娄山、武陵山和苗岭几乎占据了贵州全境，仅有南部与广西接壤的喀斯特峰丛地区形不成山脉，而是以万仞喀斯特峰丛的形式存在，被当地人称为"麻窝"。因此贵州被喻为"地无三里平"。有山就有水，山有多高水有多深。贵州的四条山脉发育了乌江、赤水河、牛栏江、北盘江、南盘江、红水河、都柳江、清水江等河流，让贵州的地表河网密度达到0.71公里／平方公里。长度大于10公里、流域面积在20平方公里以上的河流达984条。另外，由于喀斯特充分发育，大气降水、地表水、地下水转换明显，又形成了密集的地下河网，长度大于2公里的地下河达1130条，并且形成了5214个流量大于10升／秒的喀斯特大泉。

复杂的气候　丰沛的降水

整个贵州属于亚热带季风气候，东半部在全年湿润的东南季风区内，西半部处于无明显干湿季之分的东南季风向干湿明显的西南季风区的过渡地带。由于低纬度、高海拔，离海洋较近，加之山脉纵横，河流交错蜿蜒，地形地势复杂，从而形成了气候的复杂性和多样性。虽然大部分地区温和湿润，但山地、河谷的气候垂直变化特别明显。在冬季，由于北有秦巴山阻挡，南下冷空气多半绕道两湖盆地由偏北方向入侵，常在中部和西部的大娄山脉向乌蒙山脉东缘过渡区域形成静止锋。西部的威宁、盘县一带经常处于锋前位置，故冬季多晴朗天气。而中部贵阳、东部铜仁正好处于锋后，故冬季多阴雨天气。在夏季，由于副热带高压控制，往往在东部的思南、德江一带连晴干旱，而西部却暴雨频繁。在副热带高压北跳的同时，雨带也随之北移，所以许多地区总是旱涝交替发生。由此种种，各地气候差异较大。从小环境看，由于山体、沟谷等地形地貌的差异，有非常明显的山区小气候现象，相隔很近的两个地方，天气情况可以完全不同，常常出现一边是瓢泼大雨，几百米外就是

贵州气候图

气候带分区

道真
正安
务川
沿河
赤水市
习水
桐梓
德江
松桃
绥阳
凤冈
思南
印江
仁怀市
遵义市
汇川区
湄潭
铜仁市
江口
红花岗区
遵义
石阡
万山特区
金沙
毕节市
赫章
大方
黔西
息烽
开阳
瓮安
余庆
施秉
镇远
岑巩
玉屏
三穗
天柱
威宁
纳雍
修文
黄平
福泉市
台江
剑河
锦屏
六盘水市
钟山区
水城
织金
白云区
乌当区
清镇市
贵阳市
小河区
平坝
贵定
麻江
凯里市
雷山
安顺市
西秀区
普定
花溪区
龙里
都匀市
丹寨
黎平
六枝特区
镇宁
长顺
惠水
三都
榕江
关岭
晴隆
普安
紫云
平塘
独山
从江
盘县
兴仁
贞丰
罗甸
荔波
兴义市
安龙
望谟
册亨
暖温带
中亚热带
北亚热带
南亚热带

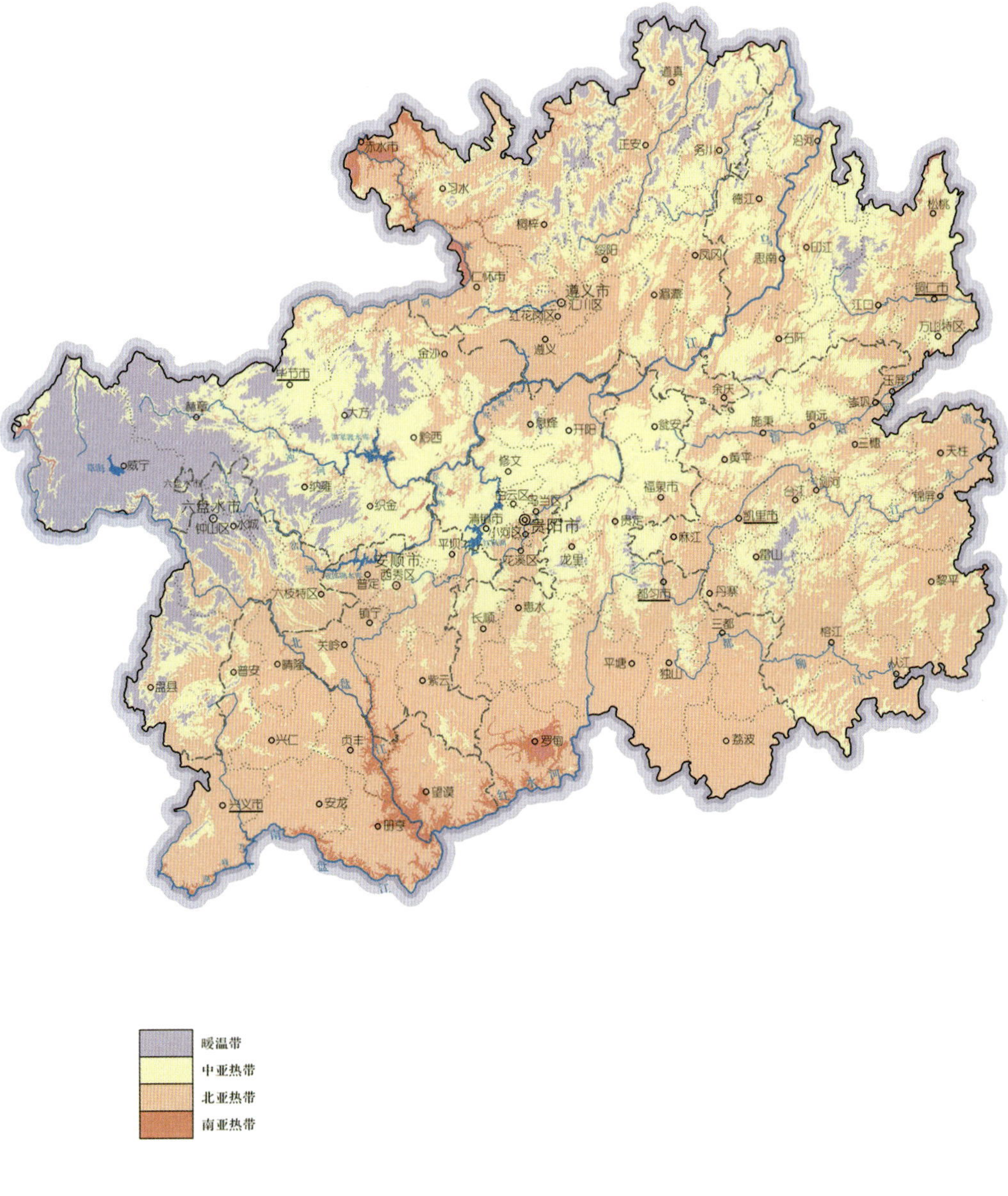

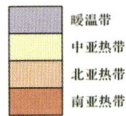

艳阳高照；山下炎热无比，山上却凉风习习，典型的"一山分四季，十里不同天"。大部分地区年均气温在11～19℃,中部贵阳市在15℃左右,以威宁的10.5℃为最低,罗甸的19.6℃为最高。

全省多年平均降水量达1100～1300毫米，不仅是国内降水量比较丰富的地区，也是年变率较小、变化稳定的地区。贵州的年降水量分布，总的来说是南多北少，山脉的迎风面多，背风面少。在贵州省的中部苗岭东西两端的迎风坡，是两个多雨区。包括西面的黔西南州大部、六盘水市东部、安顺地区西部，年降水量达1300～1500毫米，多雨中心在晴隆，多达1538毫米，为全省之冠。东区范围稍小，包括黔南州东部的三都、都匀、荔波和黔东南州西部的丹寨、黄平、麻江，年降水量达1250～1350毫米，中心在丹寨，雨量达1452毫米。在武陵山东南迎风坡的铜仁、江口、松桃是次多雨区，年降水量有1050毫米左右。大娄山北坡的道真、正安及乌蒙山西坡赫章、威宁等地是省内的少雨区，年降水量只有850～1050毫米，其中以赫章的854毫米，居全省最少。80%以上的地区年均总降水量为1100～1300毫米。除西部高原的威宁县阴雨天气较少，被称为贵州的"阳光之城"外，其余各地阴天天数一般超过150天，常年相对湿度在70%以上。所以贵州有了"天无三日晴"的谚语。

海进海退的地质变迁

贵州在距今9.8亿年、5.8亿年、2.8亿年、2.3亿年、1.6亿年前，多次经历了海进海退的过程，海进时形成海相沉积的可溶性碳酸盐岩，海退时形成陆相的砂页岩，同时侵蚀可溶性岩石。多次的海进海退，使得地表千疮百孔。如今贵州的地层分布与地势也形成一定的规律，地势是西高东低，而地层是东老西新。梵净山顶的蘑菇石、万卷书可以追溯到14亿年前，是最早形成的江南古陆。整个黔东地区，震旦、

贵州气候图
年平均降水分布

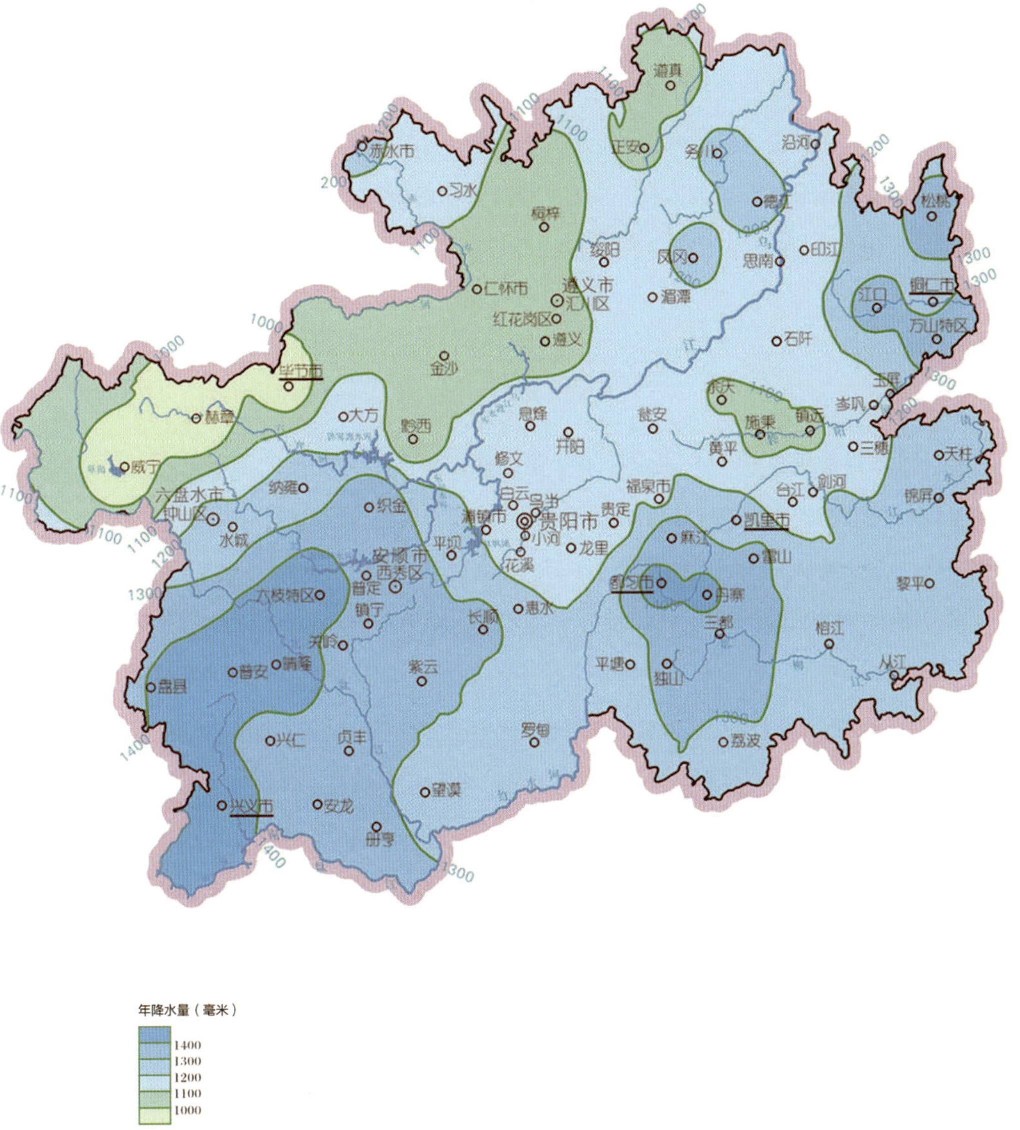

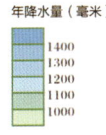

寒武、奥陶、志留各系皆有。黔南以泥盆、石炭系为主。黔北以寒武、志留、二叠、三叠各系较发达。而黔西以二叠、三叠系分布最广。这就给贵州的喀斯特发育奠定了基础。由于喀斯特充分发育，淋溶与地下溶蚀强烈，在化学溶蚀与物理崩塌双重作用下，导致地形破碎、山高坡陡、成土速度慢、土层薄、土被多不连续、地表渗漏强、临时性水分亏缺严重、现实生产力低、生态环境稳定性差、敏感性强、环境容量小、土地人口承载力低，极易产生水土流失形成石漠化、抗灾承灾能力弱、植被遭受破坏难以恢复等一系列不利于生态环境改善和农业持续发展的脆弱性特征，使其成为世界上生态较脆弱地区之一。

四山八水构建贵州生态框架

从生物多样性角度看，自三叠系以来，贵州就结束了海浸的历史，高等陆生种子植物有了相对稳定的发育环境，使贵州发育历史较为古老的孑遗植物和特有植物比较丰富，加之特殊的地质地貌条件，许多物种逃过了第四纪冰期的大灭绝，而冰后期南方物种又向北移，形成极繁杂的区系组成，但总体上植被具有明显的亚热带性质，组成种类繁多，以热带及亚热带性质的地理成分占明显优势。有维管束植物近8491种，种子6000余种，其中有国家重点保护植物71种。有许多如桫椤、银杉、珙桐等古老孑遗种，以及梵净山冷杉、辐花苣苔、银杉、喙核桃、单性木兰、异形玉叶金花、白花兜兰、贵州金花茶等280多种贵州特有种子植物。动物种类也极为丰富，有脊椎动物1053种，其中有国家重点保护野生动物90种，是黔金丝猴的唯一分布地，也是豹、云豹、黑叶猴、黑颈鹤、白颈长尾雉、红腹锦鸡、白鹇的重要分布地。承载这些珍稀动植物及生态系统的正是贵州的山、水、林、田、湖，四山八水及南部的喀斯特丘陵成就了贵州的生物多样性。

贵州地势图

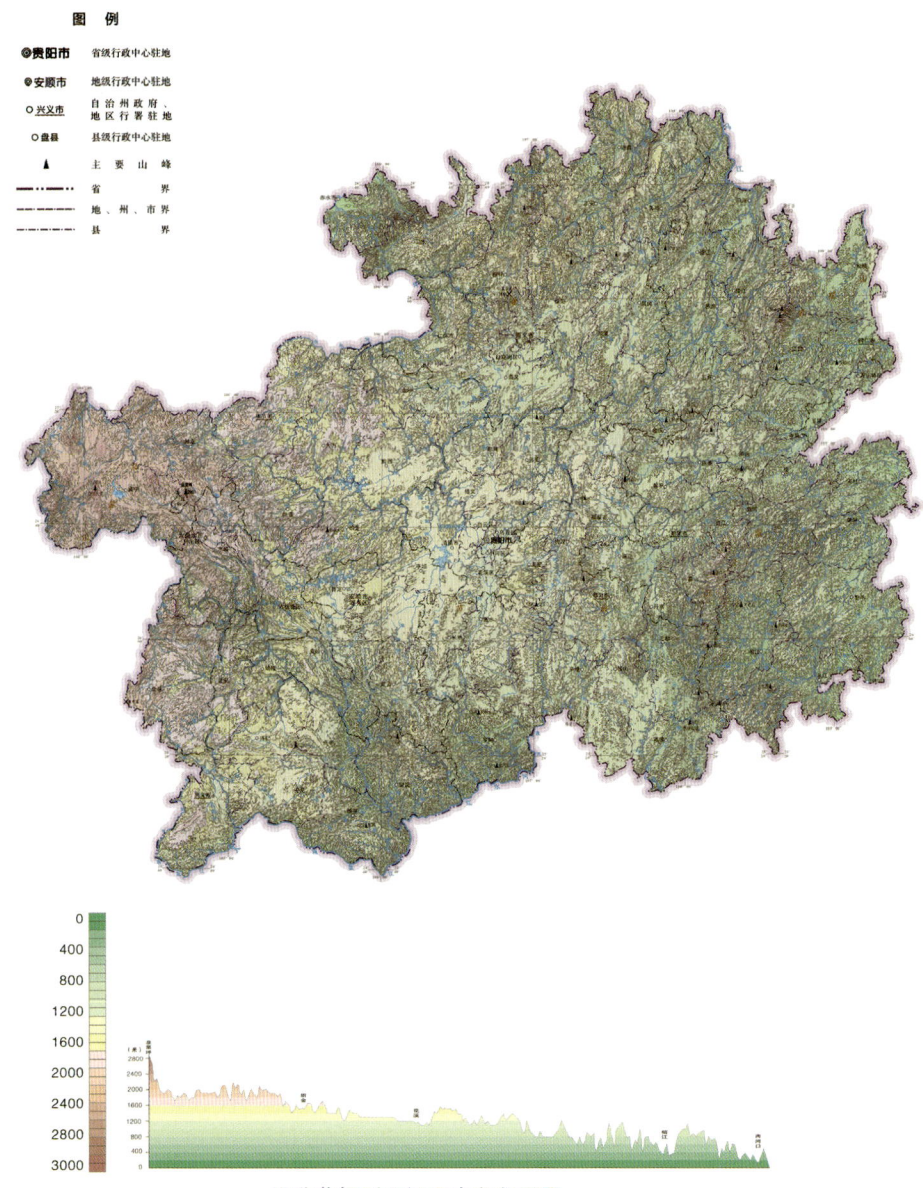

沿韭菜坪到两河口方向剖面图

乌蒙山，"贵州屋脊"的生态奇观

　　乌蒙山脉横亘在贵州的西北高原，平均海拔2000米以上。海拔2900.6米的小韭菜坪是贵州省的最高点。在小韭菜坪靠近山顶的那些巨大的石块，记录了远古时冰川留下的痕迹，仿佛可以听到厚厚的冰层下被推动的岩石摩擦的声音。在那韭菜花盛开的8月，漫山遍野的韭菜花，把整个韭菜坪装扮成花的海洋，红色的花与绿色的叶子交相辉映，随着山风一浪一浪地向前推进，看得人眼花缭乱，流连忘返，隐约还可以嗅到韭菜那特殊的香味。也许是高原气候的原因，这里的天气总是阴晴不定，刚刚还是蓝天白云，一阵山风过后，雨雾就可能笼罩了整个山顶。在这种特殊的气候条件下，除了低矮的杜鹃树，就是特有的水城玉山竹，其他树木难以生长。在宽广的高原面上看不到其他树木，都是野草和各种开着的花，然后就是极为茂盛的泥炭藓，一层层一堆堆，像一层厚厚的毡子铺在这里。盘县、关岭、兴义的岩石里埋藏着世界上发现的年代最早的古三叠系中统地层的海洋爬行动物化石，距今已有2.6亿多年，这些化石以鱼龙为主，有贵州龙类、海龙类、混鱼龙类，还有鳞齿鱼、助鳞鱼、龙鱼等，对研究三叠纪时期海生爬行动物的演化、古生态和海洋环境等方面都具有十分重要的意义。

　　应了那句"山有多高水就有多高"的话，像牛棚梁子、娘娘山这样一些台地的边缘，都可以见到一道道瀑布从山顶泻下来。爬到山顶，并找不到明显的水面，那是由于高原上的泥炭藓、金发藓等不仅具有很强的保水能力，能吸收自身重量20余倍的水，将大气降水包在身体里，慢慢释放出来，还可以将潮湿的空气中的水汽变成水滴。这一层泥炭藓，就成了一座看不见水流的天然水库。因此乌蒙山成了赤水河、乌江、北盘江、南盘江和牛栏江之源。各水系呈放射状流向四方，就像大地的血脉，抚育着各种各样的生灵。

　　生活在乌蒙山区的彝族人认为，天神阿俄署布开天辟地后，世上空空荡荡，于是天神从天上取来三种大树种在地上，从此才有树木，因此，树木是天神赠与人类的礼物，是不能随意砍伐的，这样就有了对树木的崇拜。虽然今天在高原面上看不到成片的参天古木，但远古时的大树痕迹仍可发现，在半山的洞穴中和山顶的沼泽地里，都发现有直径达2米的阴沉木。巨大的阴沉木是何时沉入地下的，还不得而知。

大娄山，高山河谷间的宝贝

赤水河与乌江从乌蒙山走来，连接起了乌蒙山与大娄山的关系。赤水河是贵州目前唯一没有被筑坝阻断的生态河，而乌江是贵州北部的大动脉。大娄山脉控制了整个贵州北面，平均海拔在1500米左右，高耸的山峰与深切的河谷让这里的地势异常险峻。主峰笋子山，海拔仅1788米，清晰可见的山脊向四面延伸，站在峰巅上，俯瞰群山，尽收眼底。这一区域是生态系统复杂、生物多样性丰富的区域，不管是西面的赤习水丹霞地貌，还是北部的柏箐黄莲喀斯特台原；不管是东部麻阳河、四野屯深切河谷，还是中部的娄山关、茅台镇，每个地方都各具特点，都是贵州的骄傲。银杉、楠木、黑叶猴、红腹锦鸡……这里的宝贝数不胜数。

在娄山关的悬崖绝壁之上，古木参天，那古树的树枝斑驳，藤萝缠绕，就像一幅幅水墨丹青。山上分布的各种各样的竹子，如方竹、箭竹、苦竹等，形成了茂密的林下植被，难怪有那么一首《忆秦娥·娄山竹》描写这里的竹景："举目看，娄山翠竹迎风站，迎风站，扎根泥土，青山为伴，何俱狂风与严寒，送别冰雪笑云淡，高峰亮节，千古人赞。"深切的山谷与高耸的山峰，既是雄关漫道，又是很好的隐蔽场所，也才有了毛泽东四渡赤水的神奇用兵。从那首《忆秦娥·娄山关》中仿佛还能感觉到战马嘶鸣。赤水河在这一段与酒仙结缘，茅台酒、董酒、珍酒、习酒、郎酒都产自这里。特殊的山里气候，养育了特殊的发酵菌群，造就了美酒远扬美名。

武陵山，"世界独生子"的避难所

一条乌江河，将大娄山脉与武陵山脉隔在两边。武陵山从张家界走入黔东北，平均海拔 1300 米左右。武陵主峰梵净山号称"贵州第一名山""武陵第一峰"，最高海拔 2572 米，是乌江与沅江的分水岭。高峻的山势和庞大的山体，形成了"一山有四季，上下不同天"的垂直气候特点，动植物分带明显，保存了世界上少有的亚热带原生生态系统。被誉为"世界独生子"的黔金丝猴就只生活在这里，与之相伴的还有梵净山冷杉、珙桐等古老植物。

佛顶山属武陵山脉次峰，最高峰海拔 1869.3 米。由于未受到第四纪冰川侵袭，成为许多古老、孑遗生物的避难场所。这里居住的仡佬族人，每年的二月初一要举办"敬雀节"，他们祭祀神鹰、敲响仡佬蹦蹦鼓、举行斗牛比赛、对唱山歌、拦路歌、跳傩堂戏等，用各种形式来感恩大自然。

苗岭，山峰与沟谷的秘藏

清水江，串起了大部分苗岭区域。苗岭山脉孕育了黔东大地，最高峰雷公山海拔 2179 米，就像挺立在众山间的丰碑。当地苗语称为"方薅"，汉语意为雷公居住的地方，雷公山由此得名。《山海经·大荒南经》说："有宋山者，有赤蛇，名曰育蛇。有木生山上，名曰枫木。枫木，蚩尤所弃其桎梏，是为枫木。"《云笈七签》卷一百《轩辕本纪》中说："皇帝杀蚩尤于黎山之丘，掷戒于大荒之中，宋山之上，后化为枫木之林。"如今想象不出涿鹿激战的场面，只有那些被视为神木的古枫依然尚存。胡子蛙、秃杉选择了与之相伴。

月亮山属苗岭在南段的余脉，地跨黔桂两省的榕江、从江、环江、荔波、三都、融水 6 县。主峰海拔 1490.3 米，相对高差 1100 余米，山体雄伟高大，沟谷切割深长。

尾斑瘰螈、桫椤是沟谷常见的珍稀物种。

斗篷山主峰海拔1961米，是苗岭山脉的南段主峰，为黔南境内第一高峰，地跨都匀、麻江、贵定三县境。因形如巨大斗篷而得名，山体岩石由泥盆系白云岩和石英砂岩构成，经过千万年的剥蚀，形成如今峭拔耸秀、巍峨奇峻的山势。斗篷山层峦叠嶂，沟壑深幽，树繁林密，溪潭交错。植被完好，楠木、紫木、香樟都有古树。密林中的溪流，是娃娃鱼、水獭的栖息地。山麓一带的清塘茶属高山云雾茶系，香醇爽口，回味持久。

贵州独有的生态精华

黔灵山，以明山、秀水、幽林、古寺、圣泉、灵猴而闻名遐迩，是真正的"城中之山"。大罗岭海拔1396米，是贵阳中心区第一高峰。整个区域峰峦叠翠，古木参天，林木葱茏，古洞清涧，深谷幽潭，景致清远，自古是贵州高原一颗璀璨的明珠，有"黔南第一山"的美誉。在发展与保护的博弈中，却保存着城市中的一片自然生态系统，不仅古树葱茏，人与猴的和谐相处也成中国一绝。

南部的喀斯特石山区，从九万大山、十万大山的名字里就能听出其地貌的独特，一座座圆锥状的山峰，造就了"中国南方喀斯特"的美境。居住在峰丛洼地间的布依族也好，苗族也好，都有一套与自然相处的法则，他们少有扩张心理，继承着计口而耕的传统，虽然也是靠刀耕火种为生，但每家人都只种够维持自己生计的土地，不会向大自然过多地索取。他们的山歌里传唱着"一棵树上一窝雀，雀鸟多了都难活"的生态理论。

第一部分 / 第三章

水墨交融的山地生境

文 / 谢双喜 蒲应春 容 丽 吴忠荣 杜 薇 杨卫诚 王野影

贵州地处中亚热带,由于独特的地理位置,纬度较低,海拔较高,气候温和,雨量充沛,自然环境复杂多样;地质上表现为构造复杂,发育的地层完备;地貌上处于西部云贵高原向东部湖南低山丘陵过渡的梯级状大斜坡地带,也是高起于四川盆地和广西丘陵间强烈的喀斯特化山原;贵州多山,主要山脉有苗岭、大娄山、乌蒙山和武陵山四大山脉,上述山脉的一些山峰高耸于崇山峻岭中,人为活动相对较少,植被的原生性保持较好。

贵州处于中国生物多样性热点地区,生物丰富度居全国第四位,民族丰富度居全国第二位。复杂的自然景观携手多变的气候条件,共同组成了滋养万千生灵的多彩贵州,描绘了水墨交融的贵州山水。

生态系统多样性

贵州的生态系统多样性和物种多样性一样丰富多彩,包括森林生态系统、湿地生态系统、草原生态系统、荒漠生态系统和洞穴生态系统五大类。

水源涵养地兼空气净化器——森林生态系统。森林生态系统是以乔木为主体,具有一定面积与密度的植物群落,并且群落与其环境在功能流的作用下所形成的一定结构、功能和自调控的自然综合体。森林生态系统是陆地生态系统中面积最大、最重要的自然生态系统,是人类发展不可缺少的自然资源。贵州森林生态系统主要分布在黔东北以梵净山、佛顶山为中心的高中山、中山山地,黔北大娄山区及赤水河、习水河河谷,黔东南雷公山、月亮山及都柳江河谷,荔波－独山喀斯特低中山山地,黔西南、北盘江及红水河河谷5个区域。

特殊的自然地理背景,造成贵州森林生态系统在组成、结构、功能及类型上的特殊性与多样性。呈现出物种组成种类丰富、起源古老的特点。

在距今4亿年的泥盆纪初期,就有了裸蕨类灌木草丛分布,随之出现的是晚古生代的蕨类森林、中生代的苏铁林和新生代的常绿、落叶阔叶林。在现存的森林生态系统组成中,既有出现于古生代二叠纪的贵州苏铁,也有出现于石炭纪晚期的松柏类植物,如梵净山冷杉、银杉、柔毛油杉,也有单型种特有科,如连香树科、马尾树科、杜仲科、珙桐科等孤寡的原始类群。

特殊的地理位置,决定了森林生态系统的过渡性、复杂性。受东南季风与西南季风交汇影响,使得东、西部地区受不同季风的控制,大致以北盘江为界,形成西部地区包括南部河谷区的干湿季节明显,东部地区常年湿润的不同气候,同时贵州境内喀斯特地貌的发育,使得贵州森林生态系统的地带性植被整体上是典型的中亚热带常绿阔叶林生态系统,但东部是湿润性常绿阔叶林,而西部则是半湿润性常绿阔叶林,喀斯特地区则生长为非地带性的喀斯特森林生态系统。在地理分布上,贵州森林生态系统呈现了过渡性、地带性植被与非地带性植被交错分布、不同演替阶段森林镶嵌分布等特点。

重要的生态地位，凸显了森林生态系统功能。贵州地处长江、珠江上游交错地带，境内以中部的苗岭为界，北部属长江流域，占全省面积的65.7%；南部属珠江流域，占全省面积的16.4%，两江流域占全省面积的82.1%。森林覆盖率达52%，对构建两江流域乃至全国的生态安全屏障，促进社会、自然、经济可持续发展具有重要作用。此外，贵州是我国生物多样性特别丰富的四个省份之一，据现有资料统计，植物物种数居全国第4位，动物物种数居全国第3位，并拥有众多的贵州特有种，而这些生物多样性的存在与森林生态系统密不可分，因此，森林生态系统在生物多样性保护与利用上也具有不可替代作用。

梦幻草原——草原生态系统。草原生态系统不同于其他生态系统，除了具有生态屏障作用外，还是重要的畜牧业生产基地。草原各具特色，面积大小不一，有海拔高差较大（740~2857米）、气候呈空间立体分布、昼夜温差较大、以玄武岩、岩溶地貌为主的高原山地地貌——乌蒙大草原；有平均海拔2500多米的阿西里大草原；有海拔在1500~1700米的喀斯特台地草原——龙里大草原；有南北走向的山脉形成的高山平台——云顶草原；有位于云贵高原向广西低山陵过渡的斜坡地带——放马坪草原；有位于低纬度高海拔、起伏较小的喀斯特丘陵山地草场威宁百草坪；有西南地区面积最大、平均海拔1360米的草场——栗元草场，是世代栗元人赖以生存的地方。因各草原所处海拔不同，导致气候及地质地貌差异较大，各草原上呈现的生物种类差异也较大，甚至依草原而居的民族差异也较大。延绵起伏的草地、平缓低矮的小丘、风姿绰约的刺竹林、生命力极其顽强的矮杜鹃林、金针花点缀在相同或不同的草原上，呈现出不同的风景。草原整体上呈现出低处多为蕨类植物，高处为灌木丛或森林的植被分布特点，禾本科植物占优势，豆科植物零星分布。有的水热同季，为动植物创造了最佳生长环境，无霜期可

贵州森林资源分布图

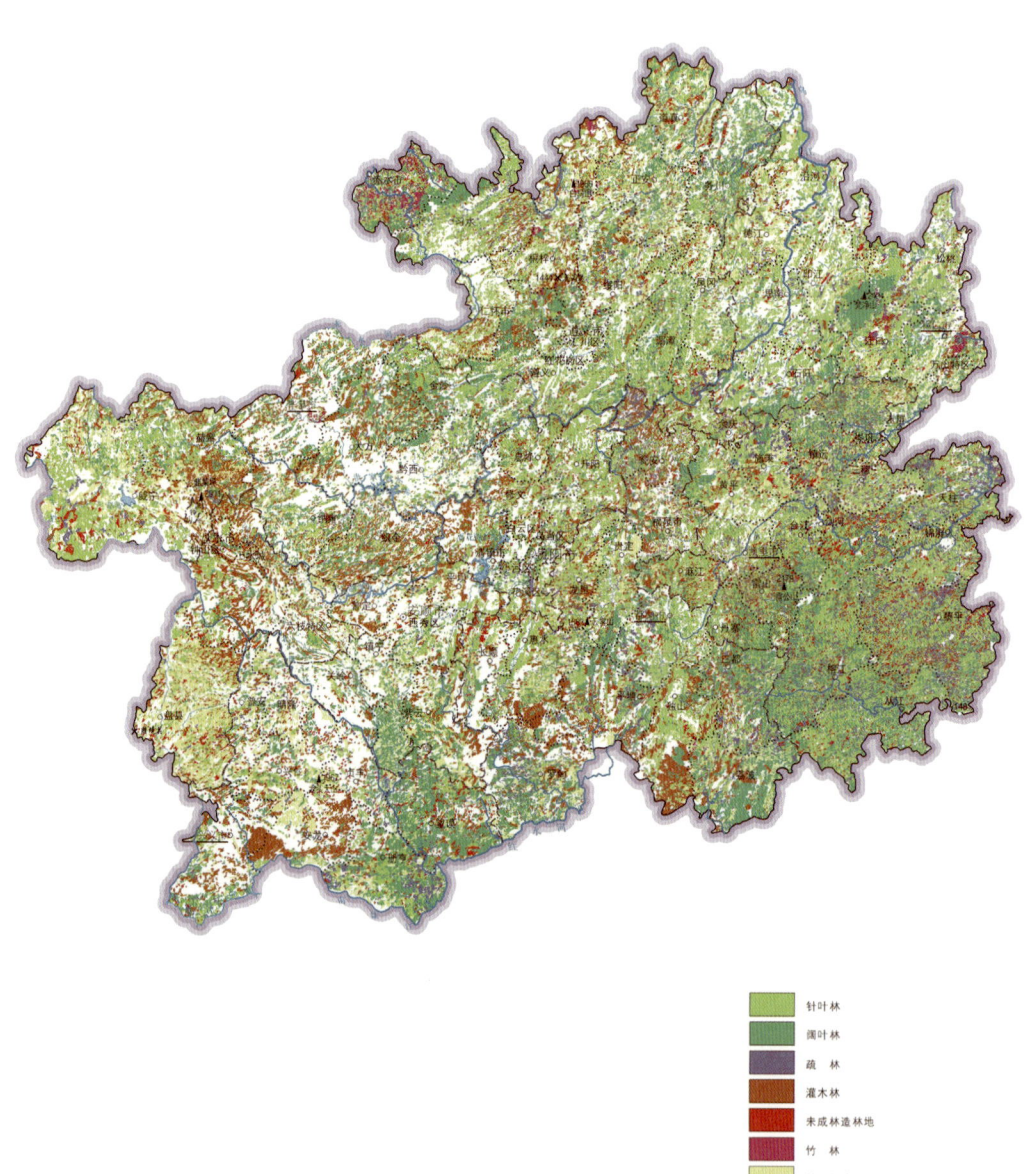

达316天。表现出天高云淡、风轻草绿、山花烂漫、牛羊成群、民族风情独特等特点。但是天然草场也有一个致命的弱点，就是由于土层薄，一旦打扰，易发生水土流失。

高原上的水塔——湿地生态系统。贵州湿地具有类型多样、斑块面积小；永久性河流湿地、库塘湿地多，水能资源丰富；喀斯特溶洞湿地广布，生态脆弱；湖泊、沼泽湿地生机勃勃，深具科研价值等特点。全省有4个湿地类15个湿地型，面积20.97万公顷，仅占贵州省土地面积的1.19%，共计6218个湿地斑块，斑块面积低于100公顷的约占总数的95%。河流湿地多姿多彩，是我国河流湿地最多、景观最丰富、水质最好的省区，其中永久性河流占64.55%，长度大于10公里的河流有984条，流域面积大于100平方公里的河流有556条，蕴含丰富水能资源。喀斯特地区形成的地下河约有1130条，是最为独特的喀斯特洞穴湿地。

贵州湖泊湿地、沼泽湿地不多，湖泊主要分布在西部高原面保存相对完好的地区，以威宁草海为代表，是湿地鸟类的重要栖息和越冬地；沼泽多分布在海拔较高的山顶台地，以龙里草原、赫章雨帽山、独山都柳江源为代表，具有明显的涵养水源、调节区域气候的作用。喀斯特地貌上形成的沼泽湿地对森林的依赖性强，生态系统脆弱，自我修复能力弱，一旦被破坏，要恢复其生态功能极其困难。喀斯特溶洞湿地蕴藏了别具一格的湿地生态系统，是研究喀斯特地质地貌、洞穴、洞穴生物、考古的天然场所。此外，因修建一系列的水库和水电站，形成了如红枫湖、百花湖、支嘎阿鲁湖、白鹭湖和飞龙湖等众多人工湖泊，随着时间推移，构建了新的平衡和生态体系。丰富的湿地类型不仅对改变小区域气候、净化水体有重要作用，同样孕育了成百上千种动植物，是喀斯特高原上的绿洲，也是生命之源泉。

高原山地石漠化区——荒漠生态系统。喀斯特石漠化是指在亚热带脆弱的喀斯特环境背景下，受人类不合理社会经济活动的干扰破坏所造成的土壤严重侵蚀，基岩大面积出露，土地生产力严重下降，地表出现类似荒漠景观的土地退化现象，是土地荒漠化的主要类型之一。贵州荒漠生态系统主要由多个高原山地石漠化区构成。贵州省石漠化面积超过30240平方公里,占全省面积的17.16%,占喀斯特总面积的26.94%。其中,轻度石漠化面积22733平方公里,中度石漠化面积10518平方公里,重度石漠化面积2669平方公里。另外,尚有43814平方公里的土地有潜在石漠化趋势。从石漠化在县级行政单元的分布来看,全省除赤水、榕江、从江、雷山、剑河5县(市)无明显石漠化外,其余都有明显的石漠化现象。从空间分布看,石漠化土地多集中分布在喀斯特充分发育的南部和西部,以六盘水、黔西南、黔南、安顺、毕节所占面积最多,呈现出南部重北部轻,西部重东部轻的特点。在石漠化过程中,植被种类组成从高大乔木向小灌木退化,并随着环境干旱程度的加剧向旱生化演替;植被退化的趋势依次为次生乔木林乔灌木,但优越的气候条件仍保持了该区较高的物种多样性,出现较多的群落类型。高原面上主要有柏木林、圆果化香林、麻栎林、云贵鹅耳枥林,以及灌丛类的月月青灌丛、香叶树灌丛、火棘灌丛、荚迷灌丛、悬钩子灌丛等;峡谷区主要有毛桐灌丛、龙须藤灌丛、余甘子灌丛等;各类适应旱生环境的草本植物,如白茅、芒、地瓜藤、肾蕨等伴生其中。经贵州人民不断探索,已摸索出一系列自然－社会－经济复合生态系统的重建工程,进行石漠化治理,已取得一些成效。

地球上的外太空——洞穴生态系统。贵州是中国西南喀斯特分布中心,喀斯特分布广泛,由于地下水的溶蚀作用而孕育出了大量独特的喀斯特洞穴景观。洞穴空间被围岩所圈闭,使洞穴形成一个温度比较稳定、潮湿、黑暗、安静的封闭地下生态系统。洞穴被认为是天然的实验室和生物基因库,其中富含人类文明史、地质地貌史、环境变迁史等信息,保存着丰富多彩的洞穴生物及化石群。洞穴环境是一个相对孤立的生态系统,洞穴生物因在特殊环境适应性方面表现出的一系列特征和行为,对于研究地质事件、物种演化、生物进化、环境适应性等科学问题具有重要意义,越来越受到重视。古生物学研究表明,大部分的洞穴生物是过

贵州湿地资源分布图

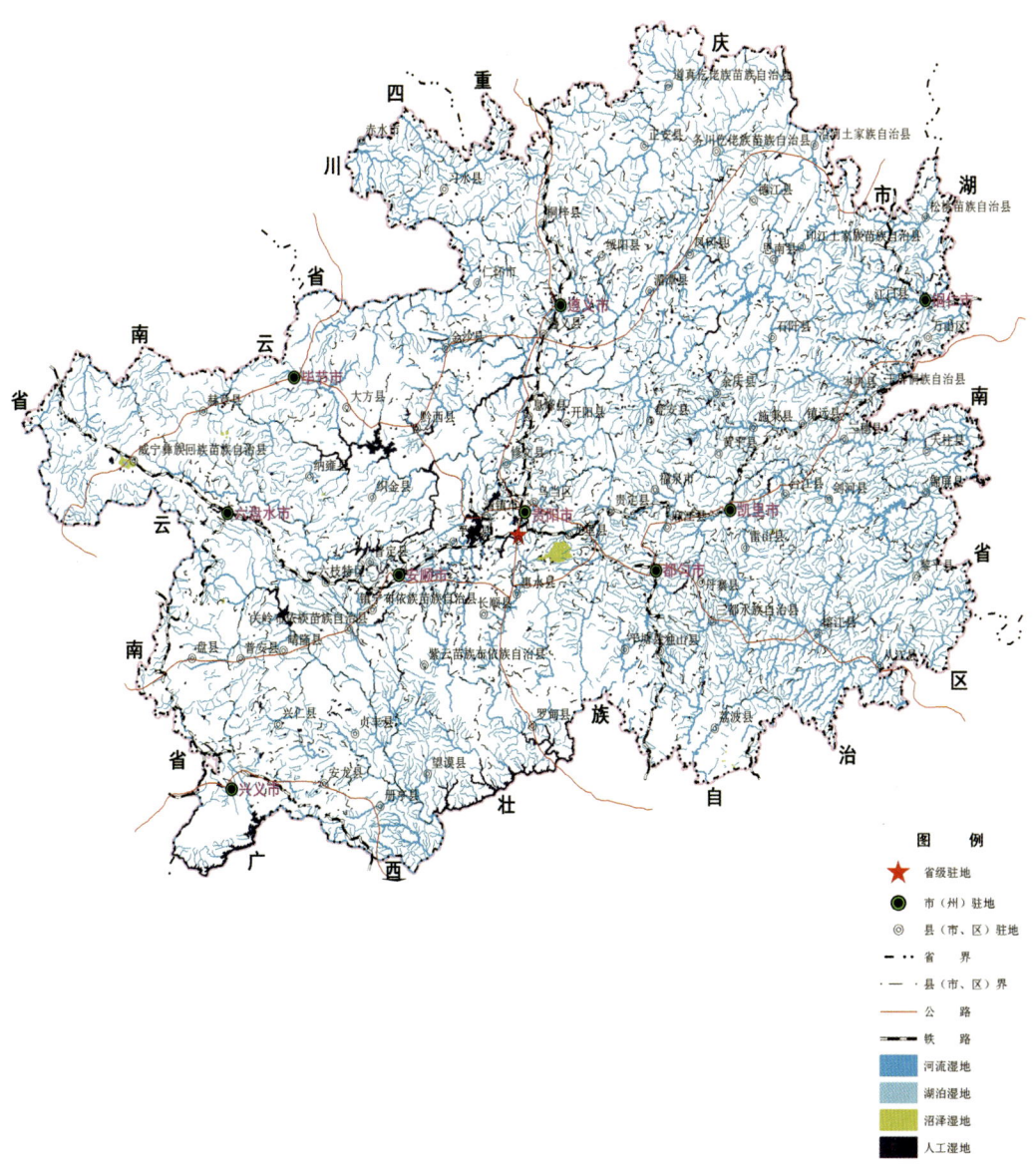

去广为分布的地表生物区系的孑遗类群,这些古老的物种可能由于环境和气候的变迁,逐渐转入洞穴中生活,一方面它们必须适应新的阴暗潮湿的环境,产生新的形态特征;另一方面由于它们长期生活在稳定的、有较强缓冲能力的环境中,很多洞穴物种明显地显示出古老的系统演化过程,保留着大量的祖征。对洞穴生物进行深入的研究,不仅有生物学和洞穴学的学科理论意义,还可促进岩溶生态、环境、气候演变踪迹等的研究。由于人类很少涉足,加之风景优美、气候独特,被认为是地球上的外太空。

地上分布的森林,森林边缘的沙漠化,点缀在林中的湿地,突出于林外的草原和地下的洞穴,共同组成了贵州的版图,共同搭建了贵州乃至全国的生态屏障,好与坏,直接关系到人类和星球的健康。

....

物种多样性

贵州省已知脊椎动物超过1000种。从动物地理区划来看,贵州省位于东部季风区的湿润型中亚热带,受地势影响,大部分地区为夏凉气候,区内动物区系的主要特点是南、北耐湿成分在区内相互渗透,最突出的代表为属于热带、亚热带成分的猕猴、果子狸、黑枕黄鹂等在贵州省均广泛分布,鸟类中的长尾雉属、勺鸡、鸳鸯和兽类中的貉等属于该区内的特有种类。

梵净山为武陵山系的主峰,地质年龄超过10亿年,是世界闻名的古植物避难所,号称"世界独生子"的黔金丝猴,仅分布于梵净山。

黑颈鹤属于青藏高寒区鸟类,是唯一一种越冬和繁殖均在高原的鹤类,每年均有相当数量的个体集群到草海越冬。草海属于青藏高原外围山地,气候与青藏高原相似,黑颈鹤属于高原动物向外围扩展的典型。

多类型的喀斯特地貌是贵州省地质突出的特征之一,是黑叶猴和斑灵狸等兽类的乐园，喀斯特地貌造就的洞穴，是很多洞穴生物的理想栖息地，务川臭蛙是贵州特有物种，是世界级的极危动物，仅狭窄分布在数个岩溶洞穴中。金线鲃被戏称为洞穴囚犯，终身生活的岩溶洞穴中，或在洞口，或在穴中，如角金线鲃、驼背金线鲃、巨须金线鲃等。

贵州省无脊椎动物异常丰富，至今仍无法统计具体的数目。在动物地理区划上，以跨东洋界和古北界的昆虫为主的有：蜻蜓目昆虫亚目16科72属144种，其中都匀蓝小蜻为新种；寄蝇科昆虫54属182种。以东洋界为主的昆虫有：竹节虫目昆虫共计2亚目3科18属45种，其中雷公山介䗛和斗篷山齿臀䗛为新种；蛾蜡蝉科昆虫2亚科12属22种，其中包括1新属8新种；叶蝉科昆虫153种，其中25种为贵州特有种；天蛾科昆虫共计5亚科26属50余种；飞虱科昆虫2亚科61属111种；真猎蝽亚科昆虫29属52种。除此之外，还有很多已知或未知昆虫待被描述。

贵州省有维管束高等植物种类共70目255科1681属，其中蕨类植物10目53科143属，裸子植物8目10科31属，被子植物52目192科1445属。特有或目前已知的仅在贵州省分布的植物近280种，且分布于喀斯特地区的贵州省特有植物更是种类繁多，如贵州苏铁、荔波鹅耳枥、岩生鹅耳枥、石山桂、荔波蚊母树、贵州石楠、石山新木姜、黔鼠刺、石山胡颓子、石生鼠李、贵州械、贵州金花茶、贵州石蝴蝶、灰岩生薹草、贵州鹤顶兰等。贵州的珍稀植物资源具有很明显的地方特色。在贵州省境内，被认为是最原始的被子植物木兰科及古老而复杂的金缕梅科都有分布，另外，还有如翠柏、秃杉、伯乐树、黄檗等古老、孑遗的种类，马尾树、珙桐、伞花木、南方铁杉等第三纪孑遗植物，以及残遗植物如紫茎、掌叶木、峨嵋含笑、四药门花等。

地下、地表、地上和空中都有各类动植物物种的分布，其物种丰富度，为贵州生物多样性在全国居于前茅的地位作出了重要贡献。

贵州珍稀物种分布图

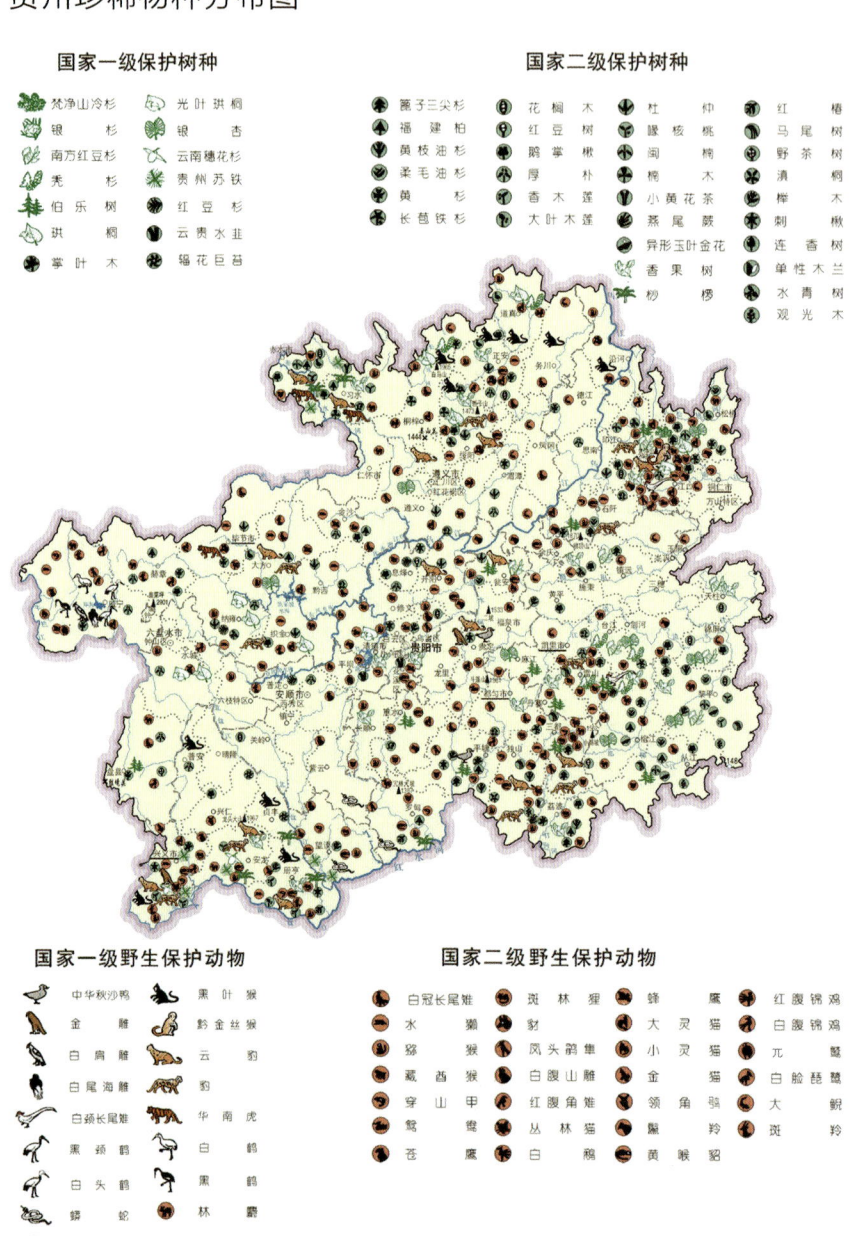

民族多样性

贵州是汉族与17个世居少数民族和睦相处的"大家庭",是18个民族交汇的地方。据第六次人口普查公报,贵州省常住人口中,汉族人口为22198485人,占贵州省常住人口的63.89%;各少数民族人口为12547983人,占36.11%。少数民族人口总量在全国排第四位,比重排第五位。全国56个民族中除塔吉克族和乌孜别克族外,其他民族在贵州均有分布。被有关部门认定为世居贵州的少数民族有苗族、布依族、侗族、土家族、彝族、仡佬族、水族、回族、白族、壮族、瑶族、满族、蒙古族、羌族、仫佬族、毛南族、畲族17个,总人口为12404400人,占全省少数民族人口的98.86%。各少数民族常住人口中数量排前5位的依次为苗族、布依族、土家族、侗族和彝族,这5个民族人口合计占少数民族人口总数的82.09%。

作为贵州省人口最多的少数民族,苗族有着悠久的历史。远古时代的"九黎""三苗"就是对苗族不同时期先民的称呼。蚩尤是苗族所尊奉的始祖。在我国历史上,苗族曾经历过几次大幅度、远距离、长时期的迁徙。内部支系众多,按照语言大致可分为以下三种:湘西方言苗族、黔东方言苗族和川黔滇方言苗族。每个支系的苗族均有不同的服饰、不同的生活方式、不同的文化内涵,苗族民俗民风有"十里不同天、五里不同俗"之说。

贵州省的民族分布呈现出多生境分布的特点。全省少数民族依次分布在黔东南、铜仁、黔南、毕节、黔西南、安顺、六盘水、贵阳和遵义。在生境的分布上,与森林、洞穴、湿地、草原、荒漠的生态多样性对应,这17个世居少数民族长期共同生存在这一片地貌丰富、气候多样的生境。虽然有民间谚语"高山苗,水侗家,仡佬住在山旮旯"所称的显而易见的民族特征,但是,同一个民族的多生境分布特征也不容忽视。同样是苗族,不同的支系用不同的文化特点来适应千变万化的山地立体气候和破碎的生态地貌。既有生活在郁郁苍苍的清水江,穿着繁复绚烂刺绣锦衣的黔东方言苗族，也有在怪石嶙峋格凸河徒手攀岩的苗族"蜘蛛人"。

贵州各民族都拥有高度适应所处环境的生态知识，是蕴含与自然友好相处生态智慧的大宝库。汉族，从历史典籍中"夷多汉少"的人口格局，经过土司制度到流官治理的变革，演变成今天高度适应贵州山地环境的主体民族群体，把一块块适合农业耕作的山间坝子变成了良田，积累了一整套山地农业耕作的知识体系。将明代刘伯温诗中"江南千条水，云贵万重山。五百年后看，云贵胜江南"的蓝图变为现实。在苗族的观念中，人和其他动物不过是始祖蝴蝶妈妈和水的泡沫"游方"谈恋爱产下的众多子女之一，并不天生高贵。每一个个体诞生与死亡的时候都要种下树木，为林业资源的可持续发展打下了坚实的文化根基。同时，苗族和侗族人民一起，留下了历史上堪与徽州文书媲美的历史档案——锦屏文书，创造了人工营造杉木、经营皇木、林粮混作的生产体系。安顺、镇宁、关岭、普定、六枝一带的布依族，用当地盛产的石料建房，从房屋基础到墙壁，全用石块垒砌，屋顶也用薄石板当瓦盖，俗称"石板房"。房屋有独立的三五长间，有带天井的三合小院。整个村寨多为石板房，人称"石板寨"，天然去雕饰，别具民族风情。黔东南侗族的稻鱼鸭生态系统，生物防治、循环利用的生态理念俯拾即是。仡佬族的吃新节，可以任意到田地里摘新成熟的各种庄稼，各族主人不但不怪罪，反而会认为是好事，其实是西南大地上一个个新的移民群体对拓荒者"仡佬仡佬，开荒辟草"的致敬与礼遇。彝族农牧兼营的生计方式，对于高山草场的利用，冬季利用周边民族的闲置农田放羊牲畜，是适应黔西北高寒山地，保护生态系统多样性的良好范本。

如此多样的气候与栖息环境、如此多样的景观、如此清新的空气、如此纯净的水源、如此丰富的物种、如此多彩的民族文化，跟贵州的"贵"字一样难能可贵，生活在这片土地上的生灵应引以为傲……

贵州民族分布图

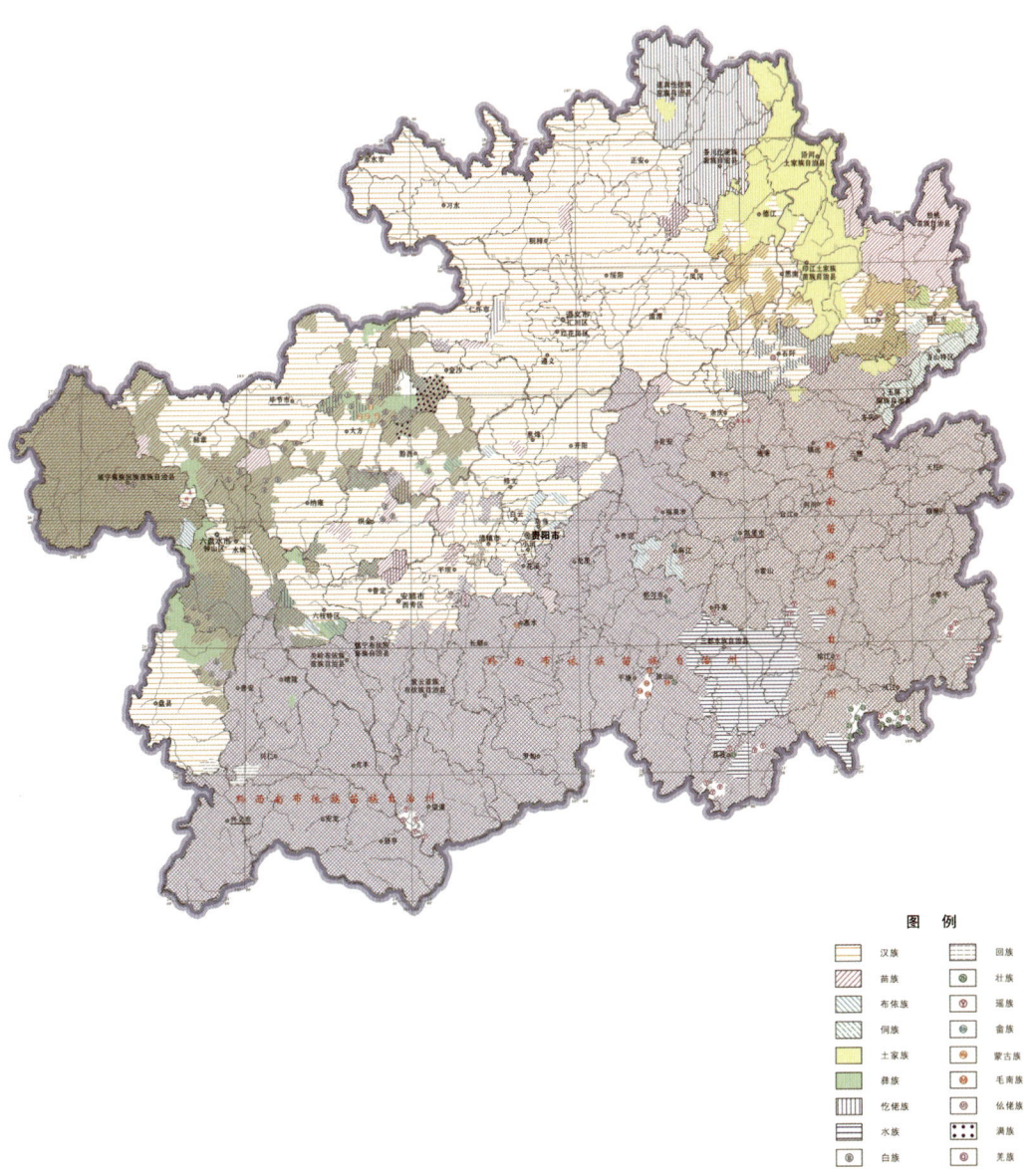

*/

黔山贵水歌圣境——66个贵州生态地标价值评述

*//

贵州大写古生命——古生物化石群 5 个地标

*///

巅峰磅礴卷烟云——乌蒙山脉 11 个地标

*////

咽锁黔川戏赤乌——大娄山脉 11 个地标

*/////

呼啸四省开两江——武陵山脉 5 个地标

*//////

横亘黔中聚物华——苗岭山脉 18 个地标

*///////

万仞锥峰竞成林——黔南喀斯特丘陵区 8 个地标

*////////

绿野仙踪任迁徙——交汇过渡带 8 个地标

第二部分

水墨黔乡

66个贵州生态地标

66个贵州生态地标分布图

自然景观类

● 森林生态系统
- ⑦ 梅花山
- ⑧ 八大山
- ⑨ 野钟
- ⑩ 百里杜鹃
- ⑰ 娄山关
- ⑱ 黄莲
- ⑲ 冷水河
- ⑳ 大沙河
- ㉑ 麻阳河
- ㉒ 宽阔水
- ㉓ 百面水
- ㉘ 梵净山
- ㉙ 佛顶山
- ㉝ 雷公山
- ㉞ 斗篷山
- ㉟ 月亮山
- ㊱ 尧人山
- ㊳ 黔灵山
- ㊸ 格凸河
- ㊶ 茂兰喀斯特森林
- ㊺ 桑郎河谷
- ㊻ 龙头大山
- ㊼ 万峰林
- ㉠ 黔北丹霞
- ㉡ 习水中亚热带常绿阔叶林
- ㉢ 云台山
- ㉣ 朱家山

● 湿地生态系统
- ⑪ 草海
- ⑫ 大坪箐
- ⑬ 水西海子群
- ㉚ 锦江
- ㉛ 石阡鸳鸯湖
- ㉜ 石阡温泉群
- ㊵ 八舟河
- ㊷ 岔河
- ㊸ 花溪湿地
- ㊺ 红枫湖-百花湖湿地
- ㊾ 紫林山
- ㊽ 招堤湿地
- ㊿ 长江上游珍稀特有鱼类保护区（赤水河段）
- ㊂ 白鹭湖
- ㉥ 潕阳河
- ㉦ 黄果树瀑布群

● 草原生态系统
- ⑥ 韭菜坪
- ㊴ 龙里草原

● 荒漠生态系统
- ㊼ 花江峡谷

● 洞穴生态系统
- ⑭ 织金洞
- ㉔ 双河洞
- ㉕ 九洞天
- ㊽ 打岱河天坑群

● 古生态系统
- ① 瓮安古生物化石群
- ② 凯里台江古生物化石群
- ③ 盘县古生物化石群
- ④ 兴义古生物化石群
- ⑤ 关岭古生物化石群

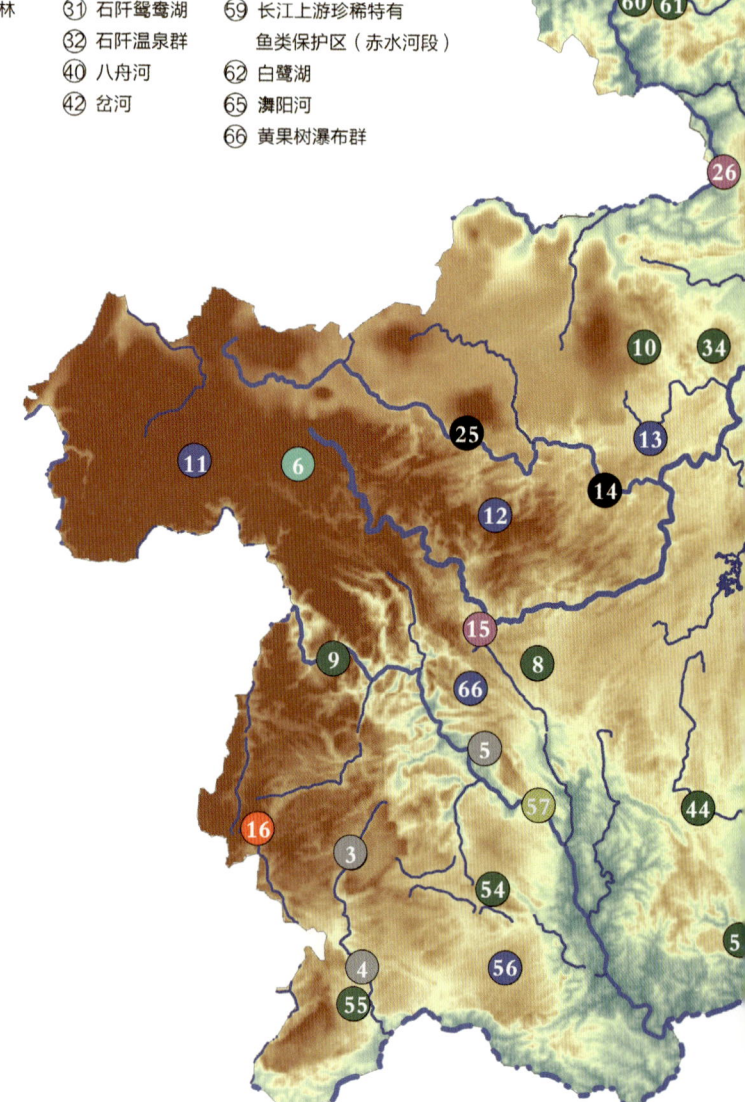

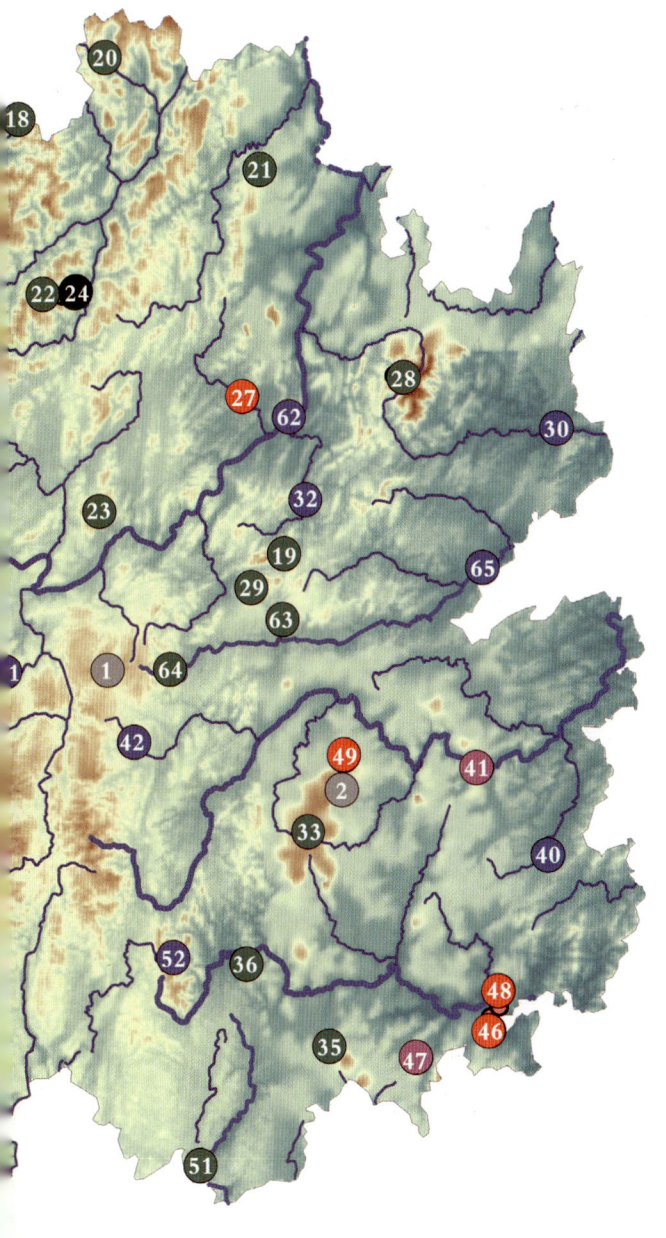

生态文化景观类

● 自然-社会-经济复合生态系统

⑮ 六枝古杨梅群落
㉖ 茅台镇
㊲ 云雾山
㊶ 清水江
㊼ 加榜梯田
㊿ 久安古茶树群

● 自然-社会复合生态系统

⑯ 妥乐古银杏群
㉗ 思南四野屯
㊻ 岜沙苗寨
㊽ 增冲侗寨
㊾ 登鲁村

制图＊廖顺宝 吴勇韬

摄影*张成文

第二部分 / 第一章

黔山贵水歌圣境
——66 个贵州生态地标价值评述

文 / 生态地标项目组

贵州生态地标项目是以生态系统为承载、选取全境生态功能最优良的保护地，揭示其生态价值、生态影响、保护文化及其对人类的影响，为构建贵州生态安全格局和可持续发展提供支持。

经过数十次会议，生态地标专家组甄选出了贵州省最具代表性的 66 个生态地标，并形成如下共识：

一、对贵州生态本底的基本认识

1. 生态多样性

多生境。贵州地质演化史呈现非常丰富的海、陆相沉积，岩层和土壤类型多样。大气候环境与破碎化的高原山地共同作用形成明显的垂直立体气候，对陆地生态系统中的森林、湿地、草原、荒漠及地下喀斯特洞穴五个生态系统作用很大。从生态系统的类型来说，呈现多层级的丰富度。

多物种。多样生态系统及各种小生境成为了大量物种，尤其是珍稀物种的安身之所。贵州现代化进程较晚，很多民族与物种共生的传统，使这里成为避难所。呈现出多生态、多物种的整体局面。

多民族。不同的民族在与自然的博弈过程中形成民族文化的多样性，演绎出民族与环境共生的多样生态智慧。

2. 生态脆弱性

贵州生态虽然本底良好，但非常脆弱。喀斯特地貌占全省面积的73%，喀斯特发育充分，留不住水，土壤形成缓慢，给繁茂的生命带来挑战。贵州大斜坡的地形地势加剧了生态的脆弱性。

3. 生态稀缺性

因为脆弱，所以稀缺。贵州境内的绝大多数森林、灌丛和草甸直接生长在喀斯特基岩上，异质小生境形成了众多的特有物种，在极其艰难而漫长的过程中，各种因素的耦合才造就了今天的呈现。无论是森林、灌丛、草甸，还是河流、湖泊等湿地生态系统，都是亿万年环境与生命相互作用的结果。

4. 生态珍贵性

生态学就是关系学。贵州极其脆弱的生态环境承载着众多的生命，是许多物种的唯一分布地，属极其稀缺的生态资源。一旦人类干扰超过了阈值，即造成生态破坏，难以恢复。所以，要充分认识到它的珍贵性。

二、贵州省生态地标分布特点

首批选出的66个生态地标的分布特点如下：

1. 从大的格局来看，66个生态地标星罗棋布地点缀在贵州大地。完整地呈现出以四大山脉和喀斯特丘陵区为生态骨架，以八大水系为灵魂的生态框架，而五个交汇过渡带上的地标也犹如生态穴位，嵌入其中。

2. 从地理位置看，贵州生态地标展示了生态面貌和生态关键节点。乌蒙山脉共12个生态地标，拥有自然景观类森林生态系统4个、湿地生态系统3个、洞穴生态系统 1 个、草原生态系统 1 个、古生态系统 1 个、生态文化类景观 2 个；大娄山脉 11 个生态地标，拥有自然景观类森林生态系统 7 个、洞穴生态系统 2 个、生态文化类景观 2 个；苗岭山脉 19 个生态地标，拥有自然景观类森林生态系统 6 个、湿地生态系统 4 个、草原生态系统 1 个、古生态系统 1 个、生态文化类景观 7 个；武陵山脉共 6 个生态地标，拥有自然景观类森林生态系统 2 个、湿地生态系统 3 个、古生态系统 1 个；黔南喀斯特丘陵区共 9 个生态地标，拥有自然景观类森林生态系统 4 个、湿地生态系统 2 个、荒漠生态系统 1 个、洞穴生态系统 1 个、古生态系统 1 个；交汇过渡带共 9 个生态地标，拥有自然景观类森林生态系统 4 个、湿地生态系统 4 个、古生态系统 1 个。

3. 从生态地标的类型上看，自然景观类别的生态地标共有 55 个，其中森林生态系统类别 27 个、湿地生态系统类别 16 个、草原生态系统 2 个、石漠化环境中的荒漠生态系统类别 1 个、洞穴生态系统 4 个、古生态系统 5 个；生态文化景观类别 11 个。66 个生态地标中有的地标兼具几类生态系统，它们代表了多样贵州最为优良的生态系统与保护文化，基本构绘出贵州整体生态面貌与山水林田湖的景观格局。

4. 贵州省生态地标项目特别关注古生态系统。地球经历了若干亿年的演化，数次生命大灭绝和大繁荣，造就了世界著名的古生物王国。专家组选择了 5 个古生物化石群，来展示地球生命大跨度的历史。其中，瓮安古化石群体现了最早期的地球生命历程，在全球古生物研究领域具有极其重要的科研价值。该地纳入生态地标，目的是为了更好地加强保护。

三、66 个贵州省生态地标的价值

66 个贵州生态地标连接成保护网络，是贵州大地的圣地。名录中的地标最终以核心价值的提炼和通俗的语言呈现出对气候变化、水土流失、水源涵养、资源保障、生命演化及环境适应的科学诠释，具有战略意义。专家组一致认为，任何生态系统都不是孤立体，生态系统具有连接古老与未来、环境与生命的深刻蕴意。各系统间彼此关联、支持，方能形成完整、持续、健康的整体。而只有形成整体，方能显现出其巨大的生态功能和深刻影响。

贵州发育了厚达35公里、形成时间约14亿年的沉积地层。这片地层覆盖了贵州省土地面积的80%以上，蕴藏着在这里栖息繁衍过的众多生命形态，使贵州成为古生物化石的王国。长期的地质普查及研究，发现贵州化石分布非常广泛，并有许多珍贵的化石群。由老至新有：早震旦世的瓮安生物群、下寒武统底部戈仲伍组或桃子冲组的小壳动物群，下部牛蹄塘组生物群、顶部台江生物群，中寒武世早期的凯里生物群；晚奥陶世末的赫南特贝生物群；早志留世凤冈砺卡拉维管束植物群；晚泥盆世的乌克曼菊石群；中二叠世的饼菊石群；早三叠世的遗迹化石群，中三叠世的青岩生物群、盘县动物群和兴义动物群，晚三叠世的关岭动物群；下侏罗统珍珠冲组中的禄丰龙动物群；上白垩统茅台组中的安陆轮藻植物群等。这些生物群都是贵州古生物王国的重要组成部分，其中以早震旦世的瓮安生物群，中寒武世的凯里生物群，三叠纪的盘县动物群、兴义动物群和关岭生物群等尤为重要。

// * //

第二部分 / 第二章

贵州大写古生命
/ * 古生物化石群 5 个地标

/ 瓮安古生物化石群：动物世界的黎明
/ 凯里台江古生物化石群：三叶虫的时代
/ 盘县古生物化石群：海生爬行动物的地盘
/ 兴义古生物化石群：贵州龙的故乡
/ 关岭古生物化石群：海百合的天堂

01. 瓮安古生物化石群
动物世界的黎明

地标名称：瓮安古生物化石群 Weng'an Biota
地标类型：自然景观
地理坐标：107°25'E，26°57'N
生态系统：古生态系统

文 * 刘俊燕　供图 * 王丽霞

核心价值：瓮安古生物化石群是一个特殊磷酸盐化微体化石组合，主要由多细胞藻类 multicellular alga、大型带刺疑源类 Acritarch 和处于不同发育阶段的多种后生动物胚胎组成，包括少量可能的后生动物幼虫和成体化石，是一个多门类、属种丰富、类型多样、保存精美的化石生物群。作为迄今为止世界上最古老的前寒武纪后生动物古生物化石群，为探索后生动物的起源和早期演化历程提供了独一无二的实证记录，具有意义非凡的科学研究价值，是国内外学界的重点研究对象。

一些生命活成了磷肥,一些生命活成了历史。

行走在磷矿储量位居亚洲第一的贵州瓮安,机械轰鸣的矿区看起来平淡无奇,但这里的化石发现却让科学家们异常兴奋。20世纪80年代初,贵州省瓮安地区震旦纪陡山沱期含磷地层中发现了一个多门类、种属丰富、类型多样、保存完美的前寒武纪晚期化石生物群,这被称为瓮安生物群。最早发现的化石是来自岩石切片的多细胞藻类和大型带刺疑源类。

瓮安生物群1993年被命名时,这一化石产地所在区域——贵州省黔南自治州瓮安县的震旦系海相地层磷矿床已经被开采了20年。2017年3月,我国科学家卡定瓮安生物群年龄约为6.09亿年。那些幸运的化石被科学家慧眼所识,成为解开"寒武纪生命大爆发"之前生命谜团的一把钥匙。

6亿年前,在瓮安的浅海环境中,不仅生活着丝状藻类、球状藻类、多细胞藻类,还生活着原始海绵动物——贵州始杯海绵,它十分微小,体积只有2~3立方毫米,但已经发育有精美的细胞结构和完好的水沟系统。复杂的多细胞动物很可能就是从这里起源,开始了各自的演化历史。

瓮安生物群中动物卵裂方式已经高度分化。目前,该生物群中已报道的相对可靠的卵裂胚胎化石类群共有五种:辐射卵裂胚胎、旋转卵裂胚胎、具极叶的螺旋卵裂胚胎、"Big D"型螺旋卵裂胚胎、二重螺旋卵裂胚胎等。如今地球上热闹非凡的上千万种动物归纳起来总共有38门,而瓮安生物群中特殊的卵裂方式或许向人们暗示:现生动物超门、门甚至亚门一级别的分化可能在瓮安辐射时期就已经开始。瓮安大辐射导致了生物多样性的诞生,迎来了动物世界黎明的曙光。生命崛起的故事由此徐徐启幕,而"寒武纪生命大爆发"不过是这个故事的高潮。

20世纪90年代末,后生动物休眠卵及胚胎化石和早期后生动物的遗体或遗迹等化石在该生物群中被发现和确认。但真正令人惊奇的，并不是前寒武纪晚期已有后生动物的存在，而是它们能够完整地呈三维立体状被保存下来。这或许要归功于古生物化石群与瓮安磷矿的亲密结合。陡山沱组是发育独特的磷块岩，这些罕见的古生物化石形成时经历了磷酸盐交代作用，才得以奇迹般保存下来。

然而，这些被大自然保存下来的化石，几十年来从未真正唤醒人们的保护意识，瓮安北斗山磷矿将保存有地球6亿年前历史的古生物化石送到磷肥厂制成化肥。目前，虽然磷矿开采工作已被紧急叫停，但化石保护工作不容乐观。这座全球最古老的后生动物化石库是不可替代、不可再生的珍贵自然遗产，它的命运不应该是变作几袋磷肥。

水墨黔乡：66个贵州生态地标

02. 凯里台江古生物化石群
三叶虫的时代

地标名称：凯里台江古生物化石群 Fossil Beds in Taijiang, Kaili
地标类型：自然景观
地理坐标：108°20'E，26°32'N
生态系统：古生态系统

文＊刘俊燕　供图＊吴杰　周长树

核心价值：凯里台江古生物化石群是重要的寒武纪动物群之一，拥有11个大门类、120多个动物化石属，是一个大型布尔吉斯页岩生物群，包括海绵动物、腔肠动物、蠕形动物、腕足动物、软体动物、水母状化石、节肢动物、棘皮动物及藻类等，与澄江动物群、布尔吉斯页岩生物群共同组成全球三大布尔吉斯页岩型生物群，拥有中国首次发现的保存完整的寒武纪棘皮动物及大量的世界性分布的三叶虫，具有独特的生物组合特征。是研究寒武纪海洋生物、生态多样性、生物较大规模绝灭和复苏事件及寒武纪棘皮动物辐射的窗口。

① 三叶虫
② 拟轮盘水母

5.6亿年前,经历过"寒武纪生命大爆发"的地球进入了三叶虫的时代。这种最早进化出眼睛的远古动物,也是地球上著名的史前无脊椎动物。它和其他生物一同揭开了地球生物多样化的序幕,从此,一个欣欣向荣、色彩斑斓的生物世界才真正出现。

此前,全球性的加里东构造运动使南北大陆反复升降,许多地区重新被海水淹没,当然也包括现在的贵州一带。那时,气候干旱,浅海区域水质十分洁净,大量的棘皮动物、三叶虫、贵州拟轮盘水母、纳罗虫、微网虫、奇虾等多种生物在海洋中畅游。它们在5.2亿~5.12亿年前享受着没有鱼类威胁的生活,随着生命逝去,最终葬身海底,共同形成了含11大门类、120多属动物的凯里台江生物群化石。

当你来到贵州省剑河县革东镇八郎村,与闻名世界的乌溜坡-曾家崖、苗板坡两个化石产出地的剖面近距离接触时,那些赋存着丰富化石的地层似乎还残存着大海的波涛声,为我们讲述着原始而单纯、顽强而壮丽的生命故事。

中寒武纪早期的凯里地区,温暖的海水中到处是三叶虫的身影。其背甲被两条背沟纵向分为一个轴叶和两个肋叶,因而得名。它们生活模式多样,有的种类喜欢在海洋中上部游泳,有的则喜欢在海底爬行,还有些习惯在泥沙里过日子。三叶虫一点儿也不挑食,藻类、原生动物、海绵动物、腔肠动物等,都能满足它们的食欲。一旦遭遇如鹦鹉螺类凶猛头足动物的进攻,三叶虫就依靠可以活动的胸节,将身体蜷起,而后悄无声息潜入海底。

和身长通常为3~10厘米的三叶虫相比,身长约2米的奇虾算得上是当时的"海中霸主"了。它那一对带柄的巨眼就够吓人了,更何况还有一对可以快速捕捉猎物的兵器——分节的巨型前肢,即便长着美丽的大尾扇,也无法把它和温柔联系起来。奇虾游泳速度很快,它看中的食物很少能够逃脱,就算有矿化外甲保护的动物,它那直径25厘米、有着十几排牙齿的大嘴也能咬得下去。没办法,牙好,胃口就好,吃嘛嘛香。

处于食物链顶端，貌似很威风，但在生存环境发生变化时，丧钟会最先为它们敲响。或许因丧失物种优势被饿死，奇虾在4.4亿多年前就灭绝了，种族存世时间不足1亿年。倒是那些随处可见的三叶虫，一直到4.3亿年前还处于高峰期，之后随着众多海相无脊椎动物的大量涌现而减少，到2.4亿年前的二叠纪才完全灭绝，前后在地球上生存了3.2亿多年，生命力极其顽强。在漫长的时间长河中，它们演化出繁多的种类，大的长达70厘米，小的只有2毫米。

在那辽远而宁静的年代，棘皮动物也空前繁盛。目前，全球已记录到的棘皮动物化石约13000种。它们不仅是始海百合动物的辐射，也是整个棘皮动物进入寒武纪以来首次明显辐射。棘皮动物有着很强的再生能力，但水质污染会无情夺去它们的性命。

凯里台江古生物化石群正以保存完好的大量寒武纪棘皮动物和三叶虫为主要特征，其中最多的就是三叶虫，约占化石保存总数的60%。凯里生物群在时代上居于云南澄江生物群和加拿大布尔吉斯生物群之间，对展现寒武纪海洋生物多样化面貌具有不可替代的重要意义。

03. 盘县古生物化石群
海生爬行动物的地盘

地标名称：盘县古生物化石群 Panxian Fossil Beds
地标类型：自然景观
地理坐标：104°54′E，25°31′N
生态系统：古生态系统

文 * 刘俊燕　供图 * 肖时珍

核心价值：盘县古生物化石群是以保存完整精美、丰富多样的海生爬行动物、鱼类、多门类无脊椎动物为特征，是中三叠世最老的海生脊椎动物化石宝库。当前已经发现海生爬行动物多达14个属种，包含当前发现的时代最老的意外楯齿龙 *Placodus inexpectatus*、幻龙类 *Nothosaurian*、原始类型的鱼龙——新民龙 *Xinminosaurus catactes*、东方恐头龙 *Dinocephalosaurus orientalis*、混形黔鳄 *Qianosuchus mixtus*、黔大头龙 *Largocephalosaurus qianensis*；另外还有多门类的鱼类。呈现出强烈的特提斯生物属性，是二叠纪末期生物大灭绝后，现生生态系统建立过程中生物圈快速适应辐射早期阶段的典型性生态标志之一。

盘县混鱼龙

羊圈有"奇石"。

20 世纪 90 年代末,盘县新民乡羊圈村村民采石盖房时,意外发现石块上"爬着"一些像四脚蛇又像鱼的奇怪图案,出于好奇,村民把石块收起来。于是,这些奇石由石材-收藏品-商品,最后辗转到了专家手中。经鉴定,这些图案是生活在距今 2.45 亿年前的中三叠世海生脊椎动物形成的化石。从此,这片面积约 2.5 平方公里的化石群得以发掘和保护。

如今,盘县古生物化石群遗址已成为乌蒙山国家地质公园的一部分。那些生动的化石,为我们揭开了数亿年前贵州还是汪洋大海时,海底古生物王国的奥秘。

距今约 2.52 亿年前的二叠纪末期,一场史无前例的灾难袭来,地球上 95% 以上的海洋生物物种和 75% 的陆生生物物种在短短几百万年间销声匿迹。之后,地球的生态圈又历经几百万年才逐步重建。2.45 亿年前的古特提斯海,将中国西南部与南欧连成一片。在浩瀚的大海中,生活着古鱼类和从陆地重新返回大洋的古爬行动物。这些爬行动物个头都不小,貌似平静的水下常常上演厮杀大戏,使这时的海洋充满了冒险精神。

长得又像鳗鱼、又像海豚的盘县混鱼龙在水中慢悠悠地游动,伺机对身边的鱼类下手。从身长约 1 米的盘县混鱼龙身旁游过,羊圈幻龙就很有优越感了,毕竟它个头更大,体长约 3 米。它摆动灵活的长尾巴并用脚掌划水,边游泳边寻觅目标,通过伏击战术"快、准、狠"地用巨大獠牙拿下猎物——鱼类、头足动物、小型爬行动物,没有谁比它们吃得更好了。在浅水区,或许它还能和泳技较差的红果鸥龙打个照面。

体长超过 3 米的东方恐头龙可就神秘多了,占身体长度近三分之二的僵直颈部难以灵活运动,那它怎么捕食呢?特点即优势,吞吸食物还是十分可能的,总之它不会让自己挨饿。张开嘴,就像《西游记》里金角大王的紫金红葫芦一样,大海里那么

化石剖面

多的鱼和乌贼还没来得及看清它的全貌,就被它一股脑地吸进了长长的圆柱体咽喉。发现想逃的猎物,它会立刻用尖利的牙齿挡住,顺便将吸进的海水轻松吐出。

当动物们四处逃散时,那一定是凶猛的混形黔鳄来了!它不仅能在陆地或海岛边缘的浅海中行走,还能在较深的海水中游泳,最可怕的是它那如同霸王龙一样边缘带有锋利锯齿状的牙齿,这一杀生利器,足以让海水变得杀气腾腾。混形黔鳄灭绝数千万年后,部分鳄类才再次进化出类似的生活和运动方式。

盘县动物群中的鱼类也比较丰富,有体长超过1米的肉食性鱼类,如龙鱼类、比耶鱼类,也有体型特化呈三角形且腹部平直的罗雄鱼和正常梭形体型的奇异盘县鱼。它们形态各异,各自占据不同的水层,和谐共存。

盘县三叠纪古生物化石群,是贵州迄今为止发现的时间最早的爬行动物化石群,它们类型多样、形态各异,是古海洋生态系统经历二叠纪末期生物大绝灭后迅速恢复的自然标志和代表实证,也是连接西特提斯古动物分区和东太平洋古动物分区的重要纽带。

羊圈"奇石",名副其"石"。

04. 兴义古生物化石群
贵州龙的故乡

地标名称：兴义古生物化石群 Xingyi Fossil Beds
地标类型：自然景观
地理坐标：104°57′E，25°8′N
生态系统：古生态系统

文＊刘俊燕　供图＊肖时珍

核心价值：兴义古生物化石群是中三叠世拉丁期晚期海生爬行动物由近岸向远洋的重大演化事件代表，保存了兴义鸥龙 Lariosaurus xingyiensis、杨氏幻龙 Nothosaurus youngi、胡氏贵州龙 Keichousaurus hui、康氏雕甲龟龙 Glyphoderma kangi 等海生爬行动物，以及最老的飞鱼 Thoracopterus、贵州鱼龙 Guizhouichthyosaurus、黔鱼龙 Qianichthyosaurus 等多门类脊椎动物和无脊椎动物化石。反映了海生爬行动物从近岸向远洋发展的重大演化事件，显示了古生物地理属性的重大演变，具有重要的科学价值。

贵州龙

"山不在高,有仙则名。水不在深,有龙则灵。"贵州龙,无声而璀璨地成就了兴义。

从 1957 年在兴义市顶效发现第一条"胡氏贵州龙"起,兴义动物群相继报道命名的海生爬行动物化石多达 11 属 11 种、鱼类化石 10 属 11 种。人类的发现或许只是冰山一角,在这片远古时代曾经是海的地方,生命多样性远比需要苛刻条件才能形成并保存下来的化石所呈现出的多样性更高。

在大约 2.4 亿年前的黔西南地区,海水淹没了碳酸盐台地,使其成为浅海环境,重返海洋的多个爬行动物分支类群来到这片清澈的近陆浅海。平静的水域、充足的光照,带来勃勃生机,藻类、小型脊椎动物、无脊椎动物、大型肉食性水生爬行动物和鱼类都在这里繁衍生息。

时光回溯到中三叠世晚期,凶猛的幻龙、奇特的长脖子原龙、不太擅长游泳的鸥龙、有着强壮肱骨的贵州龙等在浅海水域打下一片江山,海生爬行动物真正成为了海洋霸主。

别看贵州龙身长只有 15 ~ 40 厘米,但强壮的前肢、长长的颈部和尾巴,让它游动起来十分灵活,小鱼们常常被它锐利的牙齿捕获。身长 2 米多的杨氏幻龙做事可就不那么光明磊落了,它佯装散漫地跟踪在猎物后面,一待时机成熟,就快速展开攻击,即便偶有反应机敏的猎物得以逃脱,恐怕也会被幻龙的尖牙留个纪念。

和幻龙比起来,乌沙安顺龙似乎要温柔一些,2 ~ 5 米的身长使它看起来像大型蜥蜴,四肢虽说小巧了些,但狭窄的头部、长长的脖子、末端如树叶形的长尾巴都让它能够快速游动猎食。遗憾的是,它们的族群很短命,只生活在中晚三叠世的海洋中。

楯齿龙尽管四肢粗短而强壮,但因为背着重重的壳也游不了太快,不过它那特别大的腭齿,如同小磨盘般可以压碎贝类、腕足类及其他无脊椎动物坚硬的外壳,所以当它惬意美食时,看到那些伸出 3 米长僵硬颈部费力捕食的伦巴底长颈龙就会忍不住

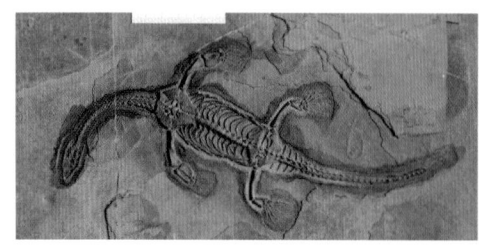

鸥龙

发笑，笑人家行动怪异——需要靠巨大臀部来稳定重心。可别以为楯齿龙穿个马甲就能和龟套近乎，其实它们最近的亲属是中生代后期体形硕大、颈部细长的蛇颈龙。

自从各种各样的龙重返海洋后，东方肋鳞鱼、兴义亚洲鳞齿鱼、贵州中华真颚鱼、小鳞贵州鳕、秀丽兴义鱼等鱼类，以及菊石、双壳类、腕足类等多门类动物就过上了提心吊胆的日子。即使在光线暗淡的夜间，贵州鱼龙也能凭借那对直径约20厘米的巨眼追捕乌贼和鱼类，鱼们完全不知道意外和明天哪个先来。

鱼类的噩梦终结于白垩纪末期，那些海生爬行动物中的大部分类群在此期间绝灭。现存的12000种爬行动物中，仅有100种海生爬行动物。

活跃于中三叠世晚期、以贵州龙为代表的兴义动物群，上承中三叠世早期的盘县动物群，下启晚三叠世早期的关岭动物群，从而连接了海生爬行动物早期演化和起源与后来鼎盛时期的辐射式分异。立足兴义，能够最为有效地研究恢弘的地质变化与古生态演化进程。

蜚声学术界，贵州龙们生前一定没有想到。它们化身为石，用不朽的姿态静静地向世人讲述着生物圈缓慢复苏和生物走向繁盛的远古历史。每每有流落异国他乡的龙化石几经周折回到兴义的怀抱时，不得不惊叹，这些龙该是有多么深的故乡情结！

05. 关岭古生物化石群
海百合的天堂

地标名称：关岭古生物化石群 Guanling Fossil Beds
地标类型：自然景观
地理坐标：105°26′E，25°53′N
生态系统：古生态系统

文＊刘俊燕　供图＊肖时珍

核心价值：关岭古生物化石群位于安顺市关岭县，是储存在距今2.45亿年称为晚三叠世卡尼期的地层中，以大型鱼龙、大量海龙与海百合等古生物化石组合为特色的古生物化石群。海生爬行动物多达11个属种，其中新铺龙显示了盘古生物大区的亲缘性，安顺龙 *Anshunsaurus* 则与西特提斯的海龙具有较近的谱系关系，另外，海生爬行动物多为能远洋游泳和浮游类型，保存有关岭鱼龙 *Guanlingichthyosaurus* 和贵州鱼龙 *Guizhouichthyosaurus*、周氏黔鱼龙 *Qianichthyosaurus zhoui*、半甲齿龟 *Odontochelys semitestacea*，呈现出了生物圈开始进入中生代全盛时期的繁荣景象。

海百合

从二叠纪末生物大灭绝的萧条景象到晚三叠世生命繁盛的转变是不可思议的。在2.33亿年前,现在的贵州安顺地区还是一片水体极浅、可能会时常露出水面的广阔海底台地。海洋中的生物已有了翻天覆地的变化。到了2.3亿年前,这里的地壳受构造活动影响开始下沉,海水逐渐加深,海水温暖,营养物质迅速沉积。

植物和动物看准了时机,迅速给这片清澈湛蓝的海洋带来生气。鱼龙类、海龙类、楯齿龙类、龟类成群结队地占据了阳光充足的海域,无忧无虑地壮大家族势力;沿岸的植物被海流从北边源源不断地带到这里;海百合、菊石、双壳等无脊椎动物有了栖息之所,族群空前繁盛,以之为食的鱼类也追随而至。丰富的食物、浩瀚的海域、宁静的水体,使这里成为各种生物自由生长、繁衍后代的天堂。

而地球似乎总是迷恋拼图游戏,它把来自造山带的大量剥蚀物源源不断地抛进这一海域。于是,在2.1亿年前后,这里形成了陆地。又经过2亿多年的改造拼装、风化剥蚀,终于形成了今天贵州关岭布依族苗族自治县境内的关岭海生生物化石群景象。2004年,这一古生物化石产地被确立为关岭化石群国家地质公园。

关岭化石群是全球晚三叠世独一无二的海洋生物化石库,得益于当时海底平静而富含硫质的水体环境,这一海域中众多的生物遗骸被完美保存下来,为科学家们研究晚三叠世的古生物学、古生态学、古海洋学、古埋藏学和地层学提供了丰富而关键的素材。当然,极高的观赏性和收藏价值,也让人们对关岭化石群叹为观止。

那些形似荷叶、硕大优美的生物在地下沉睡了2亿多年依然栩栩如生,更何况还有好听的名字——海百合,可别以为它是香水百合的家族成员,它可是地球上非常古老的无脊椎动物。它们生活在四五百米深的海洋,像植物茎一样的长柄附着于植物枝干上,柄上"盛开"着数条羽状触手组成的"花朵"。饥饿的时候,它们就迎水流"绽放",用触手滤食水中的浮游生物;吃饱后,就收拢触手开始酣睡,看上去犹如花朵行将凋零。

关岭半甲齿龟

海中的生活貌似风平浪静、舒适安逸,只需守株待兔,就可衣食无忧,实际上,海百合常常被饥饿的鱼群袭击,不是被咬断"茎",就是被吃掉"花朵"。只剩下"花朵"的海百合显然要幸运得多,它们四处游荡,最终成为海百合家族中的旺族。

海百合类最早出现于距今 4.8 亿年前的奥陶纪早期,在漫长的地质历史中,曾几度兴衰,在现代海洋中生存的尚有 700 多种。20 世纪 40 年代,关岭发现了晚三叠世的海百合化石群,这些精美的化石很快成为国内外博物馆收藏的珍品。贵州曾展出一块世界上最大的海百合化石,长 4.8 米,宽 1.9 米,化石上伴有创孔海百合"花冠"36 朵。

20 世纪 90 年代,科学家又在关岭发现了海生爬行动物化石群,其形体大、数量多且完整精美,显示出很高的生物多样性,标志着海洋生态系统从二叠纪末期的大灾难中彻底恢复了过来,三叠纪生物圈复苏发展到了顶峰阶段。化石显示,这些生存于 2.3 亿年前的海生爬行动物已适应远洋生活。科学家首次用"黔鱼龙""关岭鱼龙""新铺龙""贵州鱼龙""安顺龙"等地名为鱼龙化石命名,其中最引人注目的是长达 10 米以上且保存完整的鱼龙骨架化石及首次为中国发现并报道的海龙和豆齿龙化石。

保存在黑色泥岩和页岩之中的这些海生爬行动物,成为古地理上连接三叠纪太平洋地区和特提斯地区的重要环节,也是生物演化上连接三叠纪原始类型和侏罗纪 - 白垩纪海洋统治者之间的重要过渡环节。这些珍贵的化石为我们展现出史前海洋与海洋生物走向繁盛的奇妙景象,也为我们展示出云贵高原亿万年前还是海湾及陆间残留盆地的原始风貌。

在贵州省的西部，乌蒙山平均海拔高达 2000 米。位于贵州高原西北部和滇东高原北部，东北－西南走向，系由断层抬升而形成的年轻山地。其山脉绵延于威宁彝族回族苗族自治县、赫章县、水城县、六枝特区，为北盘江、南盘江、乌江、赤水河、牛栏江的分水岭。乌蒙山喀斯特地貌发育良好，溶蚀洼地、残丘峰林、灰岩槽状谷地及溶洞等奇观广布。最高峰小韭菜坪，海拔 2900.6 米，为贵州境内最高点。位于乌蒙山地区威宁彝族回族苗族自治县的草海，是贵州高原最大的天然淡水湖，素有高原明珠之称。乌蒙山独特的地理特征阻挡了向西、南推进的冬季寒风，对云南气候有着一定的影响作用。

第二部分 / 第三章

巅峰磅礴卷烟云
/ * 乌蒙山脉 11 个地标

/ 韭菜坪：贵州屋脊上世界最大的野生韭菜花海
/ 梅花山：滇黔阴晴分界线
/ 八大山：瀑布源头不见水
/ 野钟：乌蒙山的"地缝"
/ 百里杜鹃：杜鹃花家族圣地
/ 草海：云贵高原最大的淡水湖
/ 大坪箐：乌江上游的隐形水库
/ 水西海子群：贵州高原海子链
/ 织金洞：溶洞景观举世无双
/ 六枝古杨梅群落：傲视千年的古杨梅
/ 妥乐古银杏群：中国保存最完整的古银杏群

06. 韭菜坪
贵州屋脊上世界最大的野生韭菜花海

地标名称：韭菜坪 Jiucaiping Peak
地标类型：自然景观
地理坐标：104°41′E，26°51′N
生态系统：草原生态系统

文 * 唐 明　摄影 * 郑 铁　曹经建　陈东升

核心价值：地标位于贵州省西北部赫章、威宁、水城三县交界处，属于典型的喀斯特高原地貌，分为大韭菜坪与小韭菜坪两部分，最高海拔 2900.6 米的小韭菜坪是贵州省最高点。高原面上有集中分布的野生多星韭 *Allium wallichii*、贵州韭 *Allium guizhouensis*、杜鹃灌丛等景观植物及白冠长尾雉 *Syrmaticus reevesii*、豺 *Cuon alpinus* 等保护物种，是世界上面积最大的野韭菜花带与全国唯一的野生韭菜花保护地。

① 大韭菜坪
② 秀雅杜鹃（俗称臭枇杷）

贵州高原地处西南腹地，位于中国的第二阶梯，地势西高东低，平均海拔1100米。贵州西北部毕节市的威宁县、赫章县地区，是贵州高原最有代表性的区域。这里是云南高原的延续部分，虽然经过亿万年的地质作用，河流的侵蚀切割作用还没有来得及对这里的地面进行显著的改造，因此基本上保持着原始高原的面貌，高原的边缘切割强烈，形成高中山。

山地是贵州高原自然环境的基本组成因素之一。横亘于云、贵两省之间，高峻雄伟、气势磅礴的乌蒙山，是云贵高原的主要山脉之一，也是贵州高原的第一阶梯。乌蒙山脉北起云南、贵州两省边界，南至云南昆明境内，几乎占据了整个贵州西北部，平均海拔达2200米。乌蒙山脉为云南高原和贵州高原的分水岭，乌蒙山脉对沿四川盆地南缘或贵州高原斜坡向西、南推进的冬季寒风起了阻挡作用，因此气象学上著名的昆明准静止锋，就是由于乌蒙山脉的存在，形成了乌蒙山脉以西的昆明"四季如春"，而东面的贵州高原却是多阴雨——"天无三日晴"，造成云南和贵州各自形成独具一格的气候特色。

在毕节市赫章县境内，乌蒙山最高之处，名为"韭菜坪"。韭菜坪是两座山峰，分别是"大韭菜坪"和"小韭菜坪"，坐落在赫章县的兴发乡和珠市乡，两座山峰相距50余公里。其中小韭菜坪主峰海拔约为2900米，是贵州海拔最高的山峰，素有"贵州屋脊"之称。

韭菜坪，顾名思义，以它半山腰漫山遍野的野生韭菜而闻名。这里的野生韭菜优势种学名"多星韭"，是一种典型的高山植物，在我国主要分布在云贵高原海拔2300米以上的地区，而在贵州就主要集中于高海拔的赫章大韭菜坪地区。大韭菜坪是全国唯一的野生韭菜花保护区，有着超过1500公顷的、世界上最大面积的野韭菜花带，主要分布在海拔2600～2700米的草坡上，构成了贵州森林植被最高垂直带谱的一个重要植物成分。多星韭不像人们常吃的韭菜，它约60厘米高，外观形态分化多变，生境也多种多样，有长在林中的，有长在岩石上的，还有草生型的。多星韭紫色的花朵硕大美丽，具有极高的观赏价值，还有一定的药用价值。每年的八九月，是韭菜花盛开的日子，韭菜坪被染成紫色的海洋。登上韭菜坪远眺，花海和天上白云奇妙地融为一体，景色壮丽，令人震撼。

韭菜坪虽处亚热带区域，但由于海拔高、气温低，植物种类分布更多地趋于暖温带的植被属性。从最高点的小韭菜坪主峰，整个地势从北到南逐渐降低，到韭菜坪最低点，高度相差达1100余米，海拔差异造成了韭菜坪植被种类呈现着明显的垂直带谱，这里生长了80多种植物。在海拔较低的地区，生长着成片的黄靳榔、大黄杨、黄连树和岩枫杨等高大乔木；在2500～2800米的地方，主要分布着草甸植被和灌木植被，有大片的高丛珍珠梅、水城玉山竹；到海拔2800米以上，以灌木型的羊耳杜鹃、马缨杜鹃、箭竹、高山栎等为主的灌木群落，并伴生着一些珍稀野生植物，国家二级保护植物第四纪冰川孑遗植物水青树在这也能找到踪迹。在灌木和草丛中，还伴生着三支茶、土人参、独脚莲、刺五加等上百种中药材。

小韭菜坪主峰虽高耸入云，但山顶并不是陡峭的山峰，而是地势平缓宽阔的台地，上面遍布着1500亩的石林，随处可见柱状、笋状的石牙、溶蚀沟槽，奇峰异石，姿态万千，层出不穷，平均海拔2550米，是我国平均海拔最高的喀斯特石林，又被称为"天上石林"。石林周围生长着很多苔藓植物，为了适应韭菜坪喀斯特石漠峰丛的独特生境，众多的苔藓类植物发生了进化。石林周围溶洞密布，许多溶洞至今还是未知世界，是扑朔迷离的地下迷宫。石林周围是万亩草场，辽阔宽广，是天然的大牧场。每逢民间盛大节日时，这里就是表演民间歌舞和赛马的最佳场所。

韭菜坪地区的少数民族以彝族为主。居住在这里的彝族同胞们很少受到现代文明的影响，三五户自成一寨，星罗棋布地散居着。因此彝族文化里许多面临着消失的民族文化传统，在这里能像活化石一样保留下来，形成了特色鲜明的"阿西里西"文化。海嘎村位于韭菜坪山麓，海拔2500米，是贵州省海拔最高的民族村寨。该村保留着传统而古老的彝族文化，酒礼歌、敬酒歌、铃铛舞和顺风耳等彝族传统歌舞及彝族火把节，具有重要的文化价值和科学研究价值，是重要的非物质文化遗产。

07. 梅花山
滇黔阴晴分界线

地标名称：梅花山 Meihua Mountain
地标类型：自然景观
地理坐标：106°51'E，25°36'N
生态系统：森林生态系统

文＊刘 杰　摄影＊何 彬 杨成华 曹经建

核心价值：该地标位于贵州省六盘水市钟山区与毕节市威宁县交界地带，属于贵州省地形第一阶梯和第二阶梯过渡带上的喀斯特高原地貌，处于西南季风与东南季风的交汇处，冬春多凝冻，一年有 280 天的云雾天气，形成常绿落叶混交林及高原湿地等多种景观类型，区域体现了植被湿润与半湿润过渡特点，生物多样性丰富，是冷杉 Abies fabri、蓝尾蝾螈 Cynops cyanurus、白腹锦鸡 Chrysolophus amherstiae、黑鸢 Milvus migrans 等珍稀物种的栖息地。

① 水城玉山竹
② 楼斗菜花

假如你在冬春季节往返于贵阳和昆明之间,会发现一个有趣的现象:常常贵阳的天还是阴雨连绵,昆明却一片阳光灿烂,似乎贵昆之间有一道阴晴的界限!不必稀奇,你正遭遇云贵高原上的一个著名的天气系统——昆明准静止锋。而梅花山就位于昆明准静止锋的阴晴界限上,每年九月到来年五月,冷暖气团在这里交汇,势均力敌,形成了昆明准静止锋,因此便有了贵阳的"天无三日晴"、昆明的"春城"区别。

多雨多雾,梅花山的云雾给山野增添了秀美的色彩,山顶云海茫茫,如丝如纱,似仙女起舞;如梦如幻,若仙境洞天。这里云雾天气最多时达到一年260多天,为梅花山增添了神秘色彩。如果说在晴空下登高远眺,千顷森林尽收眼底是一种壮阔的美,那么,在烟气暮霭之中,茂密的森林近处郁郁葱葱,远方若隐若现,则又是一种神秘的美。

梅花山位于中国生态凉都六盘水,说到它的"凉",梅花山首当其冲。梅花山地处一级构造和二级构造的极西边缘。乌蒙山脉盘踞这里,形成了由西北向东南倾斜的趋势,由贵州屋脊韭菜坪向下延伸直至梅花山,这里最高海拔2900.6米,最低586米,高度的海拔差异导致这里年均气温仅有13~14℃,是名副其实的"凉"。

梅花山地处长江水系和珠江水系的分水岭地区,包含六盘水的钟山区、水城,以及威宁的东南部区域,明湖湿地正处于梅花山脚下。这里纬度低、海拔高、山高坡陡、沟深谷狭,正是由于这些特点造就了梅花山生境的多样性,各种带谱的林相都有呈现。尤其是植被的垂直地带性分布,从下到上依次分布着常绿落叶阔混交林、落叶阔叶林、针阔混交林、针叶林、高山灌木林、高山灌丛、草甸。同时地理区域分异也非常明显,地带性植被为中亚热带常绿阔叶林,东部植被为湿润性中亚热带常绿阔叶林,西部植被为中亚热带半湿润阔叶林。

一条梅花山索道将明湖湿地-窑上水库-龙贵地水库-梅花山等多元景观贯穿

钳嘴鹳

起来。丰富多彩的自然湿地生态系统，构成了湖光水色、城市绿肺、天然氧吧。清水河畔一大片水城玉山竹，枝叶繁茂，清新翠绿，青澜似海。明湖湿地是乌江上游重要支流水城河的源头，一条水城河将龙贵地水库、窑上水库、水城河窑上水库至党校段、明湖湿地及明湖小山峡等地段连接成一个整体。天然降水和源源不断的水库周围森林涵养的水源补给使这方湿地水天一色，碧波荡漾，鱼翔浅底，鹭鸟翩飞。

梅花山雨量充沛，气候温和，物种丰富，种类繁多，适于亚热带、温带各种植物生长。这里有国家一级野生保护植物光叶珙桐，国家二级野生保护植物鹅掌楸和峨嵋含笑，红嘴鸥、白鹭、苍鹭、白腹锦鸡、黑鸢、雀鹰、鹩鹆、普通鵟、红隼、红脚隼、燕隼、贵州疣螈、蓝尾蝾螈、穿山甲、小灵猫等珍稀动物也在这里建立家园。2013年6月11日，11只钳嘴鹳第一次迁徙到窑上水库，至今还有6只在此越冬，它们似乎也爱上了这片神秘的宝地，乐不思蜀。

梅花山有赏不完的心旷神怡，有数不清的栩栩如生。安生之地易找，栖心之地难求。梅花山是一个可以安放身心的地方，把心安放在梅花山，感怀都市的繁华，感受季节的轮回，感恩美景的天造神授。

08. 八大山
瀑布源头不见水

地标名称：八大山 Bada Mountain
地标类型：自然景观
地理坐标：105°38'E，26°10'N
生态系统：森林生态系统

文＊彭 涛 李婷婷　摄影＊郭 应 杨成华 方忠艳

核心价值：地标位于贵州省六盘水市盘州市，属于云贵高原核心区的东侧，是贵州省的西大门，素有"黔滇咽喉"之称，与娘娘山共同组成喀斯特高原沼泽湿地及山地森林的典型区域，生物多样性丰富，分布着贵州四轮香 Hanceola cavaleriei、桤叶蜡瓣花 Corylopsis alnifolia、黑点树蛙 Rhacophorus nigropunctatus 等贵州特有种及云南穗花杉 Amentotaxus yunnanensis、杏黄兜兰 Paphiopedilum armeniacum 等珍稀物种，也是多种生物的模式标本的采集地。

刺梨

享有世界古银杏之乡之称的盘州市,历史文化悠久,民族风情深厚,自然景观众多,其中,八大山就是重要的自然景观之一。它包含典型泥潭藓沼泽湿地娘娘山及八大山森林生态系统。

在巍峨的乌蒙山东南端,娘娘山以海拔 2300 多米的高度,矗立在八大山内,山顶台地是贵州的母亲河——乌江的源头之一,也是贵州喀斯特中山沼泽湿地的典型代表。娘娘山屹立千年,具有奇特的悬崖飞瀑。之所以奇特,是因为这个飞瀑不同于一般的瀑布,它的上游没有任何河流,有的只是柳杉林下厚厚的苔藓,藓丘高高低低,铺满林下。一脚踩下去,脚印里都是水。这正是山顶的一片片沼泽湿地,将雨季的大气降水存蓄起来,再缓慢释放,这样才会形成悬崖飞瀑。这片高原湿地,是珠江流域水生态安全的天然屏障。湿地有效保护云贵高原喀斯特山地独特的生态功能,对区域生态安全具有重要意义。而在沼泽湿地中,苔藓植物有着重要并且不可取代的生态功能。八大山及娘娘山的苔藓植物有 277 种,沼泽湿地生活的种类以泥炭藓科植物为主。泥炭藓科植物具有独特的贮水细胞,可吸蓄为其自身重量的 20～150 倍的水分。娘娘山的泥炭藓湿地,为贵州的母亲河——乌江提供了重要的水源保障。

从 2300 多米的娘娘山山顶遥望保基、淤泥和普古三个乡连片的 400 多平方公里的峰林,其层层铺排的窝窝状锥峰极其壮观。在南方诸多喀斯特岩溶景观中独树一帜,展现了类型丰富多彩、景观结构复杂、自然风光雄奇壮美、喀斯特风光滂沱壮丽的特点。

八大山素有"滇黔咽喉"之称。海拔从 760 米急剧上升至 2558 米,1800 米的高差营造出湿热河谷与温凉山地两种截然不同的自然生态系统,包括喀斯特山地森林生态系统中的针阔混交林、常绿阔叶林、落叶阔叶林、山地矮林、竹林等植被类型,给人不同的体验。占有海拔优势的八大山,利用自己的干湿季分明在这里孕育了国家一级保护植物云南穗花杉;云南穗花杉生长在森林中下层,有端直的条形叶片,背部淡

泥炭藓

黄色的气孔汇成白绿色的条纹，还有四五穗的顶生雄球花和椭圆形的假种皮红紫色种子，形态独特，让人印象深刻。

与云南穗花杉同科的红豆杉，也是国家一级保护植物，它红色坚果状的种子生于杯状肉质的假种皮中，还有明显种脐，这应该就是它的独特之处吧！

除了以上这些极具特色的植物外，这里还有树龄达数百年的野生大榕树、体长超过30厘米的中华鹅膏、长在腐木上的菌索、宝贵的灵芝、体型很大的远东疣柄牛肝菌，还有神奇的蝉体上生菌可以与冬虫夏草药效媲美的蝉棒束孢。

这里有太多的宝藏，八大山是一个生命的摇篮，赋予了众多宝藏生命，又将这些生命一代又一代地延续着！

水墨黔乡：66个贵州生态地标

09. 野钟
乌蒙山的"地缝"

地标名称：野钟 Yezhong Nature Reserve
地标类型：自然景观
地理坐标：104°50′E，26°11′N
生态系统：森林生态系统

文 ＊ 姜运力 黄怀凤　供图 ＊ 杨成华 徐建民 安顺市林业局

核心价值：地标位于贵州省西南部水城县，北盘江大峡谷上游区域，是高原喀斯特深切河谷，海拔760～1680米，由于峡谷纵深，从南部来的水汽沿北盘江峡谷北上，带来更丰富的水热条件，使原来分布靠南的物种在此生长，形成南亚热带植物与中亚热带植物的过渡带，以常绿阔叶林、落叶阔叶林为主，是黑叶猴 Trachypithecus francoisi 等珍稀生物的栖息地之一。由于过渡地带性气候、土壤、植被、动物的垂直变化，对于生物的分布及区系研究也有价值。

① 光叶珙桐
② 黑叶猴

几乎所有的江都会接纳来自河、溪流的水，从而勾勒出一棵树的形状。贵州北盘江是一棵流淌在贵州西部的大树，处于水城县野钟自然保护区的分支与其他分支略有不同。由于喀斯特地貌、人类活动、江水冲刷等因素干扰，该地区岩石裸露严重，俯瞰下去，这里的"树枝"仿佛处于深秋，周围一片枯黄。令人欣喜的是，这枝枯丫上竟有一片绿叶尤其醒目。绿叶唤作"野钟"，"野钟"的名字据说来源于锌铅村山上一深洞内，长年滴水，凝结为形似巨钟的钟乳石，故名野钟。另有说该钟状钟乳石洁白如玉，"野钟"为玉钟谐音而来。又传国家若有重大变故发生，该钟则会自鸣，自鸣时声音洪亮，十几公里之外仍能听见，大地因声音共振引起地面颤动，当地村民称最近一次自鸣是在 1976 年。

这块"绿叶"宝地是典型的喀斯特深切河谷，有深涧、峡谷、溶洞等喀斯特地貌，也有高、大、险、奇的悬崖峭壁。生态系统极为脆弱。虽然属亚热带季风气候，但由于海拔悬殊，气候差异很大，土壤之上植被垂直分布也很明显。海拔 750～790 米处，年均温约 18℃，1 月均温为 9℃，7 月均温 23℃，不见霜雪；寒潮影响甚微，多处无风状态，热量散发受阻，由于同时拥有从印度洋和太平洋奔赴而来的暖湿气流，两股气流势均力敌，谁也不让谁，形成典型的准静止锋。加之湿润气流顺峡谷北上，使得这里接近南亚热带气候，生长有许多热带植物，这在同纬度上十分罕见；海拔 1680 米以上地段，则常年无夏，春秋相连。海拔 1900 米以上，是山地常绿与落叶阔叶混交林，但因种种原因森林覆盖率仅 9%。

哪怕只有 9%，也要活出 100% 的精彩！这是一块坚强的土地，在这片脆弱的环境中最不缺乏的就是"坚强"的故事。哪怕周围石漠化严重，保护区内也有种子植物 132 科 371 属 551 种（含变种和亚种），被子植物 128 科 365 属 545 种。这里的热带性质的科有 70 科，表现出较强的热带性质。

坚强，是这片土地的代名词，不仅有坚强的植物，还有坚强的动物们。在这里生活的动物不仅克服了恶劣的自然环境，还在这片土地上寻找着自己的快乐。野钟自然保护区中最主要的保护对象是黑叶猴，也是唯一的贵州西部种群的分布地。黑叶猴群在北盘江沿岸沟谷两侧的石灰岩层安营扎寨，它们生活规律，与人类十分相似，就连刚出生的小猴子都是"黄毛小子"。它们日出而作，日落而息，一日三餐准时吃饭。它们的菜肴主要是植物叶子，也包括植物的花、嫩叶、芽或嫩枝等，但这里的黑叶猴本性不坏，一般不食农作物。菜肴随季节变化而变化：春食鹅耳枥，秋取盐肤木。黑叶猴们的菜单绝不单一，有66种之多：最爱土连翘。构树、紫弹树、杜鹃、清香木、乌桕取其嫩芽或花朵而食，颇有凤凰非练实不食、非醴泉不饮之风。它们生活在这石灰岩层还另有深意：常有猴群前往溪沟岸边的石灰石上舔食。究其原因，我们便发现：原来会吃盐的可不止人类，黑叶猴们也知道岩石含有它所必需的钙、钠盐和硝盐等矿物质。吃饭之余猴子们相互嬉闹，相互"理发"，卿卿我我。它们从不怕与其他种类的猴群发生冲突，虽然这里还有藏酋猴、猕猴，但是黑叶猴凭借自己尾巴长的优势，生活在其他猴到不了的悬崖上，怡然自得。

除了特有的黑叶猴以外，这里物种丰富，稀有物种也不胜枚举：有国家二级保护动物13种，如小灵猫、斑羚等。鸟类7种，如鸢、雀鹰、红隼、斑头鸺鹠等。两栖类1种，即贵州疣螈。在这片坚强的土地上，最不缺的就是苦中作乐的动物们了。白腹锦鸡会走家串户，往东、往北走，一不小心爱上邻家的红腹锦鸡，于是人们会在这里发现一些它们的杂交后代。林麝则十分聪明，它们会爬到悬崖上寻找一种叫做"石斛"的中药材，一则填饱肚子，二则利于健康和生育。领鸺鹠是特立独行的鸟，它虽然和猫头鹰一家，但是它并不苟同猫头鹰们当"夜猫子"，它选择白天行动，人们常常会在晨昏时候听见它们的叫声。有一种鸟比较淘气，它们在凌晨三四时发出叫声，当地人还传言听见它叫千万不可回答，否则魂儿就被它勾去了，简直是东方版的《奥德赛》。

不管是动物还是植物，千百年来，它们一直在这方峡谷间创造着奇迹，书写着"坚强"两个字，弹奏着"乐趣"这首歌曲，在北盘江的枝丫上，有一叶绿叫"野钟"，它如同一颗瑰宝，熠熠生辉。

10. 百里杜鹃
杜鹃花家族圣地

地标名称：百里杜鹃 Baili Azalea Scenic Spot
地标类型：自然景观
地理坐标：106°3′E, 27°15′N
生态系统：森林生态系统

文＊汤晓辛　摄影＊陈正军　段　彪　杨成华　徐　建

核心价值：地标位于贵州省毕节市大方县与黔西县的交界处，是黔西北高原剥夷面煤系地层上集中连片分布的杜鹃群落，面积125.8公顷，是迄今为止发现的世界上面积最大的天然杜鹃林，拥有60多种，含世界杜鹃花属 *Rhododendron* 6个亚属中的5个，是百里杜鹃 *Rhododendron bailiense*、九龙山杜鹃 *Rhododendron jiulongshanense* 等特有种的栖息地，也是同面积种类最多的杜鹃花属植物的分布地。百里杜鹃是世界罕见的具有特殊保护价值的杜鹃种质资源基因库。

百里杜鹃

"百里杜鹃"位于海拔 1500～1800 米的黔西北高原上，从高空俯瞰，整个区域横贯东西，在春夏时节，漫山遍野开满了五颜六色的鲜花，沿着山势走向绵延百里，犹如一条彩色丝带，"地球彩带"因此得名。

如此靓丽的杜鹃景观是如何形成的呢？一种说法认为是特殊的土壤气候条件造就的，百里杜鹃是大方县、黔西县主要的产煤区，岩石抗风化能力弱，雨水淋溶作用使可溶性的碱性物质流失，加上黄壤为主体，为杜鹃花提供了最适生长的酸性土壤，同时低温的环境，以及土壤中特殊的微生物，都是百里杜鹃形成的自然条件。另一种说法则认为，杜鹃原来只能生长在高大乔木的底下，20 世纪 50 年代末，乔木被砍伐殆尽，给了杜鹃花千载难逢的发展机遇。究竟哪种说法才正确呢？至今还是一个未解之谜。

杜鹃的景观可以用多、美、奇三个字概括。

多。这里的杜鹃资源丰富，其他地区难以企及。杜鹃花家族分为 6 个亚属，其中我国南方地区有 5 个，北方有 1 个，而百里杜鹃则拥有南方全部的 5 个亚属，共计 47 个品种。红如火焰的马缨杜鹃，粉如桃花的迷人杜鹃、洁白如雪的露珠杜鹃，纷纷展开它们艳丽的花瓣，吸引小鸟和昆虫前来采蜜，传播花粉。有的花粉会落到其他花上，孕育出了一个个"混血"的后代。在这万紫千红的花海中，几十种不同花色的杜鹃，主要来自三个"祖先"的两种组合方式，一是马樱杜鹃和大白杜鹃，二是马樱杜鹃和露珠杜鹃，它们的后代占了多数。

美。花开时节，不同品种的杜鹃竞相开放，争奇斗艳的杜鹃构成了一幅彩色的画卷。站在普底景区中央的"数花峰"上，一览众山小，四周被繁花包围，层峦叠嶂的群山也铺满了花，整个人如同融入了花海之中。这是普底海拔最高的山峰，也是普底景区最佳的观花点。

奇。这里颠覆了很多人对杜鹃的认识。百里杜鹃保护区里最古老的树应该数那棵

九龙山杜鹃

树龄1200多年的杜鹃花王，直径80厘米，高7米，花开季节繁花万朵，独树成春，是迄今为止地球上发现的最大杜鹃花树，见证了百里杜鹃久远的记忆。在落叶的季节去看杜鹃花王，看叶子落下，缤纷多彩，像给大地铺上了彩色的地毯。

而九龙山杜鹃、金坡杜鹃、淡紫杜鹃、普底杜鹃等百里杜鹃特有种，也见证了这片土地的神奇。值得一提的是，与其他喜欢酸性和干燥土壤的杜鹃不同，以百里命名的"百里杜鹃"，它生长在石灰岩山顶，而桃叶杜鹃主要生长在湿地环境，这两种是杜鹃中的异类。

百里杜鹃还是一个多样化的生态系统。从1500米到最高峰2000多米，在这垂直落差超过500米的区域中，演化出了湿地－草甸－灌木－森林等不同类型的生态系统，各自展现独特的景观。除了杜鹃组成的灌木和森林之外，还有湿地和草原。

百里杜鹃的东面，是乌江水系的支流——米底河，流经森林、岩石、溶洞，形成高落差的瀑布景观；其南面是移山湖，碧波荡漾、山环水绕；其西南方向是百里杜鹃湖，青山如黛，鸟鸣山幽，春日山花烂漫，秋日层林尽染。水是鸟类的天堂，数十种鸟类在此栖息，连国家二级保护动物红腹锦鸡、白冠长尾雉等珍稀物种，也留下了足迹。

草原胜境，泥炭藓的天堂。位于方家坪的百里杜鹃大草原，其核心区域面积有10万亩，地势开阔，气候宜人，覆盖着郁郁葱葱的碧草。与许多草原不同，方家坪的草原上散布着30多个大小不一的山峰，40多个天坑，构成了起伏变化的景致。这里有一类容易被忽视的物种，它们是那么渺小，却对地球固碳起着重要的作用，这就是泥炭藓。作为一种中药，具有清热明目之功效。它们起源于距今2亿多年前，是沼泽湿地中最重要的植物之一，常常被视为环境优良的指示植物。

百里杜鹃还分布着许多珍稀濒危的动植物。有着"植物活化石"之称的国家一级重点保护植物珙桐，是距今6000万年前新生代第三纪古热带植物区系的孑遗种，其

杜鹃王

变种光叶珙桐，在百里杜鹃有约 200 株的分布。同样来自远古的还有国家一级保护植物红豆杉，二级保护植物连香树、水青树、香果树，有百里杜鹃特有的贵州石蒜，被称为东方郁金香。天麻、三尖杉等珍稀中草药资源也在百里杜鹃有分布。贵州疣螈、穿山甲、小灵猫、林麝等动物被列为国家级保护动物。

锦鸡箐的杜鹃树大林深，吸引锦鸡来此筑巢。锦鸡那一身彩色的羽毛，被当地人认为是吉祥的化身，如果能有幸一睹真容，会被认为十分幸运。

画眉岭的画眉，成群结队，清脆悦耳，百转不绝。特别是三四月花开时，每日清晨，鸟儿都会把森林叫醒，这时山间的气温还特别低，在外面会感觉风和寒气渗入体内，连皮肤上都会结一层薄薄的水珠。数不胜数的鸟儿从四面八方一同歌唱，充塞天地一般，无比壮观。

多彩的民族文化。与花海毗邻而居的有彝、苗、白等民族。其中人数最多的是勤劳智慧的彝族，他们拥有自己的文字和灿烂辉煌的文明。彝族人能歌善舞，插花、跳花、祭花神、火把节、赶花场，是彝族的传统节日，每逢传统节日，彝族人会穿上节日的盛装，载歌载舞。婀娜的舞姿融入花海之中，相互诠释了彼此的美丽。"赶花场"是彝族青年男女，在繁花盛开的日子里，对歌择偶的习俗。相传当年奢香在此"赶花场"时，不禁引吭高歌，翩翩起舞，恰逢水西土司霭翠路过，花丛中突见水秀灵气的窈窕淑女，不禁沉浸在这如梦如画的仙境之中。而奢香也被眼前这彝家汉子的英俊潇洒所吸引，两人于是牵着手唱着山歌徜徉在这山间。斯人已去，唯留这漫山遍野的杜鹃供后人遐想。

水墨黔乡：66 个贵州生态地标

11. 草海
云贵高原最大的淡水湖

地标名称：草海 Caohai Wetland
地标类型：自然景观
地理坐标：104°17′E，26°51′N
生态系统：湿地生态系统

文＊蒙文萍　摄影＊朱惊毅　李雁秋　周秋亮

核心价值：地标位于贵州省毕节市威宁县，属于喀斯特堰塞湖，是贵州最大的高原淡水湖泊和亚热带高原湿地生态系统的典范；水草丰盛，是黑颈鹤 *Grus nigricollis* 等其他鸟类的重要栖息地；底部拥有厚达 10 米的泥炭层，也是重要的碳汇地。

黑颈鹤

　　清咸丰十年，威宁县连降数月大雨，山洪暴发，泥沙石块一冲而下，将当地的一个消水洞堵塞，形成大湖泊，后来因湖中长满水草，取名草海。

　　自然的力量永远无法估摸，大地轻轻一颤形成了威宁弧形背脊，风吹水磨打造了沟谷裂隙、岩溶洼地，大山洪定格了草海的前世今生，成就了现在的贵州省最大的高原淡水湖泊和我国亚热带高原湿地生态系统的典型，为迁徙水禽筑造了越冬和停歇的驿站。

　　草海是云贵高原上一颗璀璨的明珠，水域面积23.25平方公里，海拔2171.7米，比邻省云南的滇池还高200多米。草海有湖水，有草甸沼泽，有水生高等植物37种，鱼类10余种，鸟类228种，其中73种为珍稀鸟类，以及多种浮游动植物和螺类、贝类共同形成一条完整的食物链，使能量与物质在不同营养级间完成循环与转化。草海是一个结构、功能完整的高原湿地生态系统，但并非完全封闭，周边有大小河口20个，各类物质均从河口进入。这些河口湿地可以消耗过量的营养物质，滞留沉积物，调节径流，维护生物多样性，减缓不良因素对湖泊的破坏，对草海生态安全具有十分重要的意义。

　　南来北往的鸟儿中有一种气质高冷的高原鹤类——黑颈鹤，大长腿，头顶无毛，暗红色的皮肤裸露，颈部全是黑色，体毛灰白色，每年10月下旬到草海过冬。虽然性情冷峻，但一点也不懒惰，早晨天未大亮就起床了，喊同伴们一起去外面找食物，一般在浅水区吃一些莎草科植物根茎、田螺和纹螺等，食物缺乏时也会去田地里吃一些土豆、白菜、萝卜、玉米等农作物，有的鹤中午回来休息，有的则一直到傍晚才回家。每次安全到家它们都会高声鸣叫，在空中盘旋几圈，向家人朋友报声平安，才缓缓落地。第二年3月底，黑颈鹤飞往青藏高原若尔盖及甘肃盐池湾等出生地，它们跳着舞唱着歌寻找意中人，然后繁衍后代，等到10月下旬又重新整装带着幼鹤，邀三五好友一

草海雪景

起飞往草海,云南的会泽、大山包等地过冬。小小鹤类竟不惧艰难险阻,敢于飞跃喜马拉雅、唐古拉、横断山,以及巴颜喀拉这些让人类闻之丧胆的高峰。它们是在锻炼自己的意志,还是对那片水土爱得深沉?也可能是春去秋来,那里更加舒适宜鸟吧。

天上闲云野鹤,地上雁鸭成群,水里鱼儿吹泡泡,小虾米们围着海菜花转圈圈。这朵花不简单,身怀绝技,既能闯荡于4米左右的深水湖中又能嬉戏于不足半米的浅水田里,它的叶柄能长至3米,也可短至4~5厘米,与孙悟空的如意金箍棒有一拼。海菜花有洁癖,江湖人称"水质检测员",绝对不会在污水中苟且,宁为玉碎,不为瓦全。

草海的四周都是村寨,鸟与人共生于此,有时还会看到人在前面耕地,黑颈鹤尾随其后取食草根的景象。真羡慕有仙鹤陪伴的日子。万物道生之,德畜之,劝君莫打枝头鸟,子在巢中望母归。

12. 大坪箐
乌江上游的隐形水库

地标名称：大坪箐 Dapingqing Wetland
地标类型：自然景观
地理坐标：105°28′E，26°41′N
生态系统：湿地生态系统

文＊蒙文萍　摄影＊陈东升 郭 应 杨成华

核心价值：地标位于贵州省毕节市纳雍县，属于山顶台地，是喀斯特地区少见的地貌类型，其上分布着大面积藓类、草本、灌丛、森林4种类型的沼泽及沟谷中形成的中亚热带常绿阔叶林与常绿落叶阔叶混交林，具有很强的水源涵养能力。生境多样，物种丰富，是国家重点保护植物光叶珙桐 *Davidia involucrata*、云贵水韭 *Isoetes yunguiensis*、穿山甲 *Manis pentadactyla* 等生物屈指可数的栖息地，是乌江及其下游长江水系生态安全与区域水平衡的重要保障。

泥炭藓

坪，是指平顶山地貌，偶尔也会看见波状起伏的山丘。箐者，草木茂盛之意。大坪箐最高海拔2200米，与山下地形相对高差500~600米，面积225平方公里，不算高但够大。大坪箐像一顶帽子，顶部是在火山玄武岩形成的隔水层上发育的山地和台原，周边坡面是可溶性碳酸盐类岩石构成的陡崖。宽阔平缓的山顶面，分布有藓类、草本、灌丛、森林4种类型，孕育了266科723属1664种植物，186科606属807种动物，国家保护物种有25种。

在海拔1850米平面地势低洼、水源充沛处多是泥炭藓的地盘，在其周边地势略高、相对干燥的地方，归金发藓所有，厚厚地铺满地表，形成高矮起伏的藓丘。再高些的地方，是遍布贵州的金丝桃、扁刺峨眉蔷薇、西南绣球与曲尾藓的灌丛沼泽。而在海拔1900米以上的山丘是由桃叶杜鹃、小果南烛、硬斗石栎、山矾、山茶等生成的阔叶林，深入其中就会发现林下生长着厚厚的曲尾藓，穿行林间，脚下松软而富有弹性，树木为藓类遮阴，藓类报之以蓄水保湿。

大坪箐还是候鸟重要的迁徙停歇地，每年10~12月，一群一群的候鸟飞来汇聚。红隼和鸢盘旋，林间空气凝重，红腹锦鸡与白腹锦鸡携幼雏赶紧躲起来，兔子、松鼠之类的动物东西乱窜。体格较大的斑林狸不怕猛禽，依旧早起抓老鼠，贵州疣螈静静地藏在苔藓下面，不是怕鸟，而是生怕被地头蛇吃了。傍晚食蚁兽、穿山甲穿梭于林间寻觅美味。

泥炭藓、金发藓和曲尾藓等43科75属157种藓类是大坪箐沼泽湿地的"灵魂"。它们体型瘦小，但众人拾柴火焰高，降雨时能吸收37%的雨水，储存在叶片或假根间的空隙中，饱和蓄水量70.3吨/公顷，天晴后又缓缓地将水分吐出，形成地表径流，再汇成一条条溪流顺着山势流淌下去，最终集聚于区域最低处，形成飞瀑凌空倾泻而下，跌入谷底汇入木城河和水东河，水势向下流向五左河，再入六冲河，最后汇入乌

云贵水韭

江,把它称为乌江上游的隐形水库一点不假。藓类若以喝水论英雄,泥炭藓定能勇夺魁首,毕竟人家可以吸收自身体重30倍的水,非常藓所能及。

大坪箐沼泽湿地中还有一位有洁癖的主儿——云贵水韭,它喜好光照,钟情于旱不干、洪不淹的酸性环境,叶线性、半透明、丛生。它可不是韭菜,而是一种稀有的水生蕨类,要知道大部分蕨类都是陆生的。云贵水韭超级爱干净,哪怕是稻田水,它都受不了,真是够金贵了,一般有它在的地方,水质肯定是极好的。

沟谷的森林间怎么会有那么多"白鸽",小小个儿,一晃一晃地,走近一看那是珙桐正在开花呢!所谓的"白色鸽子",其实是生于花序基部的苞片。此树为雌雄同体,一起开花,昆虫帮它们传送爱意,缔结良缘。这一古老的树木能经历严酷的第四纪冰期气候,活到现在真不容易,这要归功于它"爱睡觉"的种子宝宝,小睡两三年,大睡成百上千年,只要天气暖和,就会苏醒,努力萌发,扩展种群。凭借这种神奇的本领,大坪箐成为世界上最大的野生珙桐种群栖息地。

大坪箐的常绿阔叶林、乔木、灌木、草本、藓类、云贵水韭等生态物种共同维持着下游河流的水源供给,发挥强大的蓄水能力和碳汇功能,因此它们一个都不能少。

13. 水西海子群
贵州高原海子链

地标名称：水西海子群 Shuixi Lake Group
地标类型：自然景观
地理坐标：106°5′E，26°56′N
生态系统：湿地生态系统

文＊麻俊虎 王瑞卿　摄影＊范 辉 杨成华 范国文

核心价值：地标位于贵州省毕节市黔西县，属于乌江上游，喀斯特高原上的湿地湖泊群，含大海子、柯家海子等大小不同的 100 多个喀斯特高原淡水湖泊。湖泊与湖泊之间由地下暗河、季节性河流或沟渠串联，充分体现了地表水与地下水的二元结构特征。是水禽赤麻鸭 Tadorna ferruginea、骨顶鸡 Fulica atra、小䴘䴘 Trachybaptus ruficollis 分布最多的地区之一，在生物多样性保护方面具有极其重要的价值，对维持乌江流域的生态安全有重要作用。

① 菖蒲
② 骨顶鸡

"海子"是对高原上湖泊的统称。水西海子群国家湿地公园位于贵州省毕节市黔西县，由柯家海子片区和大海子片区两个湖泊群片区组成。因黔西县政府决定撤县，拟用横跨地域更广的"水西"作市名，因此，名之水西海子群。含湖泊湿地、河流湿地和人工湿地3个湿地类型，湿地总面积高达18.85平方公里，远超国内多个湿地，如北京翠湖湿地、苏州太湖湿地、云南滇池湿地等，是喀斯特高原上的一片蓝宝石群。

水西海子群由连片分布的多个海子连接而成，既是贵州高原上十分稀缺的资源，也是一片神奇的天然岩溶湖泊湿地。其稀缺是因为贵州61.9%的土地为石灰岩组成的岩溶地貌，而石灰岩主要成分为碳酸钙。当遇到溶有二氧化碳的雨水时，会形成溶解性较大的碳酸氢钙，并造成地表水土流失严重，对湿地的发育非常不利。因此，高原上的海子犹如沙漠中的一片绿洲，非常难得。其神奇之处在于，这里的海子是由喀斯特岩溶洞穴塌陷而形成的。常年无河流注入，单纯靠大气降水、季节性河流汇入，河水凿穿了坚硬的石灰岩，形成多条地下暗河，海子间通过地下暗河、季节性河流或是沟渠相互连通，造就了今天的水西海子群。

这片高原绿洲除了间断分布的湿地湖泊，同时还有针叶林、阔叶林、灌草丛和水生植被等多种植被类型，为各种动植物甚至是人类的生存提供了重要保障，同时也是多种动植物的生命源泉及物质基础。含维管束植物98科242属321种，其中以湿生植物尤为常见，超过100种，如穗状狐尾藻、黑藻、苦草等。有野生脊椎动物65科161种，在动物地理区划上属东洋界华中区西部山地高原亚区。其中国家二级保护动物8种，如黑鸢、凤头鹰、红隼等，中国特有种7种，如华西雨蛙、中国石龙子、蓝尾石龙子、北草蜥等，极具科研价值与保护价值。

贵州的冬季虽然冷，但并不寂寞。至少与青藏高原的严寒相比，水西海子群湿地就像天堂——斑头雁肯定就是这样认为的。9月中旬，秋风乍起，在青藏高原繁殖的斑头雁便陆陆续续来到云贵越冬了。黔西县的水西海子群就是它们的目的地之一。周边的稻田是它们丰盛的餐桌。斑头雁会集成数十只的群体,清晨和黄昏的时候来到稻田里大快朵颐。遗落的稻谷、岸边的青草、水中的田螺和昆虫都是它们的美味佳肴。

和素雅的斑头雁比起来,湿地中另一种主要的越冬鸟类——赤麻鸭就要热烈多了,通身棕红色的赤麻鸭成大群地栖息在海子里,使得原本清冷的冬日也温暖了起来。同属雁形目大家族,赤麻鸭的习性很类似于斑头雁,只不过在它们的食谱中,蠕虫、小鱼、小虾等动物性食物比例略高一些。

骨顶鸡也在水西海子群湿地分布,有时能达到数百只,虽然名字里有个鸡字,但它们是不折不扣的游泳高手,常常全天都在水面上生活,依靠取食水下的水草和草籽为生。别看它们游起泳来总是慢慢的,好像很笨拙,一旦天敌来袭,它们能迅速潜入水中,再从很远的地方冒出头来。

水西海子群还承载了古水西文化(泛指彝族文化)的发展历史。迄今已演化为由汉、彝、布衣、水、回等多个民族聚居的地方,是多民族团结、文化融合的典型地带。至今仍保留了以彝族阿西里西、撮泰吉、铃铛舞、苗族滚山珠等非物质文化为代表的多姿多彩的民族风情。

海子大小不等,如同一颗颗晶莹剔透的水球,点缀在喀斯特高原的林间,为区域和迁徙珍稀、濒危动植物提供了良好的栖息、繁衍条件,为多地居民提供饮用水源地,对维持乌江流域的水质、水量均发挥着重要作用。

水墨黔乡：66个贵州生态地标

14. 织金洞
溶洞景观举世无双

地标名称：织金洞 Zhijin Cave
地标类型：自然景观
地理坐标：105°54′E，26°46′N
生态系统：洞穴生态系统

文＊胡 宁　摄影＊李雁秋 杨卫诚

核心价值：地标位于贵州毕节市织金县，属于典型的喀斯特溶洞，是地壳抬升侵蚀过程中，地层分类的代表，洞内发育有丰富的钟乳石、石笋等洞穴沉积物及蝙蝠 *Vespertilio superans*、蓝藻 *Cyanobacteria* 藻丝体，蓝藻门 *Cyanobacteria* 中的鞘丝藻属 *Lynbya*、伪枝藻属 *Scytonema* 等洞穴生物，揭示了200万年以来贵州高原喀斯特的复杂演化过程与规律，是中国高原喀斯特洞穴的典型代表。

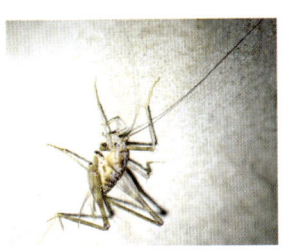
斑灶马

2.5亿年前,这里曾是一片浩瀚的海洋,印支运动(以安源运动为主)打破了这里的平静。在巨大的地球内动力作用下,贵州高原缓缓隆起成为陆地,广袤的贵州高原渐渐露出真容,从此,以一种崭新的姿态抒写着全新的地质历史。层幕状的三叠系海相碳酸盐岩上叠加紫红色的河湖相碎屑岩沉积呈现在世人面前,蔚为壮观。随后,又一次巨大而影响深远的构造运动——燕山运动改变了这一切,地壳持续隆升,最终形成了宏大而雄伟的内陆高原,北东向区域构造线相伴而生,有力地控制着区域水动力条件和岩溶地貌的发生、发展。在构造稳定期,高原历经地球外动力的洗礼,逐渐剥蚀夷平,削高填低,碳酸盐岩上附着的碎屑岩被剥蚀殆尽,从此开始了漫长的喀斯特发育历史。

与世界其他地方喀斯特相比,这里喀斯特发育条件得天独厚,质纯的三叠纪碳酸盐岩构成了喀斯特发育的物质基础,雨热同期的亚热带季风气候为喀斯特发育提供了优越的水热保障,新构造运动以来地壳间歇性抬升为喀斯特发育提供了复杂而有力的水动力条件。在岩性、气候、构造、水文地质等因素的耦合影响下,以水的化学溶蚀作用为主,包括侵蚀、崩塌、物质再沉积等的岩溶作用对地表形态进行了深刻地雕琢与改造,一套以洞穴系统、次生碳酸钙沉积、峡谷、天坑、天生桥等为特色的典型而稀有的高原喀斯特景观脱颖而出,令世界瞩目。织金喀斯特见证了高原2亿多年的沧桑巨变,织金洞也忠实地抒写着第四纪环境变迁的历史。

诗曰:"黄山归来不看岳,织金洞外无洞天。"的确,它拥有超乎寻常的洞腔规模、造型奇特的碳酸钙沉积,丰富多彩的地质遗迹,其独特性堪称世界稀有,被称为"举世无双的岩溶博物馆"和"溶洞之王"。其他知名旅游洞穴与之相比,或多或少存在缺憾。例如,芙蓉洞不如它恢宏、博大,黄龙洞不如它珍奇、罕见,腾龙洞不如它丰富、密集,雪玉洞不如它齐全、浩繁,国外许多享誉世界的旅游洞穴也不如它具有视觉冲击力……织金洞宏大而炫丽的美学禀赋背后是其独特的发育历史,在百万年前的更新世晚期,大气降水沿着碳酸盐岩张性裂隙缓缓下渗,并对可溶岩横向溶蚀、侵蚀,形成发育不同程度的初始地下河,溶蚀作用持续进行,河道展宽,汇水面积增大,逐渐形成早期织金洞主河道。大约70万年的中更新世初期,织金地下河溯源侵蚀,袭夺古新寨河,从此织金地下河补给量陡增,地下水对河道的侧蚀与下切能力增强,河道被进一步展宽加深,就这样,一条规模巨大的地下河网在我们脚下悄然生成。就在这时,一股来自地壳内部的神奇力量——喜山运动使区域地壳抬升,前期的地下河道被抬升形成第三、四层洞穴,并进入化学洞穴发育阶段。随后,大约10万年前区域地壳再次隆升,第二层洞穴发育,此时织金洞河道继续下潜,形成下层洞,并延续至今。

在河道抬升的过程中,由于岩溶极度发育,地下河顶板的稳定性变弱,顶板发生多次大规模坍塌形成巨大的洞厅;同时,已被抬升的河道开始了绚丽多姿的次生沉积,沿岩溶裂隙渗出的碳酸钙过饱和水由于压力降低,二氧化碳溢出,洞内大规模的流石、滴石类碳酸钙次生沉积大量发育,早期的碳酸钙沉积被后续多期的重力水、非重力水及其协同作用改造而形成了几乎包括所有沉积类型的种类齐全、规模宏大、形态奇特的洞穴景观。至此,四层迷宫式的织金洞穴系统,以其巨大的洞厅面积、极高的洞厅分布率、珍贵而稀有的洞穴次生沉积物令世人叹为观止。在这里,洞厅底面积均在3000平方米以上的大厅就有13个,大于10000平方米的大厅有6个,是目前世界上洞穴大厅分布密度最大的旅游洞穴。我们在惊叹洞厅面积之巨大的同时,也被琳琅满目、珍贵而稀有的钟乳、石笋、石柱、石帘等次生沉积所折服。在这里我们能欣赏到,或是高达40余米,或是只有数厘米,形态万千的石笋群;也能饱览到,体量巨大,高达40~50米,直径达十几米,或是体量细长,高达40~50米,直径却仅有1~2米的石柱;还能领略到规模大小不一、形态奇特、生动逼真的石钟乳,以及最高可达

30 余米，最宽近百米的石帘……

  在这里，我们一边领略神奇而瑰丽的地下宝藏，一边感受别有洞天的生命气息。这里相对封闭、自成一体、恒温恒湿，寒冬里能感受到春天般的温暖，酷夏里能体验到沁人心脾的清凉，别有一番"琅嬛胜地瑶池镜，始信天宫在人间"的韵味。自成一体的生态环境孕育出奇特的生命，常年生活在地下河湖中的鱼类，色素消失，视力退化，有着通透而洁白身体和长长的触须，安然而恬静地在这里生活，与人类共享人间仙境。神秘而幽静的洞穴环境也繁衍着众多珍奇的洞穴生物，斑灶马、马陆、洞穴飞蛾、洞穴蜘蛛等，其中黔弱蛛属的五刺黔弱蛛为新属新种，独特而珍稀。生物适应环境的过程是一场漫长的博弈，然而生物对环境高度依赖时，环境的变迁也会给物种带来巨大的灾难。相对封闭而恒温恒湿的环境，是动物天然而理想的栖息地，历史时期这里曾是扫尾豪猪的繁衍场所，盛极一时，成为第四纪主要的洞穴生物，然而，在全新世晚期，由于环境的变迁、食物来源减少、洞穴生存环境的改变等因素最终湮灭在历史的长河中，我们在享受环境、感悟生命的同时，不禁感叹生命的脆弱与艰辛。

  宏大的洞穴、丰富多彩的次生沉积、深切的峡谷、高耸的石峰异石、明暗交替的河流、错落有致的天坑和天生桥，它们与多彩的植被及出没无常的鸟兽，构成自然、优美、和谐的生态环境，这是大自然对织金的特殊地眷恋与恩赐。独特而隽秀的自然景观与浓郁的民族风情在此处协调共进，和谐发展，水乳交融，孕育了独特的喀斯特生态文明，闪烁着自然之光与文明之光。

15. 六枝古杨梅群落
傲视千年的古杨梅

地标名称：六枝古杨梅群落 Liuzhi Ancient Strawberry Tree Cluster
地标类型：生态文化景观
地理坐标：105°24'E，26°17'N
生态系统：自然 – 社会 – 经济复合生态系统

文＊禹亚屏　供图＊王熙　六枝林业局

核心价值：地标位于贵州省六枝特区岩脚镇，海拔1580米，在20公顷范围内，生长着300余株高大的古杨梅树，以毛杨梅 *Myrica esculenta* 和矮杨梅 *Myrica nana* 为主，胸径都在20厘米以上，最大一棵树高18米，胸径1米，冠幅面积300余平方米。这里是黔滇的古驿道，也是古人栽培与经营杨梅的典型代表。

千年古杨梅树

  贵州省六枝特区，美丽的岱瓮河、白鸡坡河由南至北，像两条彩色的玉带将整个岱瓮村紧紧环抱，河水清澈见底，水中鱼儿嬉戏，河流在岱瓮村仙人桥交汇后，由东南向西北缓缓汇入岩脚河。在小桥、流水、古寨的美丽画卷掩映下，一座被茂密的阔叶林覆盖的山丘隐约可见，此山海拔1580米，在山脊的开阔处有一片平地，占地20公顷，生长着300余株高大的古杨梅树。

  杨梅，别名龙眼、珠红、圣生梅、白蒂梅、树梅，它在地球上的出现晚于银杏，但早于毛竹，在白垩纪晚期就已经在古陆上生长。白垩纪是地质年代中，中生代的最后一个纪，约1亿4550万年前至6550万年前，这一时期的地球，气候温暖，新的哺乳类、鸟类不断出现，也首次出现了开花植物。中国作为杨梅的原产地和主产区，早在7000年前的江浙一带就出现了种植杨梅的历史，贵州属亚热带湿润季风气候，主要品种有毛杨梅、矮杨梅等。岱瓮村的300余株古杨梅树，属于矮杨梅群落典型代表，说起岱瓮古杨梅树的树龄，据村里一名年近九旬的老人描述，他的曾祖父小时候在杨梅成熟时，就曾爬上过高大的杨梅树摘过杨梅。那么，据此推断，这些杨梅树的种植史少说有数百年，多则上千年，整个群落的杨梅树的胸径均在20厘米以上，其中有一棵树高约18米，胸径达1米，需要两个成年人牵手才能合抱，冠幅覆盖300余平方米，据说树龄已达千年，树身虽长满青苔，但树干苍劲雄浑。

  贵州省六枝特区属喀斯特地貌，地质构成以石灰岩为主，但岩脚镇岱瓮村的地理环境比较独特，不具有喀斯特的地貌特征，属于局部地块的小地貌发育，宛若"沙漠中的绿洲"，滋养着这片古杨梅树群。岱瓮村冬无严寒、夏无酷暑，降水丰富、雨热同季，全区大部分地区年平均气温15.8℃左右，气温适宜，土壤中黄壤和黄棕壤所占比例大，土层疏松且土层较厚，富含微量元素，有机质含量高，土壤呈酸性，尤其适宜杨梅生长，每年的六七月，杨梅进入成熟期，树上果实累累，最大的有鸡蛋大小。

如果说适宜的气候和酸性的土壤是杨梅树繁盛的地理条件，那么当地的民俗文化则是它们穿越千年的护身符。岱瓮村在秦朝，处于夜郎国腹地，属民族杂居地区，有汉、彝、苗、仡佬等民族，它也是夜郎文化的发祥地，黔滇古驿道的必经之处，至今，在岱瓮古驿道旁的岩石上还保存有仡佬族图腾。当时，各民族文化相互交融发展，孕育出早期的图腾文化崇拜，在这样的民俗文化中，经济与药用双重功效赋予杨梅树神圣的地位，被一代代的村民奉为"神树""仙树"，自古以来当地就有保护杨梅树的传统，古杨梅树群落还曾是村寨举行祭祀祈福活动的场所。如今，当地举办有杨梅节，杨梅再次成为岱瓮的文化符号，让更多的人了解岱瓮村，这批古杨梅树在适宜的生态环境、浓郁的民俗氛围中，枝繁叶茂，绵延千年。

"岱瓮"杨梅因果肉细嫩、香气浓郁、口感酸甜适中、营养丰富等特点，享誉周边。岩脚镇也在经济发展中，迎来日新月异的大发展。昔日古镇，正焕发出无限生机，一个"山水相依、景田相望、农旅相生、产城相融"的秀丽古镇正脱颖而出。这繁荣的背后，是古杨梅树穿越千年带来的自然馈赠。

16. 妥乐古银杏群
中国保存最完整的古银杏群

地标名称：妥乐古银杏群 Tuole Ancient Ginkgo Group
地标类型：生态文化景观
地理坐标：104°32′E，25°36′N
生态系统：自然 – 社会复合生态系统

文＊徐 雨　摄影＊周东亚

核心价值：地标位于贵州省六盘水市盘县，是第四纪冰川孑遗物种银杏 *Ginkgo biloba* 生长的密集区域，不到 3 平方公里的核心区域内拥有 2 万多株银杏树，百年以上者 1200 多株，胸径一般在 50～150 厘米，最长者为 1200 余年，树干高达几十米，是目前国内保存最完整的古银杏群之一。妥乐古村落由古民居、古寺、古桥、古井、古墓、农田、银杏群落共同构成，是"天人合一"哲学思想的体现，也是传统村落宜居环境的范例。

千年银杏

  银杏树又名白果树，它形成于2.7亿年前的二叠纪，在恐龙统治地球的中生代三叠纪（2.5亿年~2亿年前）和侏罗纪（约2亿年~1.455亿年前）达到鼎盛。但第四纪冰川（距今200万~300万年）降临后，仅在中国的极少部分气候温和的地方侥幸生存下来，是裸子植物银杏门唯一现存的物种，人称"活化石"。银杏树生长较慢，寿命极长，又称"公孙树"，有"公种而孙得食"的含义。目前，世界范围内是否存在野生银杏，尚存争议。浙江天目山有树龄超过12000年的古银杏，但著名植物学家郑万钧称之为"野生状态的银杏"。在贵州境内的天台山，发现有树龄超过4000年的银杏王。

  妥乐村，位于贵州省盘州喀斯特群山之中一片3平方公里的狭长状谷地。这里流水潺潺，古树绵绵。每年5月，太平洋的湿润季风踏上这片土地时，千株古银杏，虬枝蔓叶，蔚为壮观。这里的古银杏树最小的有300多岁，年长的达上千岁。它虽没有享誉世界的银杏王，却孕育了世界上密度最高、保存最完好的古银杏群落，被誉为"世界古银杏之乡"！

  在妥乐，千株古银杏树与村寨的百年古驿道、居民的青瓦木墙、清澈的小溪交相辉映，极富山水田园诗意。在夏日里，整个妥乐村依托在树根之上，层层叠叠的银杏绿叶从小径、田埂、屋基、石阶上向四面八方伸展出来，正是"根蟠黄泉下，冠盖峙云天；下流遮高树，林荫苔成斑。"到了秋季，树叶全变成了金黄色，巨大的树干把树枝丫送入半空之中；几只老鸦拍打翅膀，金黄的叶子漫天泼洒，落下后铺满了石板小径、黑瓦的房屋，甚至清澈透明的小溪，一幅"枯藤老树昏鸦，小桥流水人家"的生态人文景观画卷。

  在岩溶、溶蚀、侵蚀的喀斯特贫瘠地貌地带，银杏能在此形成如此规模巨大的古群落，令人叹为观止。是什么因素促使妥乐有如此巨大的古群落？如果说其得益于一片水量丰沛的狭长谷地，那么能有效保存至今，离不开当地特有的"人树相依，人树合一"的生态文化。据考证，妥乐村600多年前为彝族聚居地，因明初西南屯军，从江南调配至此的军队后化军为民，代代繁衍而变为彝汉杂居。为深表思乡怀乡之情，先古在此种下银杏树。银杏树挺拔端直、威风凛凛，体现了军人风范；又因其果实形似佛指，暗含军人放下武器，化干戈为玉帛的心态。每逢过年过节，要杀猪宰羊，举行隆重的祭树活动。在妥乐，各类生态文化树比比皆是，如"姊妹树""夫妻树"，蔚为壮观。

银杏树催生了妥乐"人树相依"生态文化。据说，有一年妥乐村痢疾横行，有村中长者根据白须仙人的指点服白果治病，后发现果然药到病除，因此更加爱惜银杏树。现代医学研究表明，银杏果中除了含有丰富的营养成分之外，还含有众多有效的药用成分，具有通畅血管、抗衰老、改善大脑功能等功效。近几年来，出售银杏果更是成为当地村民的主要经济来源之一。但是，村民们并不因此过度消耗银杏资源，他们认为"雌树如母，儿多母苦，授粉挂果应顺其自然，不可刻意为之"，要尊重大自然基本规律。村里规定，毁树者以不敬神灵祖宗论处，"轻则罚跪，重则棒捶"；为了维护古银杏树的正常生长，村里拒绝了建矿采煤。妥乐"人树合一，不可分离"的生态文化为银杏群落提供了自由生长的沃土。

"出门无所见，满目白果园。屈指难尽数，何止株万千！"在盘州市喀斯特地貌地带，妥乐如此集中连片且与村寨融为一体的古银杏群落，在世界上十分罕见，保护好妥乐古银杏群落，对贵州省乃至我国古树名木的保护具有重要价值。

位于贵州北部的大娄山，平均海拔在 1500 米左右。山脉呈东北至西南走向斜贯北境，是乌江水系和赤水河的分水岭，也是贵州高原与四川盆地的界山。大娄山地区山势险峻，道路崎岖，素有"黔北咽喉"之称。又因碳酸盐岩广布，喀斯特地貌发育，洼地、溶斗、暗河、溶洞普遍，以溶丘洼地、溶丘谷地、高原丘陵地貌景观最为典型。由于长期受侵蚀和多次间歇性构造抬升，还形成了 800～1000 米、1100～1250 米和 1400～1500 米三级夷平面。

第二部分 / 第四章

咽锁黔川戏赤乌
/ * 大娄山脉 11 个地标

/ 娄山关：黔北咽喉
/ 黄莲：方竹的突围
/ 冷水河：黔北唯一的阔叶林带
/ 大沙河：银杉基因库
/ 麻阳河：黑叶猴王国
/ 宽阔水：观鸟圣境
/ 百面水：百面来水，百潭如镜
/ 双河洞：世界最长的白云岩洞穴
/ 九洞天：一洞一世界
/ 茅台镇：酿酒聚落
/ 思南四野屯：中国古楠木之乡

17. 娄山关
黔北咽喉

地标名称：娄山关 Loushan Pass
地标类型：自然景观
地理坐标：106°50'E, 28°0'N
生态系统：森林生态系统

文＊蒙文萍　摄影＊杨成华　陈永红　安明态

核心价值：地标位于遵义市播州区、桐梓两县的交界处，出露了寒武系娄山关群典型地层，并在广泛发育的白云岩上形成了大面积常绿阔叶林和常绿落叶阔叶混交林。山上分布的方竹 Chimonobambusa quadrangularis、箭竹 Fargesia spathacea、苦竹 Pleioblastus amarus 等形成了茂密的灌竹植被。是著名的娄山关战役的遗址，留有《忆秦娥·娄山竹》与《忆秦娥·娄山关》等千古名篇，也是连接东部宽阔水、柏蒋与西部赤习水的重要通道及豹 Panthera pardus 等珍稀物种的栖息地。

在遵义、桐梓两县的交界处，北距巴蜀，南扼黔桂，有一关口——娄山关，为黔北咽喉，兵家必争之地。关上千峰万仞，重崖叠峰，峭壁绝立，若斧似戟，直刺苍穹，人称黔北第一险要，素有"一夫当关，万夫莫开"之说。娄山关原名高岩子，小名黑神垭，在《汉书·地理志》中称为"不狼山"。据清末遵义著名学者郑珍考证，"不狼山"即娄山，亦称大娄山。

娄山关正处于大娄山主脉的脊梁上，是一个沿裂隙溶蚀而成的隘口。关口周围悬崖绝壁，山峰均高达1400～1600米，东西两侧为大小尖山锁峙，南北是高差为400米的峡谷。别看娄山关峰高入云天，其实地层历史很年轻，出露地层属寒武纪娄山关组和奥陶纪桐梓组，相比周边的黄莲和柏箐来说是小兄弟。但是你听听，就因为其地质特殊，地质史中的一个地层名称就直接用"娄山关"来命名。由于受多次间歇性构造抬升和长期海相侵蚀的联合作用，形成了800～1000米、1100～1250米和1400～1500米三级夷平面，就像三步阶梯，一步一个脚印。广泛发育的碳酸盐岩与丰富的降水量，使得区域内洼地、溶斗、暗河、溶洞普遍存在，又特别以溶丘洼地、溶丘谷地、高原丘陵地貌景观最为典型。

娄山关主峰笋子山，海拔仅1788米，清晰明见的山脊向四面延伸。站在峰巅上，俯瞰群山，尽收眼底。碳酸盐岩的可溶性导致了喀斯特区域的缺水少土，石炭岩上的裂隙或溶沟溶盆里可能还能保留一些稀缺的土壤，就连这点条件，白云岩都不给，渐进的溶蚀和风化过程中，最多在表面积累一小层白云砂。本来在石灰岩上生长树木就非常困难，在这种白云岩山地上长树就更是难上加难。但到了娄山关，这一理念似乎应该改变，你看那悬崖绝壁之上，古木参天，那古树的树枝斑驳，藤萝缠绕，就像一幅幅水墨丹青。"举目看，娄山翠竹迎风站。迎风站，扎根泥土，青山为伴。何惧狂风与严寒，送别冰雪笑云淡。笑云淡，高峰亮节，千古人赞。"一首《忆秦娥·娄山竹》

① 银杉
② 剑竹林

并没有将个中缘由道尽，只讲述了这里的风雨与严寒。其实正是这一高峰突起，迎接了来自于南北的冷、热空气，使此地有了丰富的降水，年降水量可达1000毫米以上，且降水时数也名列前茅，使人感觉当地总是终年云雾缭绕，这恰恰成就了树木的生长。

深切的山谷与高耸的山峰，加上茂密的森林，成了野生动植物的隐蔽场所。红豆杉算是这里的植物珍宝，而红腹锦鸡当仁不让成为这里的骄傲。在四五月的繁殖季节，它总是起得很早，那一声声"笃、笃"的鸣叫，一方面向其他雄性宣示自己的存在，另一方面又是呼唤雌性的歌曲。一旦发现附近区域里出现了同样的"笃、笃"声，它们会一反常态，飞奔去寻找声源，接下来便大打出手，完全不去理会是否行为高贵得体，是否会影响自己一身美丽的黄金衣。这里是连接东面的宽阔水、桫椤与西面赤水、习水的重要通道，是豹、云豹"谈婚论嫁的闺房"，是控制大娄山生态系统的重要生态廊道。

人常说蜀道难，其实黔道更难。一条从桐梓通往遵义的老公路，从山上到山下不过几公里的路程，却有七十二道拐，恐怖吧！1935年2月，中国工农红军第一方面军激战娄山关，一举夺关，得以挺进遵义城。"西风烈，长空雁叫霜晨月。霜晨月，马蹄声碎，喇叭声咽。雄关漫道真如铁，而今迈步从头越。从头越，苍山如海，残阳如血。"《忆秦娥·娄山关》中的战马嘶鸣声犹存耳畔。

18. 黄莲
方竹的突围

地标名称：黄莲 Huanglian Nature Reserve
地标类型：自然景观
地理坐标：107°7′E，28°50′N
生态系统：森林生态系统

文＊水伊　摄影＊陈荣森

核心价值：地标位于贵州省遵义市桐梓县，属于喀斯特地貌上发育的原生性较强的台原森林，以常绿落叶阔叶混交林为主，物种资源丰富，区系成分复杂，具有水青树 Tetracentron sinense 与鹅掌楸 Liriodendron chinensis 的典型群落，以及大面积集中分布的厚皮栲、大叶杨 Populus lasiocarpa、杜鹃 Rhododendron 苔藓矮林，生物多样性丰富，是红腹锦鸡 Chrysolophus pictus、青鼬 Martes flavigula 等国家珍稀生物的集中分布地，具有重大而深远的生物多样性保护意义。

竹子多圆形，桐梓黄莲的竹子是方竹，大娄山特有竹种金佛山方竹。这种竹子不是从头到尾都是方的，而是基部为方。方竹多发于春，茂于秋，采摘多在九月。出笋前，要垫林。垫林，就是清除竹子周边的小树种和枯枝败叶，就地填埋。增加土壤肥力的同时也方便挖笋。天长日久，貌似平常的垫林活动，直接导致灌木层中树木贫乏。

方竹笋味美，给当地人带来财富，也靠人逼退其他树种。挖笋的日子，人们住在竹子搭建的窝棚里，睡在竹子结成的大床上，铺竹叶垫子，烧竹竿热水做饭，山间夜里寒凉，火塘又添竹子取暖，噼啪声中，竹子的香气被爆开。当地地名爱用个"箐"字。箐是竹木丛生的山谷。在这样的山谷里穿梭，阳光正好的时候，竹叶和光影反复纠缠。时不时下一阵雨，沙沙沙。白天的燠热，硬生生把竹叶的清气逼出来。

突然对当地人的造访，不见得就能吃上方笋。方笋要提前三天泡发，早晚换清水，才能回归它们在土里的莹白饱满，像是唤醒某种记忆，如同复活。隆重地告诉方笋，我们打算吃你。

方竹以牺牲者姿态取得突围，与人类"合谋"，成功"狙击"灌木层其他物种。方竹不仅擅长和人合作，和大树关系也很好。竹子怕风怕雪并且半喜阴，而高大乔木就是给竹子挡风挡雪挡光的。人类利用方竹的同时也抑制它们疯长，否则这种侵略性植物的疯狂会毁了自己。

亚热带森林有一个普遍规律，林冠层下能容纳较高的物种多样性，群落内不同层次的多样性垂直变化与生态小生境的分化同步，通常随群落高度降低，生态小生境分化趋于复杂多样，从而导致多样性呈逐渐提高趋势。

事情总有例外，黄莲柏箐森林群落多样性垂直分布与此不同，从乔木第一亚层到第二亚层，多样性指数呈规律性增加，异常的是至灌木层则降低。导致灌木层物种多样性降低的重要原因是：人的经营对方竹带来干扰，方竹变化对生态系统带来影响。

喀斯特台原生境与喀斯特其他区域截然不同。这么说吧，本来以为人家是穷人，其实很有根基。贵州喀斯特台原面相对平坦，碳酸盐岩和砂页岩堆积物丰富，中亚热带生物气候条件下，经过长期风化，台原表面土壤深厚，并由非地带性的石灰土向地带性山地黄棕壤发展，接近常态地貌的生境特征。

黄莲柏箐森林多样性特征与贵州常态地貌上发育的常绿落叶阔叶林相似，主要植被是中亚热带山地常绿落叶阔叶混交林和金佛山方竹。森林群落如厚皮栲－樱群落、厚皮栲－野茉莉群落、厚皮栲－稠李群落、花楸－石栎群落、杜鹃－巴东栎群落、巴东栎群落、珙桐群落、大叶杨群落、榧群落，还有野生山核桃群落。而金佛山方竹是世界竹类的特有种，集中分布在重庆市南川区金佛山世界自然遗产保护区、万盛经济开发区和贵州省桐梓县。

竹笋是黑叶猴的美食之一。酷酷的黑叶猴一身黑，头顶直立毛冠若"杀马特"造型，只在耳基至两颊有白毛。黄莲有二十多只黑叶猴，分三群。这很珍贵哦，全世界也不过两千只黑叶猴。

树对黑叶猴很重要。黑叶猴通常在峭壁林木的上层活动，很少下地，吃什么植物，吃植物什么部位，随季节变化。鲜枝、鲜叶、嫩芽、叶柄、花苞、种子、果子、竹笋、小鸟、昆虫都是它的食物，每天喝200～220毫升的水，住在石灰岩洞并且住所固定。

黑叶猴平均65.4%的时间用来休息，19.6%的时间用来觅食，9.9%的时间用来移动，社交活动时间占5.1%。

感觉黑叶猴过着人类采集时代的生活。

山中遇到美丽的鸟也不必惊慌，有可能是白冠长尾雉，我国的特有鸟种。遇上它是上苍眷顾。这种美丽的物种只有在不被破坏的森林中才能活下去。

银杉比较脆弱，中国特有孑遗种。在贵州，除大沙河外，只在黄莲柏箐有分布。

这里是大娄山中脉，北与重庆金佛山保护区相连。1891年重庆开埠，奥地利人纳色恩到金佛山采集植物，标本在欧洲引起轰动，一波又一波科学家来此探访，濒危、特有、模式、孑遗物种在这里保存较好且成片分布。

部分生境的物种多样性可媲美云南高黎贡山与海南尖峰岭，是贵州不可多得的生物多样性高地。就生物多样性本底来说，以植物为例，有草本植物、木本植物、蕨类植物、苔藓植物、大型真菌、观赏植物、药用植物、地衣、藻类、珍稀濒危及特有植物、兰科植物。以动物为例，有哺乳类、鸟类、爬行类、两栖类、鱼类、昆虫类、软体动物、环节动物、甲壳动物。是不是很晕？

19. 冷水河
黔北唯一的阔叶林带

地标名称：冷水河 Lengshui River
地标类型：自然景观
地理坐标：108°8′E，27°19′N
生态系统：森林生态系统

文＊黄怀凤　摄影＊吴承贵　徐　建　杨传东

核心价值：地标位于贵州省毕节市金沙县，乌蒙山东麓，属于喀斯特地貌上的永久性河流，周边有数十万亩原生性较强、类型多样的中亚热带山地森林，是福建柏 *Fokienia hodginsii*、楼梯草 *Elatostema* sp. 种群在贵州省的典型分布区，也有伞花木 *Eurycorymbus cavaleriei*、十齿花 *Dipentodon sinicus* 等珍稀生物分布，是黔北地区重要的物种基因库，具有极高的科学研究和保护价值。

① 红腹锦鸡
② 福建柏

都说"柔情似水",但偏有水不柔情甚至还有点"冷"。这"冷水"从乌蒙山来,虽经四季变化河水仍清澈冰凉,故名冷水河。它狠心地把横卧的乌蒙山脉纵向切割出深深的痕迹。冷水河掩映在森森古木中,湍急或静静地自南向北流淌在"七十二屯"地区。何为屯?屯即村寨,一水之隔,看似相近却断崖急水相阻,悬崖顶上的两屯之间,下临峡谷深谷,鸡犬声相闻。

这条"高冷"河,属赤水河水系。它长约20公里,河床深陷,底部宽20~50米,上部宽300~500米。河面海拔高度从三岔河的1057.8米到玄心店的718.5米。两岸河谷岩石如同刀割,山陡如壁,河谷狭窄深陷,阳光甚少,有的地方终年无阳光照射。冷水河河谷及两侧崖壁上还有奇石形如牛、马、猪等,特别是"老牛饮水",一饮就是几万年;也有如仙女出浴、山神端坐,形态惟妙惟肖,令人叹为观止。享有"黔西北绿色宝库"的美誉。再看谷内,峡谷幽深,飞瀑成群。由于岩溶地貌十分发育,形成山地特有的漏斗、峰丛、溶洞、洼地、绝壁、峡谷、落水洞、伏流、天生桥、石林等自然风光。

其实这条"冷水河"不太冷。这里的气候温暖潮湿,属中亚热带湿润性季风气候,1月平均气温3.6~6℃,7月平均气温24.3~27℃,年降水量1136毫米,年日照时数1100小时,谷底终年无凌冻。区域内保持原始状态,植被为中亚热带常绿阔叶林,森林覆盖率83.5%。冷水河河谷植物层次分明,海拔不同所生植物便大不相同,即使同一海拔,不同高度,植物也有所不同。海拔1000米以下的地带以大叶锥等为主的常绿阔叶林,乔木层树种有黄檀、南方红豆杉等,灌木层优势种是巴竹、菱叶海桐、毛桐等。海拔1000~1200米的地带是以白皮柯为主的常绿阔叶林。乔木层除白皮柯外,还有青㭎、黄心夜合等。河谷底部亚乔木层以金佛山方竹为优势种,灌木有岩椒、刺蚬壳花椒、通假草等,草本植物有魔芋、野芋、接骨草等,层外植物有杠柳、铁线莲属、茜草等。海拔1200～1300米的地带是以丝栗栲为主的常绿阔叶林。乔木层混进了一些阳性落叶树种,如光皮桦、福建柏、杉木等,亚乔木层有黄肉楠、红果黄肉楠、厚皮香等,灌木有香叶树、大拨葜等,草本植物有栗褐苔草、求米草、长蕊万寿竹等,藤本植物有华钩藤、土党参等。海拔1300～1400米有大片竹林分布,穿过竹林,绕到山后是以小花木荷为主的常绿阔叶林。乔木层有大头茶、红豆树、矩圆叶椴等,灌木有月月青、水红木、美丽马醉木、南烛等,草本层中蕨类植物占优势,如罗琳毛蕨、乌蕨等,藤本植物有革叶猕猴桃、双蝴蝶。

其实这条"冷"河并不冷。它着实是一个"大暖男",呵护着这里的每一个生灵,把它们都宠成"小可爱"。河水的湿地系统中生长着狐尾藻、金轮藻等沉水植物,它们白天探头探脑冒出水面嬉戏玩耍、吸收阳光,晚上就沉入冷水河的怀抱之中享受水的呵护,伴着涛声甜甜入睡。还有的小可爱是两栖的,冷水河自然保护区共有两栖动物19种,它们既可以和水中的金轮藻说悄悄话,也可以和岸上的楼梯草一起看这峡谷的一线天。楼梯草是个聪明的家伙,它可以在一株花上开出不同性别的花,又可以巧妙地避开近亲结婚的尴尬。与楼梯草共同生活在这片湿地乐园的还有许多小蓬竹、十齿花,它们把河岸装点得朝气蓬勃。偶尔其间穿梭着几只红腹锦鸡,悠闲自得,它可是冷水河怀里骄傲的"小公主":只生活在海拔800米左右的地方,对于一切的惊扰都怒目相视,要是谁敢惊扰它,它就会记一辈子的仇,发誓永远不来这曾被惊扰之地。可是我们的冷水河舍不得让它生气,一直呵护备至,直到今天红腹锦鸡还快乐地生活在这里。其实我们的红腹锦鸡不妨去更高的地方看看,在那里生活着更多的小伙伴。福建柏就生活在1200多米的地方,它可是一个"大丈夫",能屈能伸:它幼年能耐一定的庇荫,在林冠下能天然更新,长成小树后,需光量才逐渐增加。因为能屈能伸,所以形成了不可忽视的家族势力,这个家族内共有30科31属31种,其中乔木

9科10属10种，灌木12科12属12种，草本9科9属9种。福建柏是这个家族的族长，它高大威武，家族里的其他植物都唯它马首是瞻。冷水河的怀抱中还保护着许多动物，金沙冷水河自然保护区共有爬行动物21种（亚种），隶属于3目7科14属，其物种组成以蛇目游蛇科为主。区内野生动物多样，有哺乳动物50种，鸟类100多种，其中国家一级保护动物1种，二级保护动物11种。

冷水河还拥有独立的个性，虽然冷水河自然保护区位于乌蒙山东支的末端，与黔西高原中山地区接壤，并与近邻的油杉河区系成分类似，二者交汇的区域，成为黔西高原中山地区和黔北中山峡谷地区的过渡地带：乌蒙山脉延伸段与大娄山山脉延伸段在这里"握手"，乌江水系与赤水河水系在这里"告别"。但是这个过渡地带却有自己的独特之处，这里的森林植被原生性较强，是黔北唯有的阔叶林带，植被类型如前所述十分多样，是贵州西部难得的基因库，具有重要的科学研究和保护价值。

20. 大沙河
银杉基因库

地标名称：大沙河 Dasha River
地标类型：自然景观
地理坐标：107°29′E，29°2′N
生态系统：森林生态系统

文＊蒙文萍　摄影＊陈东升 曹经建 徐建民

核心价值：地标位于贵州省遵义市道真仡佬族自治县，北临重庆市武隆县，西临南川市，为贵州高原北部，大娄山脉东段南缘支脉，地貌属黔北山原中山峡谷、低山地。北部为东西向曲折延伸的分水岭高地，南部河谷强烈切割。呈现以北亚热带常绿落叶阔叶混交林为主的森林面貌，拥有大面积的银杉 Cathaya argyrophylla 及世界第二大黑叶猴 Presbytis francoisi 野生种群，是麻栗坡兜兰 Paphiopedilum malipoense 最北分界线，也是黔北重要生态屏障。

红隼捕食

河流沿岸多文明。华夏文明起源于黄河与长江流域，希腊哲学与神话来自地中海和爱琴海。黔北边陲，大娄山脉东段，南缘支脉的峡谷地带有条十几公里长的小河，河不大但名字很是大气，叫大沙河。这条河本来藏在深山无人知，却因为这里有个重要的自然保护区借用了它的名，而逐渐扬名万里。

保护区内的河流不只大沙河这一条，自东向西有新民河、凌霄河、三桥河、灰阡河。凌霄河的上游就是大沙河，有了这四五条河流的护卫，大沙河也有了一番威武盖世的样子，总算没辜负那霸气的名字。所有的河流都向东汇入芙蓉江，再入乌江，最后流入长江。河岸两边是奥陶纪时期的可溶性碳酸盐类岩石发育的喀斯特中山峡谷、低山地貌，洞穴、陡崖、锥峰、丘峰、洼地、地下河随处可见，就连那几条较大的河流，也是一会地上一会地下，明暗交替出现。河与悬崖，自然形成了众多飞瀑。

大沙河属北亚热带湿润季风气候。河流两岸山体以相应的北亚热带常绿落叶阔叶林为主，还包括有山地常绿阔叶林、针叶林、针阔混交林、亚高山矮林、落叶阔叶灌丛、竹林、灌草丛等40个群系。地形北高南低，最高点麻抓岩，海拔1939.9米，最低海拔为海洋溪560米，相对高差1379.9米，生境及植被垂直分异明显。海拔1300～1700米是常绿落叶阔叶混交林，1300米以下是常绿阔叶林。其北面即是重庆的金佛山，山水相连，物种相依，自然为更多的生物物种提供了生栖场所。大沙河有高等植物286科1070属3556种，有脊椎动物88科240属337种，国家重点保护物种有银杉、银杏、南方红豆杉、云豹、金钱豹、黑叶猴等69种，药用植物2475种。大沙河的生物多样性在贵州名列前茅，称之为"黔北的生态屏障"当之无愧。

银杉，第三纪"活化石"，中国独有，冠有"植物熊猫"之名，喜阳光，在茂密的阔叶林中因生长缓慢，很难争得一席之地。幸好猴子爱吃它的种子，常常拿些去山脊上一边吹风一边享受美食，时不时将种子掉进岩缝里。这些岩石缝隙多在陡峭的狭

黑叶猴

窄山脊上，土壤浅薄，其他常绿阔叶树根本无法生存，但银杉可以，不畏严寒、不怕干旱，将根系深深地扎进缝隙深处，吸收水分和营养，靠着不怕苦不怕累的精神闯出了一片自己的天空。大沙河有银杉分布点21个，天然株数1056株，最大一株的年龄在200岁以上，高19.6米，胸径48.7厘米，是全国银杉的重要生物基因库。

大沙河两岸的树木上层有群精灵，名为黑叶猴，全身黑色，脸上一个倒八字形的白色腮胡，眼睛又黑又圆，头顶正中间毛发长，直立，一副怒发冲冠的样子，好像谁惹它了一样。幼崽毛发金黄色，脸蛋粉红，大耳朵，长大后也就成了它们父母的样子。黑叶猴是母系氏族，喜群居，少则三五成群，多则有十几只一群的。别看大沙河仅有19群共152只黑叶猴，已是仅次于麻阳河国家级自然保护区而居世界第二位了。

喀斯特地区植被的根系非常发达，有的可以向下延伸几十米，只为寻找水源，让自己活下去。水塑造地貌，掌握生物的宿命，反过来，生物也在无时无刻地改造着生境。峡谷的河流与两岸的森林同等重要。没有了森林，喀斯特地区的水根本留不住；没有了河流，浅薄的土层无法供养森林的存活。

21. 麻阳河
黑叶猴王国

地标名称：麻阳河 Mayang River
地标类型：自然景观
地理坐标：108°5′E，28°38′N
生态系统：森林生态系统

文＊冉景丞　摄影＊陈东升 徐建民

核心价值：地标位于贵州省遵义市务川仡佬族自治县与铜仁市沿河土家族自治县的交界处，属于中低山深切峡谷地貌。麻阳河在亚热带气候影响下形成常绿阔叶林，是全球最大的野生黑叶猴 Presbytis francoisi 分布地，也是白颈长尾雉 Syrmaticus ellioti 和白冠长尾雉 Syrmaticus reevesii 等珍稀濒危物种的重要栖息地，当地人与黑叶猴友好共生是人与自然和谐相处的典范。

黑叶猴

湖南有个麻阳县,而贵州有条麻阳河。别看它们名字相近,其实没有半点渊源,用俗话说,是八竿子也打不着。真要生拉活扯地连上关系的话,它们都属于长江水系。麻阳河保护区位于大娄山脉东北段,黔北中山峡谷地带。主要分布于乌江支流麻阳河和洪渡河的深切割沿岸地带。由于整体受褶皱和断裂构造的控制,形成了碳酸岩山地、断层地貌、河谷地貌及岩溶地貌的组合。宽缓的背斜构造,地层产状较平缓,断层、节理发育,地层构造破碎严重。地表溶沟、石牙、洼地、漏斗、落水洞、溶蚀槽谷等地貌发育,地下竖井、溶隙、地下暗河及溶洞等充分发育,形成奇特景观,为生物多样性的形成提供了良好的地貌环境。切割强烈,形成了高山深谷的景观,多数山峰海拔在 1000～1300 米,最高处桃子园海拔 1441 米,而洪渡河下游公溪口及麻阳河下游汇入乌江的暗溪口,海拔仅 290 米。大量分布的白云岩和石灰岩是形成这一切的原因。

虽然这里统称为麻阳河,实际上有大小河流 61 条。其中主要有麻阳河、兰字河及洪渡河,受地表径流的控制,低级水道在分水岭附近或山地中上部,呈树枝状排列,径流路线较短,河谷狭窄、岸坡陡峻。

热量丰富,雨量充沛,湿度适中,冬暖夏凉,四季分明,属于中亚热带温暖湿润季风气候。尽管到处充斥着不同演替阶段的马尾松林、刺柏林、柏木林、杉木林、百日青林、栓皮栎林、栓皮栎+丝栗栲林、栓皮栎+杉木林、甜槠栲+冬青林、乌冈栎+云山青冈栎林、青冈栎+化香林、多脉青冈+云贵鹅耳枥、小花木荷林、枫香+响叶杨林、花榈木+丝栗栲林、鹅耳枥+黄连木林、鹅耳枥+飞蛾槭+香叶树林、豹皮樟+化香+鹅耳枥、樱+槭树林、银杏林、盐肤木、响叶杨林、光皮桦林,以及竹林、灌草丛等群落类型,但仍保存了主要的常绿阔叶林。

特殊的喀斯特地质地貌与气候条件孕育了丰富的生命,有野生种子植物 1168 种,

栓皮栎林

其中中国特有种253种，贵州特有种4种。有79种珍稀濒危植物，其中国家一级保护植物1种，即南方红豆杉；国家二级保护植物有黄杉、篦子三尖杉、闽楠、楠木、翅荚木、花榈木、红椿、伞花木和香果树9种。有药用植物种类1077种，约占全省已知药用植物种数的四分之一，其中106种是《中国药典》收载的种类，占《中国药典》收载种类的22%，是药用植物种类丰富的地区之一。有篦子三尖杉、花榈木、头状四照花、灯台树、山桐子、西南红山茶、报春花、牛耳朵、蕙兰等野生观赏种子植物676种。

麻阳河自然保护区有哺乳动物44种，鸟类198种，两栖爬行动物44种，鱼类55种。国家一级重点野生保护动物有黑叶猴、豹、林麝3种，国家二级重点野生保护动物有黑熊、大灵猫、猕猴、斑羚、穿山甲、雀鹰、红脚隼、白冠长尾雉、红腹锦鸡、大鲵、胭脂鱼等27种。麻阳河自然保护区是贵州众多林区中，唯一一处既有白颈长尾雉分布，也有白冠长尾雉分布的地方。但这里最有名的还得数黑叶猴，有72群黑叶猴：70群在麻阳河保护区内及2群在区界周边，总共约有554只。目前，麻阳河自然保护区是我国黑叶猴分布最密集、数量最多的地区，亦是全球最大的黑叶猴种群分布地。这对该物种在全球范围内的保护起着关键性作用。

麻阳河的地形非常奇特，别看总是山高谷深，在海拔800米以上的区域却表现出平坦开阔，800米以下则多为峡谷，向下侵蚀作用强烈。在海拔1000米、800米及500~600米处尚有带状分布的山峰或侵蚀台阶，常出现溶蚀盆地、洼地及平底溪谷等。不管是土家族、仡佬族、苗族，还是汉族群众，都选择在这些平缓地带居住，形成村寨。依势而建的房屋或集中或分散，错落有致。日出而作，日落而息，耕种着维生的粮食。水源好的地方也能种些水稻，而绝大多数地方的土地都达不到灌溉条件，仅能种些玉米、土豆、红薯之类的作物，还有一些辣椒、茄子、萝卜、白菜、胡萝卜、豌豆之类的小菜。

黑叶猴可谓极聪明的动物。人与猴长期交流，他们之间每天都会发生各种有趣的故事。由于食物相对短缺，黑叶猴有时会到农田里偷吃老百姓的庄稼。它们最喜爱的莫过于红薯和胡萝卜了。聪明的黑叶猴总是留一两只猴坐在高高的树梢上放哨，而其他的偷偷地跑到地里，挖红薯或胡萝卜，再用"双手"捧住红薯或胡萝卜不停地搓揉，目的是把上面的泥土弄掉。等吃饱了，就去换站岗放哨的猴子来故伎重演。吃饱后的猴群若无其事地坐在地边的树上休息，农田里又恢复了平静，不细看，还真难发现地里遭遇了洗劫。

当地人觉得这些聪明的家伙非常可爱，即使偷了自己家的粮食，也睁只眼闭只眼，由它们去了。还有些群众会主动给猴们留点吃的在地里，也算是友好相处了。当然也有不老实的家伙，会趁村民不在家，偷偷摸摸地跑到寨子里来，到村民家里偷吃东西，甚至上房揭瓦，随地排便。村民们发现了最多也就是骂几句，轰走了事。

黑叶猴在人前调皮、戏耍，它们自己的体制却严格无比。猴群是严格的母系世族，在一个猴群里，除了猴王外，是不允许有其他成年公猴的。长大了的公猴与本群内的母猴或多或少都存在血缘关系，它们也知道近亲结婚会出现遗传问题。即使长大后自己不愿离去，执法如山的猴王也会毫不客气地将它们赶走。所以成年了的公猴都会远走他乡，去别的猴群寻找希望。

刚刚离群的公猴是孤独的。没有了家人的照顾，没有了固定的洞穴，随时会遭遇被天敌和被其他猴群猴王发现的危险。同是天涯沦落人，相逢何必曾相识。英雄不问来路，往往同被赶出群的公猴会聚集在一起，形成雄猴群，抱团作战，才会有机会渡过难关。整天无所事事，游手好闲的成年公猴，会游走到很远的地方。也许就是这场说走就走的旅行，给它带来了新的使命。当一只成年公猴发现一个猴群的猴王领导能力开始减弱时，就会偷偷摸摸地接近猴群，尽量讨好那些只有资格在猴群外围活动的母猴，不管能不能当王，先混个脸熟，同时静静观察整个猴群的动向。当有一天它确信已经有了足够的支持者，它就会放胆向猴王挑战。雄性之间的战争，母猴只能是观战，偶尔也会出来拉拉偏架，帮帮心仪对象。战败方的命运很凄惨的，即使它没被打死，也已经遍体鳞伤。失败的屈辱压抑得寝食不思，在郁郁寡欢中生存不了多久，它就会永远地消失。这样的故事总是在周而复始地继续。

22. 宽阔水
观鸟圣境

地标名称：宽阔水 Kuankuoshui Primeval Forest
地标类型：自然景观
地理坐标：107°12′E，28°14′N
生态系统：森林生态系统

文＊张潮 王瑞卿　摄影＊姚小刚 唐承贵 蔡琼

核心价值：地标位于贵州省遵义市绥阳县，拥有典型的、大面积集中分布的亮叶水青冈林及全国种群数量最高，密度最大的红腹锦鸡 Chrysolophus pictus 种群。我国共有17种杜鹃科 Cuculidae 鸟类，宽阔水就有11种，是杜鹃科鸟类分布种类最多的区域，被授予"中国布谷鸟之乡"，是贵州省三大观鸟基地之一，也是中亚热带山地重要的生物基因库和森林生态系统结构与功能研究的重要基地。

翠金鹃

翻开地图,从遵义的西北往东,依次分布着赤水河、娄山关、大沙河、麻阳河、梵净山,以及为数众多的长江上游天然防护林带,宽阔水正好位于该区带的中心。这片面积约175平方公里的原始森林连接各自然保护区,从而形成一条贯穿黔北地区的大型自然保护区带——黔北自然保护区带。

宽阔水位于贵州省北部绥阳县境内,处于黔北山地大娄山脉东部斜坡地带。海拔650～1762米,保存了原生性较强的以亮叶青冈为建群种的亚热带中山常绿落叶阔叶混交林,也孕育了十分丰富的生物资源。

宽阔水以鸟类资源丰富而出名。有一百多种鸟类,是观鸟的天堂,其中雉类、画眉类最具特色。

宽阔水的雉类以稳定的种群及较高的遇见率享誉国内外。这里分布着红腹锦鸡、白冠长尾雉、红腹角雉、灰胸竹鸡和雉鸡等诸多雉鸡种类。美丽的红腹锦鸡举止优雅大方,率性洒脱,宽阔水的任意一片茶园、一条小路或一个林缘灌丛都是它表演的舞台。白冠长尾雉行动敏捷,带着它的长尾巴从人们眼前一闪而过,白冠长尾雉顾名思义是长尾巴鸡。尾羽可达160厘米,中国京剧演员头上飘逸的长羽就取自白冠长尾雉的尾羽。宽阔水的雉类处处比别地的雉类多一分矜持,少一分惊慌。

贵州省仅有36种画眉科鸟类,宽阔水就记录了22种。其中的赤尾噪鹛、金胸雀鹛、火尾希鹛、金色鸦雀体色艳丽,让人赏心悦目,在贵州其他地方很难一见。

每年,杜鹃科金鹃属的鸟类翠金鹃都如约而至,它华丽、执著又冷漠,总是停留在同一棵树的同一根枝丫上,年复一年,执著不变,无惧观鸟人与拍鸟人的惊呼,横眉冷眼的姿态反而令众人更加喜欢。翠金鹃的知名度提升了宽阔水的名气。

宽阔水共有148种鸟类生存繁衍,寄生、捕食、竞争抑或互助,都是这个鸟类众多的丛林的一面。

① 酒红朱雀
② 红腹锦鸡

除了鸟类，在宽阔的原生性森林中，还有众多的珍稀植物，如珙桐、红豆杉、香果树、水青树、黄杉等。漫步其间，风儿吹过，林海起伏，犹如天堂。也有等闲难见的动物，如大鲵、蛇雕、黑叶猴、林麝、大灵猫、豹、黑叶猴。黄斑小鲵和经甫树蛙都在林间出没。种种痕迹，让人雀跃欣喜，流连忘返。

宽阔水是乌江支流芙蓉江的发源地。这片山水滋养的家园还有很多美好的、自然的存在，在静静地守候，静静地等待，等待人们去发现和守护。

23. 百面水

百面来水，百潭如镜

地标名称：百面水 Baimianshui Scenic Area
地标类型：自然景观
地理坐标：107°24′E，27°30′N
生态系统：森林生态系统

文＊刘雨媞　供图＊湄潭林业局　杨成华

核心价值：地标位于贵州省北部湄潭县南，乌江中下游北岸，为中山、低山峡谷地貌，中部高而平，四面低，呈斜梯状。碳酸盐岩类大量出露，有21座天生桥，是典型的喀斯特地貌，形成以黄杉 Pseudotsuga sinensis、红豆杉 Taxus chinensis 为优势的森林群落，生物多样性丰富，是篦子三尖杉 Cephalotaxus oliveri，领春木 Eupulea pleiosperma、林麝 Moschus berezovskii、毛冠鹿 Elaphodus cephalophus、小灵猫 Viverricula indica 等生物的重要栖息地。

① 篦子三尖杉
② 黄杉

百面水，即百面来水之意。在这里，水从四面八方而来，将天生桥群、峡谷、溶洞、瀑布串联在一起，遂形成完整而又别具特色的喀斯特地质奇观。

坐落于贵州省遵义市湄潭县城南45公里处的省级自然保护区百面水，其独特的地貌决定了它吞吐万象的包容力。地势中部高四周低，为中山、低中山峡谷地貌，为动植物的生长环境提供了良好的地理条件。区内拥有国家重点保护动植物36种，省重点保护植物4种，形成了"到处皆诗境，随时有物华"的百面水。出露岩层主要以寒武系碳酸盐岩类的白云质灰岩、石灰岩、白云岩为主。保护区内喀斯特地貌发育良好，约占全区总面积的80%，被称作喀斯特地貌博览园。

百面水保护区，奇峰异涧比比皆是，峰丛峡谷交叉错杂。大自然在绵延了数十公里的水面上架起了23座天生桥，这是世界上最大最集中的天生桥群。据说，几亿年前，茅坪河的下游有一条长达7公里的暗河，随着暗河的局部坍塌，渐渐形成了一个又一个的天坑，坑与坑之间则形成了一座座天生桥。它们形态各异，或明或暗，或单跨圆洞，或双跨蝉联。放舟直入波深处，穿行于溶洞之中，形态迥异的钟乳石带人进入了奇妙的想象世界。中亚热带湿润季风气候让这里的年平均温度维持在14.9℃，适宜的气温与湿度同美景相伴，让人感受到"舟行碧波上，人在画中游"的舒畅与惬意。

在距离天生桥群不远处，那些替山峰作裳的瀑布打破了之前静谧的景致，为百面水的山水画注入了生机与活力。在这里阴柔与阳刚达到和谐，刚如李思训的作品笔格遒劲，湍濑潺湲；柔如米氏云山清丽可喜，富有诗意。往来的游人根据形状、气势为这些瀑布命名：神龟瀑、秀女瀑、水帘瀑、山羊瀑等。阳光铺洒在山岩上，犹如一只巨大的乌龟栩栩如生地趴在瀑布的顶端，翘首等待着一批又一批过往的游人，这就是神龟瀑。几股溪流从近乎笔直的山岩倾下来汇聚成为一体，和缓幽细如人私语，这就是秀女瀑。路过两岔河瀑布逆流而上，仿佛与大自然的鬼斧神工浑然一体。

百面水的水还有另一种更显婀娜的形态——潭，一道道飞瀑倾泻下来，千军万马之势在一个个清澈透亮的水潭中归于平静。在女儿潭、月亮潭等名字中也可以窥见神秘的传说。潭水和瀑布的充沛水量源于百面水的湿润季风气候，年降水量约1310毫米，年平均相对湿度在82%以上，温和的气候、充沛的雨量、雨热同季和山地立体气候为保护区土壤的形成提供了得天独厚的条件。湿润的环境也深得植被的喜爱。在较湿润的阔叶林及溪边，广泛分布着虾脊兰，这种造型类似虾尾的濒危野生植物具有药用价值和观赏价值；而在溪沟边上，蕙兰和绿花杓兰等珍贵植物也不在少数，包括这几种兰花在内的10种兰科植物被列入了《濒危野生动植物国际贸易公约》。

百面水的树也是大有来头的，红豆杉、南方红豆杉、黄杉、楠木等数种国家级保护植物广泛分布于百面水自然保护区内。红豆杉的大枝下垂，叶片呈深绿色，假种皮肉质为红色，颇为美观，有着较高的观赏价值。除去外在美，红豆杉体内的紫杉醇，也能在一定程度上抑制癌细胞扩散。

与红豆杉稀少的数量不同，区内的黄杉已经形成优势群落，且面积有将近67公顷。这种喜光耐旱的植物，对土壤、气候等因子的适应幅度很宽；发达的侧根，也反映了其较强的生态适应特性。到了秋季，它的种子随着成熟球果的开裂四处飞散，生根发芽，便成就了散生的黄杉；同时，黄杉强大的天然更新能力也使得其广泛分布于各处。尽管如此，大面积的纯林却十分罕见，加之材质优良，累遭砍伐，分布区正在日益缩减。因此可见，在区内局部地段的山脚下和山脊处保存的小片黄杉纯林是极其珍贵的；在大溪沟、板房、梅乐坝等地也形成了以黄杉为优势的森林群落，各演替阶段的群落并存，让人感觉如同畅游在绿色的海洋里。黄杉林作为珍稀濒危的植物，在区系和分类学上具有世界性代表意义，是亚热带喀斯特山地森林生态系统的重要组成部分。此外，区内还分布有三尖杉、川桂、紫楠、檫木4种省级保护树种，兼具药用和观赏价值。

优质的水资源和植被将百面水打造成为一个天然氧吧，为周边地区提供了良好的水源和空气，同时也滋养着茅坪镇的民俗风情。长期掠夺性采挖使得珍稀植物锐减，对于可溶性碳酸岩大面积分布、石多土少的百面水保护区而言是毁灭性的打击，因为自然植被一经破坏就需要上百年的时间来恢复。因此，要想继续享受百面水天馈的生态服务，就需要长远地保护这片区域。

24. 双河洞
世界最长的白云岩洞穴

地标名称：双河洞 Shuanghe Cave
地标类型：自然景观
地理坐标：107°17′E，28°14′N
生态系统：洞穴生态系统

文 ＊ 杨卫诚　摄影 ＊ 杨卫诚　粟海军

核心价值：地标位于贵州省遵义市绥阳县，属于寒武系娄山关群地层，白云岩发育的洞穴，长 202 公里，是亚洲最长的溶洞，形成很多石膏晶花及大面积形态完整的边式坝。洞中结构复杂，多天窗，湿洞与干洞交替出现。过去数百万年的封闭黑暗空间，为生物逆向演化与新物种产生提供了环境，洞内生物丰富，保存有第四纪大熊猫 - 剑齿象动物群化石，对研究华南地区第四纪动物群落变迁有重要意义，对研究贵州古地理、古气候有重要价值。

双河洞洞穴内的蝙蝠

如果可以把马岭河峡谷的溶洞万千、黄果树瀑布的捣珠崩玉和加榜梯田的秀丽纹理都凑在一起,那景色肯定是绝无仅有的天上人间。你还别说,真有那么一处地儿承包了"国内唯一地下河谷""中国天坑第一瀑""地下梯田奇观"等美誉,那就是拥有"双河谷三绝"的双河洞。

贵州绥阳双河洞是中国唯一的一处地下河谷,位于贵州省遵义市绥阳县,拥有约1亿年前形成的双河洞系统及145个喀斯特洞穴,距今250万~200万年就已存在的银杏、珙桐等孑遗植物,同时存在温泉和瀑布等景观。据最新考察得知,双河洞长约200公里,总面积约319平方公里,相当于一个大连市,拥有"中国第一长洞"之称,也是"世界最大的白云岩洞穴"。

这些奇观形成于燕山运动和喜马拉雅运动时期。贵州发生了多次地壳构造运动,各种岩石发生了强烈的褶皱和断裂,形成了众多的裂隙和节理,并使地壳逐渐向上抬升。原来深埋于地下的岩石,在逐渐暴露或接近于地表的同时,地表水与地下水连为一体,并在这种水力密切联系的系统中,进行着不断的往复循环。双河洞穴系统一带,地表水与地下水主要都自西向东流动,在具有溶蚀能力的水流长期作用过程中,逐渐形成了以碳酸盐为主和以硫酸盐为辅的大小不等、造型奇特、规模宏大的各种洞穴景观。正是喜马拉雅运动,使贵州广大地域发生了多次间歇性隆升,因而在地表形成了多级河流基座阶地,在地下则形成了与地表阶地相对应的多层洞穴。

双河洞内就像一个冰雪王国,一个洁白如玉、精致如雕的地下世界,聚集着大量白色的沉积岩,洞顶和洞壁雪白的沉积岩像商量好了似的,纷纷劈裂而出,像枝头一簇簇的玉兰花,又像平静湖面荡起的一朵朵浪花,虽无生命活动,实则生机盎然、一片绚丽,仿佛比真花更惊艳。更奇特的是这里水、旱洞并存,最深的有550米,还分为上、中、下、地下四层,8条大的主洞,200多条小的支洞,精致得像一座依山傍水的高档别墅，每一处设计都恰到好处。除此之外还有5条地下河流，将近40多个洞口、峡谷、水洞、旱洞、天坑皆包含其中，可谓洞挨洞、洞连洞、洞上有洞、洞下有洞、洞中套洞，是名副其实的地下洞穴迷宫，行走其中，稍有不慎，很容易迷路。你在洞中，随处可见交错纵横的"地下梯田"，名叫边石坝。边石坝是大量结晶型钙华快速沉积而形成的小型梯田状地貌的石埂边坝，一层叠着一层，坝中时而有水，水中或有一种蚊类幼虫名为"孑孓"的生物，弹动着身体，像触电了一般。

由于洞穴环境的特殊性，将洞穴生物和外界隔离开来。洞内生物为了适应这里特殊的环境，形成了自己独有的形态和结构，就像来自其他星球的生物。比如斑灶马，一种生活在洞穴里的昆虫，由于洞内光线较弱，使得这种奇特小生物体表的色素体不发达，所以周身半透明，而且具有长长的触须。你可别小瞧这两根细丝，它就像眼睛一样，可以感知周围的环境，正是由于触须功能强大和环境黑暗这些特点，所以有的甚至已经演化成了无眼的种类，这些特点在地表的生物体上是看不到的。由于洞壁凹凸不平，有的呈巢状凹陷的结构，是"飞鼠"——复齿鼯鼠进行飞行训练的落脚点，周围的洞肠也对它起到了很好的隐蔽保护作用。复齿鼯鼠喜爱夜间活动，性情孤僻，喜安静，一般一洞一鼠独居，活动起来动作灵敏，晚上有时可以听到"哩－嘟罗－嘟罗"的叫声。白天隐匿巢内睡觉，傍晚出巢，从洞口滑翔至树上觅食，有意思的是鼯鼠不管到多远的地方觅食，大小便总是回来排泄在一个不居住的固定洞穴内。天窗的存在更是给它们提供了食物来源，身为典型森林动物的"飞鼠"也恋上了这里的洞穴生活。

双河洞被誉为天然的实验室和生物基因库，可以称之为见证了地质历史演化的天然地下地质博物馆，对稳定该区域的生态效应更有不可替代的作用，如地下水，稳定洞穴气候环境对该区域的生态贡献更需要通过研究去揭开神秘的面纱。

25. 九洞天
一洞一世界

地标名称：九洞天 Jiudongtian Cave
地标类型：自然景观
地理坐标：106°3'E，26°46'N
生态系统：洞穴生态系统

文＊杨卫诚　摄影＊余登利 Dante Fenolio

核心价值：地标位于贵州省毕节市大方县，属于喀斯特高原剥夷面上石灰岩发育的原始穿洞，脱离地下水位、高悬于山体上部、拥有9个天窗、洞庭面积大，窗口生物丰富，有苔藓与地衣形成的草甸。从九洞天到清虚洞，由峡谷、河流、溶洞、天坑、石林、天桥、冒泉等组成的复合系统，景观独特，体量庞大，是古气候、地质、地理、水文综合作用的结果，对研究地球地质过程有重要意义。

烟管螺

有一首歌在大方县城里口口相传,其中传唱度最高的一句歌词是"九洞天,一段在天上,一段在地下,一段在人间",这样的评价,不禁让人猜测九洞天到底是个什么地方?

千里乌江,浩浩荡荡。乌江是贵州人民的母亲河,在贵州西部,乌江北源的一支水源流淌到遵义市大方和纳雍两县边境时形成了一段叫瓜仲河的伏流河。在喀斯特溶蚀地貌的作用下,神奇莫测、忽隐忽现的瓜仲河伏流在长约6公里的河段上开了九个大天窗,这便是九洞天。九洞天位于贵州省大方县,属高海拔亚热带气候,平均海拔1200米,年平均气温11.8℃,常年处于5.5～24.2℃,河谷由西向东,温暖湿润,日照充足。因有九个伏流"洞口",因此得名"九洞天"。

九洞天由总溪河碧水长廊、梯子岩叠峦层峰、九洞天云洞天开几处景观组成。九洞天不光是"洞天",还名副其实地与自古神奇而至尊至大的数字"九"联在一起,可谓珠联璧合。

九洞天内还有天下第一自然桥——清虚洞,清虚洞原名穿洞,又名大洞,位于大方县城南面,在羊场镇陇公境内,面积约5000平方米,能媲美400米跑道的运动场,洞口与陇公田坝相连,田坝中小溪贯穿其洞,洞内外足有上万平方米的开阔地,主要由天生桥、天窗洞、溶洞组成喀斯特景观。此洞桥高178.25米,跨高105.25米,桥身长400米,宽200米,规模宏伟,已超过现有的吉尼斯世界纪录记载的"天下第一自然桥"——黎平高屯天生桥。清虚洞是地下河道在长期侵蚀作用下,上方的岩石因重力塌陷坠落到河道底部,仅剩一段没有发生塌陷和坠落形成的天生桥景观,它的形成可以说是充满了自然的神奇和造物的不易,如此难能可贵的奇观,就像一个见证岁月流逝、浓缩设计之灵的远古艺术品。

清朝道光六年大定城陷,匪患猖獗,陇公坝、新寨民众筹资在洞内最高处修筑有围坪、营门的营盘，以之避匪沿袭百年。民国三年（1914年），一位住持和尚率十数僧人在该洞门右侧建造木柱、板壁、屋面盖小青瓦的佛庙一座，供奉观音。选用"清虚道德真君"之"清虚"二字取名清虚洞，予以清正、谦虚之意。民国年间，航空委员会为防止日寇空袭，在溶洞群中正式建起了我国第一个航空发动机制造厂。如今，在这随处可见洞壁上有深浅不一的洞肠，就是旧时躲匪、储藏物品用的，大大小小的洞肠近百个，让清虚洞看起来像个千疮百孔的老兵，依然守护着这片古老的黄土地。

清虚洞洞内有"日""月"形天窗，生长有苔藓、地衣等植物，面积约半个篮球场大小，恍如绿毯，清晨，一缕斜斜的阳光沿着天窗温柔地切下来，闪烁着一片悦动的翠绿。洞口的秋海棠枝繁叶茂，尤其是它的叶子很有垂感并明亮发光，颜色深红，并有成串的花穗垂吊，在风中摇曳着，犹如少女尽显她婀娜的华丽舞姿，是多少骚人墨客向往的超清脱俗之境！

环望四周，绿水青山，田坝里的荷花也纷纷抬起头来，仪态万千，好似选秀的佳人，露出一股不胜凉风的娇羞。如果你想探险，不妨亲自前去，洞里还有一个深不可测的洞中之洞，据说曾有一法国探险队深入洞中七天方才返回，让人浮想联翩。

在九洞天，小溪叮咚作响，缘溪而行，溪水像拨动了的琴弦，潺潺的水声，林间的小鸟在树上跳来跳去，用清脆的声音叫醒了沉睡的动物们。鱼儿在水中快乐地捉迷藏，小青蛙在荷叶下呱呱地唱着歌儿，你听啊，动物们在开热闹的音乐会呢！真是人在画中，画伴人行。

九洞天河谷两岸植被丰富、险象环生，九洞天每个"洞口"周围都有奇特的溶岩景观，形成了风格迥异的伏流洞口风光。整个九洞天景观长约6公里，河流如龙在云天，变幻无穷；流水似含羞少女，遮遮掩掩。一步一景一赞叹，令人叹为观止；一洞一水一奇观，处处别有洞天。天造地设，绝无仅有，这不仅仅是指九洞天的溶洞奇观，它还包括了九洞天景区内凄美绝伦的民间传说，独一无二的民风民俗，悠远的历史文化和文明创造过程中的艰辛与辉煌。

26. 茅台镇
酿酒聚落

地标名称：茅台镇 Maotai Township

地标类型：生态文化景观

地理坐标：106°22'E，27°51'N

生态系统：自然 – 社会 – 经济复合生态系统

文＊水 伊　摄影＊张忠刚

核心价值：地标位于贵州省仁怀市赤水河畔特定的 60 公里喀斯特峡谷长廊内，是唯一一条没有设坝的清洁河谷，拥有独特的气候、水文、土壤、微生物群及酿酒工艺，是酱香酒的核心产区，被誉为美酒河。良好的生态环境和特殊的空气菌群造就了世界独一无二的美酒产地。

赤水河谷

茅台酒厂有过一次轰轰烈烈的搬迁。

"文革"末期,茅台酒厂精选酒师、设备、原料,包括一箱子灰尘——据说里面有丰富的微生物,是制造茅台酒的必需品,敲锣打鼓搬往遵义——一位海军副司令在全国找了五十多个地方才选中的新址。

原子弹都能造的中国,连茅台酒的秘密都不知道?当时的中国人有着奇怪的自信。

时任国务院副总理方毅主持茅台酒易地生产,实验进行了9个周期,63轮制造,时长11年。1985年,全国评酒委员会的周恒刚带领五十多名专家考察实验成果,这款准备叫茅艺的酒最终更名为"珍酒"。没人再提搬迁的事。

如同玫瑰就是玫瑰,茅台就是茅台。离开茅台镇就酿不出茅台酒。

爆料茅台酒的惊天秘密——茅台酒基本是个生态事件,构成这个生态事件的有八大主体。

一、赤水河。有好水才有好酒,这是铁律。赤水河是长江上游唯一没有被污染的支流,是长江珍稀鱼类最后的栖息地,是人类精神的留守地。

二、地形。茅台镇地处低凹河谷地带,海拔400米,周围大娄山海拔千米以上。两山夹一河,出门就爬坡。山是大娄山,水是赤水河。封闭的地形,空气流动相对稳定,炎热季节持续半年以上,冬季温差小,年降水量800~900毫米,日照时间长,制造了丰富稳定的微生物菌群,目前为止,保藏微生物329种,其中细菌134种,酵母59种,霉菌98种,放线菌38种,是天然的酿酒环境。

三、地貌。赤水河两岸的丹霞地貌,形成于7000万年前的岩层,主要以砂岩、页岩和砾岩为主,沿赤水河呈环带状分布。岩石质地松软,易风化,故赤水河地貌以陡坡深谷示人。

四、土壤。赤水河流域紫红色土壤中砂质和砾土含量高,土壤松散,孔隙大,渗透性强，地表水和地下水融入大地投奔赤水河时，经过层层过滤、吸收、转化，不仅还原为清甜可口的天然山泉，还顺便带走了土质中的多种有益矿物质。页岩风化而成的紫色土壤，呈微酸性，作酿酒窖泥适宜微生物生长，并能产生特殊芬芳。

五、原料。主要是高粱和小麦。红缨子高粱，耐蒸又耐煮。当地小麦，成熟得恰逢其时。赤水河流域的红缨子高粱，颗粒小、皮厚、扁圆、结实、干燥，淀粉和单宁含量合理，尤其对酿酒有利的支链淀粉含量比外地高粱高出三分之一，适应茅台酒工艺要求。小麦成熟期早，颗粒饱满均匀，新麦上市正值端午踩曲前。当地高粱和小麦，就是为酿酒而生的。这些高粱和小麦，种植和加工过程中禁止使用化肥、农药、添加剂，基因技术也不准使用。

六、时令。端午踩曲，重阳下沙，两次投料，九次蒸煮，八次加曲，七次取酒，历时一年。三月始，赤水河进入洪水期，河水变成棕红色，汹涌咆哮，性情暴烈，不宜酿酒。踩曲保持传统，由女子完成，她们伏天踩曲，踩出茅台酿制中的凤头工艺。九月重阳，河水变得清澈，正是酿造茅台用水投料时。两次投料：重阳后第一次投料，称下沙，正是河谷高粱成熟时。一个月后，二次投料，称作造沙，又是山冈高粱成熟时，全年投料即告完成。

七、制度。贵州率先实行河长制，是全国河长制试点省份，制度保障赤水河的洁净。

八、当地人好酒。没人喝酒的话，酿酒也白搭。酒满足人的口舌之欲，满足人的精神需求，酿酒人还能养家糊口。

赤水河号称酒核，两岸民间自古酿酒，方圆 500 公里汇集了大量名酒，茅台、习酒、郎酒；向北长江沿岸有五粮液和泸州老窖；再向北到四川绵阳、射洪，有沱牌曲酒、剑南春、全兴大曲、水井坊，绵阳有丰谷酒，平昌有小角楼、江口醇，邛崃有文君酒、邛酒，万州有诗仙太白酒；往南到贵州安顺、都匀一带，有镇远青酒、都匀匀酒、平坝窖酒、安顺安酒、金沙窖酒、贵阳大曲、兴义贵州醇；向西至遵义有董酒。

——赤水河支撑起一个酒聚落。

27. 思南四野屯
中国古楠木之乡

地标名称：思南四野屯 Nanmu Scenic Forest in Siyetun, Sinan
地标类型：生态文化景观
地理坐标：107°59′E，27°52′N
生态系统：自然 – 社会复合生态系统

文＊冉景丞　摄影＊安明态

核心价值：地标位于乌江中下游思南县西南40公里的青杠坡镇，属于以亚热带常绿阔叶林和野生动物为保护对象的保护地，以连片生长的野生楠木群落出名，拥有楠木 *Phoebe zhennan* 15万株，是中国重要的楠木之乡。最大的一棵楠木胸径2.84米、树冠16米，树高25米，树龄超过1300年，是贵州最大的楠木。当地土家族爱护楠木林的传统，是人与自然和谐相处的典范。

今天的人们追捧红木如痴，一张桌几价值十几万，其实在传统的名木中，红木排名并非前列。楠、樟、梓、椆，历史上并称为四大名木。楠木其色浅橙黄略灰，木性温润平和细腻通达，纹理淡雅文静，有的显现山水或虎斑纹。在阳光下金光闪闪，灿若云锦，高贵华美，摄人心魄。木质坚硬耐腐，自古有"水不能浸，蚁不能穴"之说。其不宣不燥，经久耐用的属性而被冠以四大名木之首。晚明谢在杭在《五杂组》中提到："楠木生楚蜀者，深山穷谷不知年岁，百丈之干，半埋沙土，故截以为棺，谓之沙板。佳板解之中有纹理，坚如铁石。试之者，以署月做盒，盛生肉经数宿启之，色不变也。"我记得小时候家里就有一口用楠木做成的大木箱，外婆家也有一口这样的箱子，好像是引以为傲的宝藏。不仅家具，在中国建筑中，楠木一直被视为最理想、最珍贵、最高级的建筑用材，在宫殿范围、坛庙陵墓中广泛应用。古代封建帝王龙椅宝座都要选用优质楠木制作，就连他们死了，棺椁也要用楠木来制作，在北京的定陵发掘出来的万历皇帝的棺材椁板就是保存完好的楠木，所以说楠木是古代修建皇家宫殿、陵寝、园林等的特种材料，北京故宫及现存上乘古建多为楠木构筑。这种既高贵又豪华的名木，在大自然中却并不娇生惯养，它喜欢温暖湿润的环境，但又能耐热抗寒。多分布于阴湿的山谷、山洼和河沟边，还可忍受间歇性短期水淹。在土层深厚、排水良好的中性或微酸性冲积土或壤质土上生长最好，干旱瘠薄或排水不良处也能生机盎然。成木高大秀于林，幼年期又耐阴蔽。主根明显，侧根发达，盘根错节，恰适了最美的雕刻所需。根深达远，萌芽性强，一条根也许就能成就一片林。尽管它的抗逆性强，但它生长却相对缓慢，要长成一棵栋梁之材，得经历上百年的风雨。明清时期皇家宫廷虽然远在北京，楠木的风采让人们克服了路途遥远，风尘仆仆来到四川、贵州等地采集。也许正因为这些，自清代起楠木就成了稀缺资源。

贵州省思南县有个青杠坡镇，东西长16.4公里，南北宽13.4公里，总面积约1

万平方公里。最高海拔1286米,最低海拔454米。境内东有天池山,南有轿顶山,西有马鞍山,北有四野屯。群山起伏,沟壑纵横。巨大的岩石形态各异,石人山状如一粗犷男子雄踞峰顶,头、颈、胸、腹层次分明,栩栩如生,神形兼备,稍一调整角度,宛如仙人驾临,尽显仙风道骨。有一处巨石被命名为"员外思乡",形如一位着古代员外冠带的巨人眺望远方,高高的帽子及宽大的衣袍形态逼真。在这里生活的群众,不管是汉族、土家族,还是苗族和仡佬族,都对古树情有独钟。特别是楠木,在这里已成为神话。

最为壮观的莫过于核桃坪的那株古楠木,距今已有1300多年的历史,树高25米,胸径2.84米,树冠覆盖面积约1800平方米,目前发现的楠木中,数这株最大。与之相距不过百米的地方,还有两株胸径超过1.5米,据说是楠木王的儿孙。相传明末时的白莲教组织了一支白号军,军首看中了这株巨大的楠木,想砍来制作成军队的砧板,便命三名士兵去砍树,当这三名士兵挥斧砍向大树时,斧柄突然脱落,斧头飞出去砍死了其中一人,还砍伤了另一人,挥斧之人当即吓疯,没几天也在一处悬崖摔死,从此便没有人敢再去砍树,当地群众便视若神灵。另一说法是当时派去砍树的士兵砍了一天,将树砍开了一条口子,但因树木实在太大,相比巨大的树干,那个口子显得极端渺小。他们决定休息一晚后第二天继续,但是等到第二天去看,前一天砍开的口子几乎又长满了,而且在伤口处流淌着鲜红似血的液体。士兵们将这一奇事报告给军首,军首也倍感神奇,认为是天意,命令不再砍伐此树。是否真有其事,不得而知,也许机缘巧合,让这棵楠木古树逃过一劫。但三十年前的那件事却是千真万确,至今那条长长的围墙就能说明一切:当时改革开放初期,有一福建商人因经营不善而公司倒闭,便投奔一做木材生意的朋友,帮其到全国各地收购楠木。那一天他来到了思南青冈坡的核桃坪,一眼就被那棵巨树所吸引,给当地人开出了大价钱,并交了两万元的订金。

尽管当地群众心中对古树充满了崇敬之情，但贫困与欲望还是让他们动了心，收下了订金，答应第二天帮忙砍树。就在那天夜里，福建人在树旁的人家吃完晚饭住下，夜里却梦见一位白发白须的老翁告诉他，那棵树是神灵，不能砍。让他乖乖地回去，他的生意一定会东山再起，做啥啥成，如若不听劝告，将会给他全家带来灭顶之灾。福建商人从梦中惊醒，将信将疑，但还是决定暂不砍树，便与村民以三月为期，若三月内不来砍树，那两万块订金全归村民。他回到福建，含糊其辞地向他的朋友说了一些情况，想自己一试究竟，就去做了一桩纸生意，果然赚了钱，接连几桩生意都是做啥啥成，他就对那个梦深信不疑了。发了财的他千里迢迢又送来几十万元，要求村民精心保护神树，还垒起一圈矮墙，将神树圈起来，让村民设置香案，焚香祷告，发誓不得再打砍伐的主意。村民们引以为奇，回想起那个白号军的传说，从此打消了卖树的念头。如今那矮墙仍在，香火尤明。就连那个村庄，都干脆改名为楠木王村。

就在距楠木王不远的龙家寨有一处被称为老林的地方，有古树56株，其中，有千年楠木39株，占地面积0.25公顷，群内最大的古楠木树高近50米，胸围7.26米，冠覆687平方米。四野屯村的李家屋基有古楠木树15株，占地面积970平方米，群内楠木树平均胸径0.81米，平均树高31米，平均树龄350年，不知何故，这里的地名被称为摇钱树。合同坝村朱家寨有古楠木树17株，占地面积34500平方米，群内楠木树平均胸径0.59米，平均树高32米，平均树龄340年，最为珍贵的是，这个群内楠木幼树也很丰富，大大小小有几百株，可谓儿孙满堂。陇水村凤窝林组有古树52株，其中黄连树34株，占地面积1.43公顷，平均胸径1.12米，平均树高26米，平均树龄450年；朴树12株，占地面积0.24公顷，平均胸径0.62米，平均树高17米，平均树龄180年。其中群内楠木古树有7株，最大株胸径1.64米。除了成群生长的古树外，在这个不足100平方公里的小镇，还有散生楠木古树107株。如今这里已经

① 楠木群
② 龙家寨楠木群

被中国野生动植物保护协会命名为"中国楠木之乡",每年这些楠木的种子,也被培育成几十万株小苗,种植到周边地方。

有这么多的古木,必有与之相伴的动物生灵。经常可见红腹锦鸡从村旁飞起,雀鹰、松雀鹰在空中盘旋。特别是住在那棵楠木王上的斑头鸺鹠,好像从来不知疲倦,经常可以看到它抓起耗子飞远。在古木丛生的小罗映,几千只白鹭栖息于树上,嬉戏成趣。当地人爱鸟,人鸟和睦为邻,其乐无比。无论春暖花开季节,还是月明星稀的夜晚,都能观赏到成群可爱的白鹭群。

武陵山位于贵州省东北面,平均海拔约1300米,山体形态呈现出顶平、坡陡、谷深的特点。它盘踞于渝鄂湘黔4省交界地带,属云贵高原云雾山的东延部分,是乌江和沅江的分水岭。武陵山脉的最高峰为凤凰山,海拔2570米,东西走向,呈岩溶地貌发育。主峰是贵州省著名景点梵净山,海拔2094米,山势雄伟壮观,约有44.7万亩的原始森林,在山麓及沟谷地带的常绿阔叶林覆盖面积较大,保存完好。在梵净山自然保护区内森林覆盖率在80%以上,种类多样,有277科、795属、1955种;区内已初步记录在案的动物达800多种。

第二部分 / 第五章

呼啸四省开两江
/ ＊ 武陵山脉 5 个地标

/ 梵净山：贵州最完整森林垂直带谱
/ 佛顶山：生态廊道
/ 锦江：鱼类种质基因库
/ 石阡鸳鸯湖：中国最大的鸳鸯越冬地
/ 石阡温泉群：暖了一条河

28. 梵净山
贵州最完整森林垂直带谱

地标名称：梵净山 Fanjing Mountain
地标类型：自然景观
地理坐标：108°38′E，27°54′N
生态系统：森林生态系统

文＊冉景丞　摄影＊陈正军　李贵云

核心价值：地标位于贵州省铜仁市印江自治县、江口县、松桃自治县三县交界处，属于江南古陆最老地层，是武陵山脉的最高峰。在中亚热带气候下形成以常绿阔叶林为主的森林面貌，具有明显的植被垂直带谱。是沅江的重要水源地和洞庭湖的生态保障，也是黔金丝猴 *Rhinopithecus brelichi* 与梵净山冷杉 *Abies fabri* 等珍稀生物的唯一栖息地和国家保护种珙桐 *Davidia involucrata* 最早发现的地区。梵净山生物多样性居贵州省前列，被列入世界自然遗产预备名录，是中国佛教文化的圣地之一。

① 冷杉
② 黔金丝猴

  在距今 14 亿年前的震旦纪，如今亚洲的版图，大多还处于深海泽国，在烟波浩渺间，由东北向西南隐约凸起一条山峦，那就是今天的武陵山脉，成为了黄河以南最早从海洋中抬升为陆地的古老地区，而记载这段历史的，恰恰正是今天的武陵主峰——梵净山，它位于贵州东北部的印江、江口、松桃三县交界处。其最高峰凤凰山海拔 2572 米，相对高差达 2000 米，几十条溪流从山顶向四面八方倾泻下来，汇成黑湾河、马槽河等 11 条主要河流，呈放射状奔腾而下，一路欢歌，形成众多急流险滩、跌水瀑布。一部分溪流进入乌江，一部分流入沅江，理所当然成了乌江与沅江的分水岭。

  梵净山属亚热带湿润季风气候，夏季受东南海洋季风影响明显，冬季受寒潮影响却较小。年平均气温 13.1～14.7℃，表现出雨量充沛，光能充足，无严寒酷暑的温和气候。但是由于海拔 500～2572 米，相对高差达 2000 米，高峻的山势和庞大的山体，形成了"一山有四季，上下不同天"的垂直气候特点，动植物分带明显，从山脚至山顶，海拔 1300 米以下的区域属低山常绿阔叶林和暖性针叶林带，1300～2200 米属中山常绿、落叶阔叶混交林和温性针阔混交林带，而 2200 米以上，属寒温带针叶树的针阔混交林和亚高山灌丛草甸带。梵净山保存了世界上少有的亚热带原生山地森林生态系统。

  在山麓，地势相对平缓，土地肥沃厚实，生长着低山常绿阔叶林。但由于土家族和苗族群众长期在这里居住，人为活动使原来的植被多数变成了次生林或人为种植辅育的杉木林、马尾松林和红豆杉林，当然也不排除强烈干预后形成的枫杨、枫香、响叶杨等落叶林。特别是河滩地上的枫杨林，成就了太平河美丽的风景。

  在山的中部，主要是中山针叶阔叶混交林和中山常绿落叶阔叶混交林。在较大片的坡地和岩石露头较少的山脊、山头上是大明松的领地，而长苞铁杉被赶到了立地条件差、岩石露头较多的悬崖陡壁。亮叶水青冈、蛮青冈、丝栗栲等壳斗科树种总是并然有序地与那些针叶树交错排列。当然最普遍的是水青冈林、贵州青冈林、檫木林、包石栎林。水青树、钟萼木、白辛树、珙桐、天师栗等珍稀子遗植物就散落在这些阔叶林间。狭叶方竹、箭竹、巴山木竹、龙头竹、箬竹等杂生在各种阔叶林内，形成丰富厚实的林下植被，正是这些方竹为苏门羚、林麝、毛冠鹿、黄麂、黑熊、野猪、猴类等动物提供了食源，为红腹角雉、红腹锦鸡等动物提供了理想的隐蔽场所。

黔金丝猴总是带领着它们的部落巡视于林冠，注视着远达千米外的动静。这种被誉为"地球独生子"的灵长类动物，却总是不愿意与人类相处，以至于科学家们只能用望远镜远远地观察它们的行为，发现它们总是在树冠上游来荡去，就将黔金丝猴定义为典型的树栖动物，直到通过布设红外相机监测才发现，它们原来也经常在地面上活动，搬开地上的石头，捡食散落在石缝中的植物种子和果实，当然也不会放过石下的昆虫和蚯蚓，权当是为补充蛋白质而打一次牙祭。

每年入冬前，最美的要数在1300米高度的区域形成的雾凇，晶莹剔透，与绿叶交相辉映，如同童话世界一般，让人尽量发挥想象空间。

接近山顶，由于海拔高、气温低、湿度大、云雾多、日照少、山风强烈、多霜雪、凝冻时间长等特点，这里的林木矮小，分枝低，主干不明显，枝干多弯曲，树冠平伏紧密，生长缓慢，树干上、地面上包裹着厚厚的苔藓，形成了典型的苔藓矮林。能在这种环境生长的主要是一些杜鹃、槭树、花楸、山矾、黔稠、黄杨等。它们会利用短暂的春夏，完成自己的繁殖周期，然后放下生长，静等来年。无论花开花落，总是泰然自若。

在欣赏美景的同时，可千万不要粗心大意，没准就在你的脚下，就躲藏着一条五步蛇，也许你误认为青绿的竹竿，正好就是一条竹叶青蛇。就连在山里摸爬滚打几十年的保护区老杨局长，也会有看走眼的时候，竹叶青的一次亲吻，就让他在医院躺了好几个月。而另一位气象局局长就没有老杨局长幸运，一次小小的失误，就被五步蛇带走了生命。更需特别注意的是，这些蛇类，从山脚一直活动到山顶。

29. 佛顶山
生态廊道

地标名称：佛顶山 Foding Mountain
地标类型：自然景观
地理坐标：108°6′E，24°0′N
生态系统：森林生态系统

文＊蒙文萍　摄影＊崔 卿　杨成华

核心价值：地标位于贵州省铜仁市石阡县与黔东南苗族侗族自治州施秉县、镇远县及遵义市余庆县四县交界处，属于武陵山脉的尾脉，北临梵净山，南接苗岭，为典型的中亚热带常绿阔叶林，是武陵山系与苗岭山系的生态廊道，也是野生青钱柳 Cyclocarya paliurus 群落的典型分布地和大灵猫 Viverra zibetha 等国家保护物种的栖息地。当地仡佬族每年农历二月二举行的敬雀节是人与自然和谐相处的典范。

鹅掌楸

佛经里讲："佛顶，即如来之无见顶相，乃常人所无法见及之殊胜相，具足最上最胜之功德。"《大日经疏》云："一切佛顶谓十佛刹土微尘数佛之顶。顶是尊胜之义，最在身上也，即是十八佛不共法之别名。此本尊形象，一同释迦具足大人之相。唯顶肉髻作菩萨髻形为异也。"

贵州省石阡县就有一座以佛顶命名的山，处于武陵山脉的尾部，东西27公里，南北14公里，山体似鱼脊一般陡峭高大，气势雄伟，倒是有几分仙风道骨之气。相传佛顶山与当年的佛顶骨舍利有关，据说现存于南京的世界上唯一的佛顶骨舍利只是整体的十分之一，而剩余的十分之九留于佛顶山。不知何因曾经佛光熠熠的寺庙与庵堂，已斑驳凋落为残垣断壁。

佛顶山不仅身世成谜，在黔山中的地位也相当尴尬，北临武陵梵净山，南接苗岭雷公山，比不了"同族兄弟"的优越性，也比不过外戚的多样性，真是内心很受伤。其实也用不着这么挤兑佛顶山，要不是人家甘愿作一个供南北互通有无的生态走廊，让武陵生态系统与苗岭生态系统血脉相通，地表生物与地下根脉紧紧联系在一起，恐怕难有梵净山和雷公山现今丰富的生物多样性。北边的梵净山把自家特产通过风、昆虫，以及活动范围较大的动物"邮递员"们，送给南边的雷公山，路途遥远，易生困乏，佛顶山正好可以给它们补充给养，好好休整一下。贪玩的"邮递员"看到佛顶山里好吃的、好看的、好玩的就忘记了自己的使命，把别人捎带的东西一丢，逍遥去了，不过也正是这些误事的"邮递员"让佛顶山的植物类群与南北相比也差不了多少。

佛顶山于2014年被评为国家级自然保护区。在保护区海拔1600米以上的山顶和山脊处生有耐寒性的杜鹃矮林，垂直向下300米间有壳斗科、山茶科、槭树、鹅耳枥等组成的常绿落叶阔叶混交林，再往下500米内是以壳斗科为主的常绿阔叶林，多革质叶，可以蒸腾损失的水分，增加土壤的含水量；林下多竹林，竹林下方草稀少。林

耳叶杜鹃

　　间分布着不少珍稀植物，如断羽求生的伯乐树、绽放鸽子花的珙桐、大款金钱槭等。今天枫叶红了，明天化香黄了，常青树的叶子在嫩绿与深绿间不停转换，一年四季玩法各样，充分展现了森林生态系统的垂直结构和动态特征，共同维持着佛顶山生态系统的稳定与循环，其重要性犹如竹节一般，连接上下，保护着武陵与苗岭的生命脉络。

　　闻香识女人，不是一般人能做到的，不要羡慕帅气的盲人军官，在佛顶山你可以闻香识灵猫，一种会制香的奇妙动物，它将自制的灵猫香擦在树桩、石头上，既能标记领地、联络同类和指引路线，又能让自己散发独特的魅力。这让人好生羡慕呀！这家伙刚出生就会制香了，而且活到老香到老，最利于制香的温度区间是 14～18℃，偏离这一温度产香量就会减少。近 10 年来在其他保护区都没有发现它的足迹。若是有幸碰到一位香香公主或公子，远远的一睹尊荣就够了，千万别去打扰它，请给它们一片安静、祥和、健康的生存环境吧！

30. 锦江
鱼类种质基因库

地标名称：锦江 Jinjiang River
地标类型：自然景观
地理坐标：109°14′E，27°43′N
生态系统：湿地生态系统

文＊冯海　供图＊陈永红 贵州省生物研究所

核心价值：地标位于贵州省铜仁市江口县与碧江区，拥有永久性河流、河滩等湿地形态，是连接梵净山、沅江、洞庭湖、长江等重要生态系统的廊道，也是珍稀鱼类野生鳜 Siniperca chuatsi、黄颡鱼 Pelteobagrus fulvidraco、小口白甲鱼 Onychostoma lini 等长江淡水鱼类的洄游繁殖区及种质资源保护地，还是我国长江流域淡水鱼类多样性较为丰富的地区和我国内陆淡水鱼类特有率较高的地区，具有重要的生态保护价值。

① 泉水鱼
② 碧江马口鱼

锦江如缎，负责养世人的眼。

纯净、平和，照顾着左右；丝滑、顺遂，熨平了争吵。我就逝者如斯，我就虚度光阴，我就昼夜都舍。我就美，逼你熊抱生扑。想好，是投江哦。

锦江发源于贵州省梵净山西南麓，经坝盘进入铜仁市境内，之后进入湖南省境内，流经麻阳、辰溪，最终注入沅江。全长289公里，其中在贵州省境内长158公里，流域面积4080平方公里。

讲这么多，都敌不过那个锦字。绣口一吐，半个盛唐。

锦江里小鱼特别多，像是在绸缎里游泳，极目楚天阔。有一种小鱼俗名叉婆子，学名宜昌鳅鮀，很常见，扁扁的、小小的、成群结队的，喜欢生活在锦江的水底，吃水生昆虫、藻类。它长着4对短须，爱冒险，最爱玩激流勇进。它有一定的侦察能力，潜伏在水底的石头缝隙旁边，守株待兔，嘘！等小虾米刚冒个头，啊——呜，吞进肚子里了。它的须就是探测器，不仅探测水流的速度，也能感知附近目标的动静。哼哼，小样儿，穿上马甲我就不认识你了？

有一种小鱼擅长"装蒜"，它叫平舟原缨口鳅。流线型体形，特别爱干净，水里一有异味、异物，"捏"着鼻子就跑了。它人小鬼大，整天穿着迷彩服——皮肤上有石头斑点花纹，用吸盘往水下的石头上一靠，真的扮成了一块石头，你看不见我，你看不见我。

据不完全统计，铜仁锦江流域有鱼类 120 种。其中，中国特有种 78 种。锦江是淡水鱼的天下，对于小型鱼类来说，简直是天堂。

蛇鮈，最长的 24 厘米，一般就 10 厘米。数量多，体格不错。喜欢生活在缓水沙底，经常被人钓上来下酒。

银飘鱼，俗称篮刀片。头和身体扁薄，主食偏爱浮游动物，有时来点底栖动物、昆虫啥的。银飘鱼不论静水、流水都能生活，行动迅速，喜欢在浅水区漂泊。好比一群流浪汉，浪迹天涯总有人管饭。

棒花鱼，色相差，长得粗壮，鼻孔前方下陷，嘴唇厚，小鱼里的卡西莫多。雌鱼在沙底掘坑筑巢产卵，雄鱼"扛枪巡逻站岗"。

虾虎，野外生存能力强，溪流、河口、砂岸、岩岸、珊瑚礁区，既来之则安之。晚上，它们沉入水底，躲在石头缝隙中睡大觉。如果饿了，就从石缝里游出去寻找食物。它们喜欢玩田径、玩跳高，跃出水面做个小鱼打挺；玩立定跳远，起点在这块石头，落点在那块石头。

锦江清澈，归功于轮叶黑藻、狐尾藻、竹叶眼子菜、旱莲子草这些沉水植物。它们负责消毒、保洁，去除水体的总氮、总磷、硝态氮和正磷酸盐，去除率在 80% 以上。通过光合作用，水草丰富了水中的溶氧。凡是水草繁茂的水域，冬季水下不会缺氧。它们都是先进工作者，既不冬眠，也不"双休"。

小小小小鱼，绕着小小小小草，彼此离不开彼此的怀抱。

31. 石阡鸳鸯湖
中国最大的鸳鸯越冬地

地标名称：石阡鸳鸯湖 Shiqian Mandarin Duck Lake
地标类型：自然景观
地理坐标：107°0′E，26°57′N
生态系统：湿地生态系统

文＊王　超　田　园　摄影＊郭　轩　杨炎冰　粟海军

核心价值：地标位于贵州省铜仁市石阡县，属于喀斯特峡谷湿地，两岸森林植被保存完好，林下有大面积竹林，是中国最大的野生鸳鸯种群栖息地。周边仡佬族有敬鸟习俗，常见鸳鸯栖息于村庄的大树或在田间地头觅食，这是人与自然友好相处的模范。

鸳鸯

石阡鸳鸯湖地处云贵高原向湘西丘陵及四川盆地过渡的斜坡地带，位于贵州省东北部以梵净山为中轴的铜仁市境内，是中国黄河以南最古老、物种最多样的湿地之一，也是中国目前最大的野生鸳鸯种群的越冬地。

鸳鸯湖地处亚热带季风性湿润气候区，雨量充沛，暖湿同期，冬无严寒，夏无酷暑。湖区总面积778公顷。登高俯瞰，鸳鸯湖犹如石阡大地上的绿色宝石，盘旋在"鸳鸯峰峦"的山腰，与周围自然形成的高山绝壁阻断了与外界的一切通道。鸳鸯湖湖体狭长呈树枝状，总长约20公里。湖湾蜿蜒隐秘，湖面宽窄不一，有的湖湾完全被树枝遮盖，为鸳鸯等珍稀野生动植物提供了绝佳的生存环境。湖面四周绿壁连天，孕育着次生性常绿落叶阔叶混交林及灌木林，172科472属729种蕨类和维管束植物在这里肆意生长。森林间各色花朵争奇斗艳，果实与种子源源不断，湖中的深山泉水四季不枯，水质清澈干净，供养着近200种野生脊椎动物。置身其中，你可以拍摄到在树冠上空盘旋的鸢和鹰，可以捕捉到在密林间一闪而过的林麝和锦鸡，还能观察到很多鱼和蛙。

然而，在这个立体的生物乐园中，羽色华丽的鸳鸯俨然才是主角。每年9月初，北方的鸳鸯种群陆续飞到鸳鸯湖来越冬，次年4月初又陆续北归度夏。也有部分鸳鸯对环境产生了适应性，逐渐成为鸳鸯湖的常住居民，在此世代繁衍生息。鸳鸯属国家重点保护动物，对生存环境极为挑剔，喜清静，怕惊吓。非繁殖期间的鸳鸯，无论雌雄，羽毛几乎都呈橄榄棕色，以减少被捕食者发现的几率。一旦进入繁殖季节，雄鸟便开始华丽变身，颈部羽毛变成醒目的金黄色，双翼收拢后身体两侧竖起一对标志性的棕黄色"帆状饰羽"。为了争夺雌鸟，雄鸟之间常在水面上相互追逐驱赶，引起水花四溅。战斗中获胜的雄鸟洋洋自得，与意中人耳鬓厮磨。败者落荒而逃，只能再次踏上寻找爱情的征程。

鸳鸯湖清晨多雾，当雾气尚未散尽，鸳鸯便陆续从夜栖处飞出，成群结队地在水

伞花木

面游弋、嬉戏,然后再飞回树林中。大约一两个小时后,又会回到湖滩或水塘附近的树枝或岩石上活动。在若隐若现的远山近水里,鸳鸯们或脉脉对视,长相厮守;或昂首引颈,振翅欢鸣,使人大有"得成比目何辞死,愿作鸳鸯不羡仙"的感叹!

鸳鸯主要取食动物性食物,也吃谷物、种子和果实,但很少潜水,常倒立入水觅食。这种树栖鸟类脚爪尖利,较宽长的尾羽在降落时能起到刹车的作用,可以降低飞行速度,使它能稳稳地抓牢并停栖在树枝上。通常情况下,鸳鸯会在树洞中筑巢。但鸳鸯湖的鸳鸯却选择在湖边上悬崖的石穴中繁殖,形成一道独特的景观。鸳鸯湖两岸的悬崖峭壁为可溶性石岩,自然形成的石洞众多,出口高低大小不一,最低的离湖面仅有6米左右,最大的石洞可同时容纳3只以上的成年鸳鸯。比起树洞,石洞的防风、防潮功能更佳,人类和天敌难以接近,绝对是最佳的天然育儿所。

鸳鸯选择这里作为长久居住地的另一原因,也许是因为这里的居民自古便与其他生物互相依存,形成了一种根深蒂固的尊重生命的传统。鸳鸯湖周边是仡佬族农耕文化世代传承的故土。在这里,常能看到居民在田间劳作,而鸳鸯则栖息在村庄的大树上或在田间地头觅食的和谐画面。

拥有亿万年历史的地球母亲馈赠的这片鸳鸯湖,已经成为1500余只鸳鸯活动的天堂,同时也是700余只留鸟的栖息港湾。2015年4月,石阡鸳鸯湖被中国野生动物保护协会正式授予"中国鸳鸯之乡"的称号。

32. 石阡温泉群
暖了一条河

地标名称：石阡温泉群 Shiqian Hot Spring Group
地标类型：自然景观
地理坐标：108°14′E, 27°31′N
生态系统：湿地生态系统

文 * 水 伊　供图 * 石阡温泉管理局

核心价值：地标位于贵州省铜仁市石阡县，属于地层断裂出露的地热泉水，是喀斯特温泉和变质岩温泉的集合体，有400多年的利用历史，是中国最古老的温泉群。地热矿泉水自然出露20处共36个出露点，使凯峡河整条河流温度上升，生物种类发生变化，当地的长寿文化与温泉有着密不可分的关系。

做道选择题,地球上最早的生命起源于( )。

A. 原始陆地　B. 原始海洋　C. 湖泊　D. 温泉

传统正确答案是 B,但也有可能是 D。

达尔文 1871 年写给植物学家约瑟夫·胡克的信中说,生命可能诞生自某个温暖的小池塘。目前达尔文的理论被证实,科学家发现,35 亿年前澳大利亚岩石中包含着迄今地球最古老的陆地生命证据,远古微生物形成的岩石层和黏性微生物液体中保存完好的气泡,将地球陆地最古老生命证据提前了 5.8 亿年。同时,它将帮助科学家搜寻外星生命——35 亿年前火星表面存在温泉。这可能暗示着生命起源于大陆淡水温泉,而不是科学家普遍认为的海洋。

是不是又激动又打脸?事情有无限可能。温泉里有生物。温泉生物通常指栖息在水温 50℃ 以上温泉中的生物。大部分是原核生物和低等动物,比如菌类、藻类、根足类、纤毛虫类、轮虫类、甲壳类、双翅类、贝类等。

并不只有人类才懂温泉的好。日本的猴子是泡温泉的,海牛也是泡温泉的,甚至蟒、鱼等同样如此。

大家熟悉的亲亲鱼,能在 40℃ 的温泉里存活,充当水疗师,人入温泉,鱼儿便围过来在身上轻啄,其实是食人体死皮。这种鱼学名叫恩鱼。

温泉有多种,比如有一种高温温泉,人进入后会烫伤甚至致死,即使救过来,活着也没啥意思了。美国黄石公园的诺里斯温泉,看上去美得让人窒息,其实几乎是一汪硫酸水,曾有案例,22 岁男子掉下去后尸骨无存。

天地有多疼爱,才给出一方好水,并且给得理所当然,石阡深藏于武陵山脉,就有这样一个温泉群。

石阡温泉天然出露点多,流量大,水温恒定,能浴、能饮,现探明温泉 20 处,36 个天然出露点,日均流量达 2.2 万多吨。以县城为中心,温泉遍布周边 9 个乡镇,水中普遍含氡、硒、锂、锌、偏硅酸等对人体有益的 20 多种微量元素。

石阡温泉属于地层断裂出露的地热泉水,发育与所处地质构造密切相关。石阡一带有两个主要构造,即枹木寨背斜和石阡断裂,均呈南北向延伸。温泉多沿枹木寨背斜的核部分布。石阡断裂及其次级断裂构造系统形成了地下热水循环通道。古生代泥岩、砂质页岩、钙质页岩及灰岩覆盖了石阡温泉群的地层,温泉水流经这些岩石,岩石中所含化学元素进入到循环水中。加之石阡属亚热带季风湿润气候,年降水量约1100毫米,地表水丰富,支撑了地下水的稳定。

树也参与制造了石阡温泉。石阡地上森林覆盖率达68%,是地下水的保护层和过滤层,是石阡好水的保障。

石阡处处惊奇。

凯峡河沿岸植被完好,奇花、异草、古树甚多,尤其是保存完好的中华文木,号称两栖树,水里能长,石头上也能长,是中国特有植物、国家二级保护植物。从前在长江沿岸的巫峡段最密集。每年夏秋河水上涨,文木被淹长达四五个月,冬春露出水面,照样是一棵活着的树。凯峡河的文木,要么树干全部伸向河面,要么就长在一块石头上,旁逸斜出,造型奇特。尤其适合做盆景。沿河穿行,有鱼乐、有蝶戏,不时有鸳鸯造访,突然又被文木挂住,仿佛置身大盆景中。

凯峡河南岸的凯峡河温泉,于1982年被贵州工学院地热组发现。温泉水高出河面约1米。泉水自溶洞中涌出,洞内冷热泉眼各一,两股泉水洞内混合成地下热水河,混合水流距洞口20米处潜入地下,经伏流分散深入凯峡河中。

珍珠泉出露两个泉眼,村民用方石砌池,分性别,上为女池,下为男池。

城南温泉在县城南松明山麓,距龙川河马鞍岩30米,高于江面12米。泉水从山麓石隙中涌出,久晴不涸,久雨不涨,四时如一。能洗也能饮,是现今仍在利用的古老温泉。

石阡是贵州三大仡佬族集居地之一,世居于此的仡佬族人是古夜郎人的后裔。此外,还有侗、苗、土家等民族。

除了好水,这里也有好茶——石阡台茶。有好消遣,比如茶灯、舞毛龙。出得好米酒,多喝无妨,不过,风一吹,就倒了。这里还有鞭春,不是抽打春天,而是专门的春官手执春牛,走街串户,用说唱给农人送上春天的祝福。

天地对石阡不止是疼爱,简直是偏爱了。

苗岭包括了玉屏以南、都匀以西、榕江以北的广大地区；是由南北向背斜的坚硬岩层组成的若干山峰和被抬升的高地联合而成，其平均海拔在1500米左右。它位于贵州省东南面，呈东西走向横亘贵州中南部，是长江流域和珠江流域的分水岭。苗岭东、西段的地质和地貌迥异：东段是由元古代轻变质岩组成的断块山，西段则是由古、中生代石灰岩组成的喀斯特地貌。此外，苗岭由夷平面及大型喀斯特盆地构成的层状地貌极为显著，在此基础上形成了耕地集中连片的夷平面及山坡上的层层梯田等独特景观。隶属亚热带湿润山区的苗岭，同时是贵州省重要林区之一，盛产杉、樟、竹及亚热带水果。

第二部分 / 第六章

横亘黔中聚物华
/ * 苗岭山脉 18 个地标

/ 雷公山：苗族圣山
/ 斗篷山：森林斗篷
/ 月亮山：几十条河流从咱山脚出发
/ 尧人山：岩石会下蛋
/ 云雾山：云雾宠名茶
/ 黔灵山：城中最大原生森林
/ 龙里草原：云上草原
/ 八舟河：鸬鹚的情义
/ 清水江：订单林业诞生地
/ 岔河：腊梅河谷
/ 花溪湿地：一溪走过百花开
/ 格凸河：成就雨燕家园
/ 红枫湖－百花湖湿地：岛屿两百多，问君有几湖
/ 岜沙苗寨：人与生命树，生同日死同穴
/ 加榜梯田：诗意的稻鸭鱼
/ 增冲侗寨：侗不离水，侗不离鱼
/ 登鲁村：楠木风景林
/ 久安古茶树群：黔史问茶香

33. 雷公山
苗族圣山

地标名称：雷公山 Leigong Mountain
地标类型：自然景观
地理坐标：108°11′E，26°22′N
生态系统：森林生态系统

文＊王野影　摄影＊龙胜勇　杨卫诚

核心价值：地标位于贵州省黔东南州雷山县，是苗岭主峰，山脊自东北向西南呈"S"形延伸，地形高耸，常年云雾笼罩，形成中亚热带东部典型的常绿阔叶林，生物多样性位居贵州省前列，拥有全国面积最大、数量最多的秃杉，是雷山髭蟾、尾斑瘰螈、毛萼山珊瑚等珍稀生物栖息地。因蛇类众多，被誉为贵州省的蛇岛。当地居民以苗族为主，有崇拜自然的传统习俗，形成特有的苗药文化及蝴蝶、枫树等图腾崇拜文化，是人与自然和谐相处、发展与保护共赢的范式。

秃杉

在雷公山山顶上,有一口神秘的井,终年不溢不涸、水深不过膝。其实了解了这里的气候后,这层神秘的面纱就会被揭开。雷公山高大的山体影响了大气环流的运行,东南季风和西南季风常与北方冷空气在此地交汇,所以雨量充沛,年降水量在1300～1600毫米,一年365天中,有280天为雨雾天气。由于降水量远远大于蒸发量,所以,山顶有这样的井则不足为奇。

雷公山整体呈东南低、西北高的地势,主山脊自东北向西南呈"S"形延伸,山脊两侧的降水量差异很大。东南坡为暖湿气流的迎风坡,西北坡为背风坡。暖湿气流在迎风而上时,温度随海拔升高而下降,水汽易凝结而形成锋面雨,具有降水范围大、持续时间长、云层厚的特点。这也是这里为什么终年多雨,形成"云海奇观"的原因了。然而,翻过山脊后,情况则发生了戏剧性的转变,随着气流的下沉,温度越来越高,云滴因高热而突然汽化膨胀,发出惊天动地的声响,被苗族人认为是雷公居住的地方,是圣山、母亲山。

雷公山因从未受到过冰川的侵袭,才使得珍稀濒危物种秃杉勉强遗留了下来,是冰期后仅存于我国和缅甸的孑遗植物。因喜欢湿润多雨的针叶林或常绿阔叶林带,故多分布在雷公山的东南坡。其祖先在6000多万年前就选择定居在这里,现在已经不知是几世同堂了,胸径在10厘米以上的有6000多株,50厘米以上的有3000多株,还有一棵世界上最大的秃杉,被称为秃杉王,是苗族人心中的"树神"。

雷公山的林带按从常绿阔叶林、常绿落叶混交林到落叶林和苔藓矮林排布。进入郁郁葱葱的密林中,参天古树上爆满新枝与藤树纠缠在一起,攀比着向高处挺进,看谁率先能得到阳光的青睐,让人浮想翩翩。林间,偶见阳光使劲地从枝叶中挤进来,露出闪烁的光斑,仿佛苗家少女身上的银饰,璀璨夺目。林下,苔藓与枯枝、落叶和败花铺垫了厚厚一层,踏上去软软的、水水的。踏上山顶,云雾缭绕,风夹杂着淡淡的幽香，时而轻柔时而凌厉，吹落了汗水，吹走了凡尘，让人神清气爽。在风的作用下，特有种雷山杜鹃时隐时现，幸运的话还可以听到仅生活在山顶的雷山髭蟾的叫声，"咯、咯、咯"的，似乎在打着拍子欢迎你的到来。

雷公山为贵州稀有的常态地貌，以中生代的变质岩、山地酸性黄壤、黄棕壤、草甸和沼泽为温床，以长江、珠江水系、清水江和都柳江为饮用水，哺育了多种动植物：有植物679目273科679属1390种，占贵州维管束植物总数的74.8%，种子植物总数的16.7%。有天麻、党参、雷五加、三七、杜仲、白芨、蛇连、血藤等药材；有红豆杉、南方红豆杉、钟萼木、异形玉叶金花、秃杉、水青树、马尾树等国家重点保护树种；有动物39目132科578种，占贵州哺乳动物总数的39.7%，鸟类总数的28.6%，两栖爬行类总数的54.5%，鱼类总数的62.1%。有大鲵、雷山髭蟾、细痣疣螈、鸳鸯、黑熊、穿山甲、猕猴、藏酋猴、大灵猫、小灵猫等多种国家二级保护动物。因此，此地为天然的物种基因库，如此丰富的生物多样性，超越了贵州乃至全国的平均水平。正因为雷公山上植被保护良好，长时间的锋面雨还会让河流一定程度地变清，所以更坐实了其为黔东南水源地的地位。

"返璞归真，顺应自然"是苗族人设计宅院的一个理念，生活在雷公山上的苗族共有三个支系，东西向区域多是长裙支系，南部为短裙支系，县内西北面为中裙支系。他们设计的建在斜坡上的吊脚楼，具有防止破坏地面断层的作用，是一道独特的风景线，也是国家非物质文化遗产。建房所用的每一块木料，都要进行庄严的祭祀活动，向树神说明用途，充分体现了苗族人民的智慧及其对自然的尊敬，是人与自然和谐共处的典范。

然而，如此魅力又具重要功能的雷公山也有不足之处，在低海拔地区，由于人类活动频繁，像蛀虫一样啃食着植被、植物资源，像猛兽一样疯狂地猎捕动物，导致此处动植物资源破坏较严重，幸存动物不得不抛弃家园，另觅新家，仅燕子、麻雀和乌鸦等伴人鸟类勉强留了下来。

34. 斗篷山

森林斗篷

地标名称：斗篷山 Doupeng Mountain
地标类型：自然景观
地理坐标：106°20′E，27°15′N
生态系统：森林生态系统

文＊蒙文萍 摄影＊郑 铁 粟海军 杨成华

核心价值：地标位于贵州省黔南布依族苗族自治州都匀市、贵定县及黔东南苗族侗族自治州麻江县交界地带，地处苗岭中轴线上，是黔南第一高峰，海拔1961米。山体因上中下各部分岩性不同而形成不同的地貌及植被类型，是马尾树 *Rhoiptelea chiliantha* 与毛环方竹 *Chimonobambusa hirtinoda* 种群分布的典型区域和大型四照花 *Dendrobenthamia gigantea*，以及豹 *Panthera pardus* 的栖息地。地标是清水江的发源地，也是长江与珠江的分水岭。

山间瀑布

斗篷山因主峰形如巨大斗篷而得名，主山体面积 61.31 平方公里，最高海拔 1961 米，是黔南第一高峰。相对高差 1100 米，山体上下岩性差异大，生境异质性高，生物多样性丰富，植被垂直分异明显，林相四季多变。山顶是不透水的石英砂岩，地表有较厚的风化残积土层，为常态地貌，雾多，分布有大量藓类沼泽，以及杜鹃、冷箭竹等矮林。苔藓以水生藓类与树生藓类为主，泥炭藓等水生藓类蓄水量多，形成 200 平方米的天池，终年不竭，树生藓类缠绕在杜鹃矮林的树干或是基部，还有一些悬挂在树枝上左右摇摆。

山腰海拔 1100 米以上为砂岩，是一个隔水层，表面水分充裕，既有常绿落叶阔叶林，也有竹林、麻栎林、杜鹃矮林和沼泽湿地。最有意思的是这里分布着一种竹子，不算高大，也就五六米高，每个竹节都长着一圈短刺和棕黄色刚毛，竹竿居然不是圆的，而是方的！幼龄竹竿呈深绿色，表面附着一层白粉，看着就娇嫩，拔下一棵，呵，竟然是实心的。这种竹子叫毛环方竹，它的竹笋非常好吃，可惜全世界就这儿有，极度濒危。山腰是砂岩与白云岩交界带，形成台地，有一村寨坐落于此，名茶园，布依族居多，百年红豆杉与大型四照花沿村落分布，古树老屋互相映衬了彼此的古老，诉说着历史文化与环境的变迁。村落以下山体由白云岩构成，溶蚀慢，陡峭，是典型的喀斯特地貌，树抱石或石抱树现象常见，水分利用率低，植被以樟科、壳斗科的革质叶树种为主，利于保水。海拔最低处 885 米，是峡谷地带，水热条件优越，不管是樟树还是榕树，不仅高大而且多形成板根。

斗篷山位于苗岭中轴线上，山脊平缓呈箱状，南北多为海拔 1700～1800 米的山峰，山顶的藓类沼泽因有深厚的腐殖层而蓄水量大，水顺山势流下，分南北东西路，向南流入都柳江，最终进入珠江。其他水流进入清水江，向东流入沅江，最终进入长江，因此斗篷山既是清水江的发源地又是清水江与都柳江的分水岭，说大点还是长江

马尾树

与珠江真正的分界线。

曾有人看到林中有豹穿行，花纹酷似古代铜钱，又称金钱豹或铜钱花，与猫同属一科，但绝不像猫那般温柔，豹食肉、善爬树、懂伪装，处于食物链最顶端。横行霸道的野猪、机灵的猴子、乖巧的野兔、攀岩走壁的苏门羚在豹面前都成为食物，为其提供能源和物质。不要说豹子残忍，这就是自然规律，每个种群的数量都得维持得刚刚好，太少容易灭绝，太多环境承受不了。生态系统是一个关系社会，只要外界不干扰，生物彼此通过竞争、协同、捕食或是共生等方式，秉持公平公正的原则共同抵御破坏，维护系统的健康稳定。

斗篷山属于白云岩型喀斯特地貌，要形成亚热带森林，需经历裸露岩石－地衣－苔藓－草本－灌木－乔木－森林7个阶段，约几万年的时间。不同生物代代都在坚持不懈地用自身代谢酸、腐殖酸、有机质不停地风化岩石，改造基质，同时影响环境中光照、温度、水分的变化，为其他生物的出现奠定基础。环境促使新生物的诞生，新生物反过来作用于环境。生物与环境间有着千丝万缕的关系，牵一发而动全身。

35. 月亮山

几十条河流从咱山脚出发

地标名称：月亮山 Moon Mountain
地标类型：自然景观
地理坐标：108°14′E，25°38′N
生态系统：森林生态系统

文＊蒙文萍　摄影＊李雁秋　杨成华

核心价值：地标位于贵州省黔南苗族布依族自治州荔波县、三都水族自治县和黔东南苗族侗族自治州榕江县、从江县交界处，为苗岭南缘的中低山山地及峡谷地貌，山高谷深，拥有中亚热带原生性常绿阔叶林及常绿、落叶阔叶混交林，珍稀动植物种类繁多，是柔毛油杉 *Keteleeria pubescens*、观光木 *Tsoongiodendron odorum*、脆蛇蜥 *Ophisaurus harti*、原矛头蝮 *Trimeresurus mucrosquamatus* 及苗药树种半枫荷 *Semiliquidambar cathayensis* 的栖息地。月亮山水系交织如麻，非常复杂，是都柳江水系的源头之一，也是珠江水系的重要生态屏障。山中古来百岁寿星众多，远远高出联合国规定的人口比例，是名副其实的长寿之乡。

观光木

黔乡山多,有如斗篷者、佛顶者,千奇百态,而在苗岭山脉的南段,又有一座如弯月一般的山脉,称为月亮山。天上的月宫美如白玉,却遥不可及,黔乡的月亮似翡翠,还有脉动与心跳。月亮山的最高峰海拔为 1490.3 米,恰巧是每天太阳升起的地方,当地人就赐名太阳山了。每当月圆朗日,阴阳相融,东边日出、西边月落,你中有我、我中有你。

月亮山位于贵州省黔东南苗族侗族自治州和黔南苗族布依族自治州两地交界处,面积约 5.8 万公顷,山尾伸进十万大山。贵州省 73% 的面积都是喀斯特地貌,土壤贫瘠,而月亮山为常态地貌,土层深厚肥沃,差异显著。两者同为亚热带湿润气候下发育的常绿落叶阔叶林,但却有不一样的内涵,喀斯特地貌上多生长掌叶木、圆果化香等喜钙性树木,而月亮山上多是丝栗栲、木荷等"爱吃醋"的家伙。最上层为亮叶水青冈落叶阔叶林,林间多自然倒朽木、枯立木、百岁参天古木,凋落物垫基深厚,俨然一副原始森林的面貌。中下部主要以丝栗栲、黎塑栲形成的顶级植被。月亮山共有植物 2500 种,动物 600 种。

这么多生命要进行光合作用,一定需要大量的二氧化碳。林中地面常常一起一落,别怕,那是土壤中的微生物、根脉、动物们在大口大口地呼吸,释放二氧化碳,参与植物光合作用。动物以消费者的身份拿走生产者的物质与能量,枯枝落叶被分解者转化为植物生长所需的营养物质,系统中每个生灵都勤俭节约,各司其职,兢兢业业地推动整个月亮山森林生态系统健康稳定地向前发展。

在月亮山这坛"醋"中泡着一种奇葩树,一半枫叶一半荷叶,人称半枫荷,悄悄地藏在第一层乔木下面,其实再怎么躲,都没用,一身招摇的叶子就暴露了自己。传说诸葛亮与苗王孟获打仗时,士兵不适应西南的湿热气候,全身关节肿胀、酸痛无力,用它的树叶煮水泡澡,病就好了,孟获最终大败。瑶族人也用它发明了瑶浴,泡一泡百病消。福兮祸所伏呀，正因药用价值高，人们见了不是剥皮就是摘叶，有的甚至连根挖走。可悲呀！现在，好好的一个国内特有种，就这样被毁了。

天下没有最怪只有更怪，林下有一员，长相似草非草，似树非树，却叫跳舞草，又称多情草、风流草，小花唇形、紫红色，在大叶的两侧生有一对小叶。其实它是一种小灌木，喜欢晒太阳，爱听抒情曲目。天气晴朗，温度达到25℃左右时，只要音乐一起，看把那对小叶给"乐"的，围着大叶时而相拥热吻、时而弹跳、时而180度旋转，如恋人般缠缠绵绵，估计大叶都有些不好意思，像个电灯泡一样挡着人家谈情说爱了。夜静时，欢愉了一天的小叶，疲惫地紧紧贴于枝干，沉沉入睡，嘘！不要吵它，让它安静地睡吧，明天还得接着跳呢。跳舞草一般很难见到，能在月亮山现身非常难得，应该是被月亮山保存完好的生态环境吸引了。

有舞者岂能没有观众？月亮山有脊椎动物210余种，昆虫400余种。熊猴就活跃于林间，是国家一级保护动物，身形比猕猴大，尾巴短得像个小木棍，额头有个漩涡，梳个中分头，叫声跟狗差不多，憨憨的样子像熊一样，胆儿还挺大的，敢攻击单独活动的行人，它这种怪里怪气的样子不被当做野人才怪！月亮山以苗族居多，人们认为巫师死后会变为"老变婆"（贵州境内及临近广西桂北的土家族、苗族、侗族等少数民族传说中的一种妖魔），脸部有毛，在山间活动，看起来像野人，其实就是熊猴在搞怪。

一方水土养一方人，月亮山坡高路陡，与外界沟通困难，苗族部落依旧按古老的"栽岩盟约"形式管理整个月亮山区的生产生活、习俗规范等。还专门制定了环保法，禁止破坏风水古树及月亮山的国有森林资源。"尚盟誓，凡有事，专剐牛相约，食肉片，即死不敢去"，苗族人代代生活在严格的法规之内，深信人不见，天见；人不罚，天地神罚的报应规律，淳朴的民风，高度自律的品性是月亮山森林生态系统得以完好保存的保障。

月亮山森林生态系统中每层生物都发挥强大的节流蓄水功能，在山脚汇成大小河流几十条。以月亮山为中心大大小小的河流呈辐射状向四周流去，东西南北互相交错，乱如麻。向西流者进入荔波的打狗河，转而又向南与计划河、三岔河和甲料河一起汇入环江；向南流者，进入都柳江，在广西境内与柳江汇合，最终二者都流入珠江，是都柳江及珠江水系的重要生态屏障。

36. 尧人山
岩石会下蛋

地标名称：尧人山 Yaoren Mountain
地标类型：自然景观
地理坐标：107°55'E，25°56'N
生态系统：森林生态系统

文＊徐 雨　摄影＊郑 铁　杨成华

核心价值：地标位于贵州省黔南布依族苗族自治州三都水族自治县，在中亚热带湿润季风气候下，形成贵州东南部的原始森林，生物多样性丰富，拥有榉木 Zelkova schneideriana、钟萼木 Bretschneidera sinensis、闽楠 Phoebe bournei 等 42.7 公顷的植被覆盖面积，是国家珍贵用材种质资源库及叉尾斗鱼 Macropodus opercularis、白鹇 Lophura nycthemera 等珍稀生物的栖息地。地质古老，在山崖上有前寒武纪留下的蛋形二氧化硅结核，是大陆变迁的见证。当地以水族为主，拥有自夏朝开始的文字记录历史，形成少数民族中独有的水书文化。

钟萼木

在全国唯一的水族自治县，有一处奇特的景观——产蛋崖。这里每隔数十年会掉落出一些与恐龙蛋外形相似的石蛋，当地人称之为石头下蛋。产蛋崖长20多米，高6米，近百枚石蛋错落有致地镶嵌在陡崖上，有的刚刚露头，有的已经生出了一半。千百年来，这些神秘的石蛋不停地孕育出生，源源不绝。

产蛋崖所在地，便是尧人山国家森林公园，一个广袤无边、扑朔迷离的地方——相传很久以前瑶人曾在此居住。

对于"产蛋崖"，水族民间相传：古时候，都柳江的小白龙与龙江小黑龙争夺地盘，大战于虎跳潭，三天三夜不分胜负，两条小龙遍体鳞伤、奄奄一息，有两个砍柴的小伙子恰巧经过，遂把它们带回家中疗伤。不久两条小龙痊愈，听从小伙子的劝导，化敌为友，为了感激两位恩人，将自己的龙珠种于此。此后，每隔几十年，在狂风暴雨之夜，乌黑成熟的石蛋即从悬崖上产出。"天龙留空，石头下蛋"因此得名。产蛋崖曾经更被列为贵州省奇观之一，受到广泛追捧。现在科学调查推测这是一种地质自然现象，其可能形成于5亿年前的寒武纪，由碳酸钙分子在特定化学作用下渐渐凝聚在一起结核而成且埋藏于深海地下。随着亿万年的地质运动，这些石蛋暴露于地表，最终因风化和流水侵蚀的作用而逐渐从崖壁上脱落。

"银云缥缈。正石梁倒挂，飞下晴昊。"尧人山地处云贵高原的东南面斜坡，属中亚热带湿润季风气候，峰山连绵、幽谷叠翠、山高谷深、瀑布众多，被誉为"水乡绿海，黔南明珠"。古老的地质、充沛的雨量和复杂多样的地形，造就了喀斯特地貌上波澜壮阔的原始森林和明显的植被垂直带谱。从低山到高山，常绿阔叶林、落叶阔叶林、针阔混交林、针叶林、灌草丛，色彩斑斓，应接不暇，素有"百里林海"之称，被认为是北半球同纬度生态最好的少数几个地区之一。

多样的植被类型也为各种动植物提供了良好的栖息空间。已知在尧人山生活的木

南方红豆杉

本植物多达 430 余种，其中有南方红豆杉、伯乐树、鹅掌楸、福建柏等珍稀濒危植物。伯乐树是中国特有树种，被誉为"植物中的龙凤"。恰如尧人山是地球历史阶段的见证者，伯乐树作为古老的单科种和残遗种，出现在尧人山，暗示了尧人山古老与悠久的历史，对研究被子植物的系统发育和古地理、古气候等方面都有重要的科学价值。

这里也生活着另一种神奇的植物。当地流传，每当晴朗之日有青年男女在旁唱起情歌，其叶子就会随着优美的歌声摆动，歌声激昂时，两片叶子会动情地扭成一团，犹如一对情侣在翩翩起舞，谓之风流草。

这里栖息着金钱豹、猕猴等珍稀兽类，更是鸟类仙者——白鹇的家园。作为亚热带常绿阔叶林的代表动物物种，白鹇常常活动于森林茂密之处或沟谷雨林。徜徉于森林深处，或许不经意间便可看见它们或成双成对，或三五成群，着一身银装素裹的羽毛，为绿意的森林增添了几分绚丽华美的色彩。它们举止典雅、步伐轻盈，偶可听到它们踩踏落叶的沙沙声。

正因如此，尧人山也有"天然的动植物基因库"之称。

由于地处水族聚居地，水族传统文化与尧人山的青山、绿水交融并传承。形似甲骨文的水书，是世界上除东巴文之外又一存活的象形文字，也是我国保留下来的为数不多的少数民族文字。在历史上，水族人融合自然万物和自然现象，记载了神秘天象、历法和禁忌，由水书先生代代相传，指导生产与活动。在水书"绿色生命最旺盛"的"借卯"时节，青年男女们犹如"风流草"一般，纷纷登上卯坡，倾情对歌、牵手情人谷、喝龙泉水、拜神树、祈石神，表达对美好事物的向往及对大自然真切的敬畏。

37. 云雾山

云雾宠名茶

地标名称：云雾山 Yunwu Mountain

地标类型：生态文化景观

地理坐标：106°48′E，26°45′N

生态系统：自然－社会－经济复合生态系统

文＊麻俊虎　摄影＊杨成华　彭涛　陈正军

核心价值：地标位于贵州省贵定县，苗岭中部，属于中国东部暖湿气流与印度洋暖湿气流的交汇区域，常年云雾缭绕，湿度大，生有多种喜湿类生物，是贵州省泥炭藓 Sphagnum palustre 种类最丰富的地区之一，有大面积的古茶树 Camellia sinensis，所产的云雾茶因品质优越，特定为乾隆年间的贡茶。当地居民以苗族为主，充分利用自然智慧，栽培茶树，形成建筑、服饰、语言、歌舞等与环境高度契合的社会文化体系，是人与自然协同进化的典范。

① 泥炭藓
② 茶场

云雾山位于福泉市龙昌镇西部，为苗岭中部山系，主峰海拔 1604 米，地处亚热带高原季风气候区，四季冷暖干湿分明，森林覆盖率达 90.05%，被誉为"天然氧吧"，因多云雾，故名。

云雾山是贵阳市白云区最高峰，有坡陡谷深、峰峦起伏、岩溶发育的特点，地貌多为山间峡谷、漏斗、溶洞、洼地、峰林、岩溶泉井等。

云雾山森林公园有国家一级保护植物银杏、红豆杉，国家二级保护植物杜仲、胡桃、香樟、三尖杉、榉树，园内人为破坏极少，在这里，你可以看到长藤老树不计其数，清澈小溪穿越其间，还会不禁发出"疑是九寨沟"的感叹呢。公园内的古树名木数目可观，其中岔河景区李家湾的古银杏树，高 40 余米，胸径 4.79 米，冠幅 500 平方米，相传有 3000 多年的历史，2001 年 8 月载入上海吉尼斯世界纪录大全。

云雾山的水系发达，泉水顺山势而下，水悬为瀑，跌落成潭。岔河景区的大白水瀑布地处交通闭塞的深山密林，成为了养在深闺人未识的"窈窕淑女"，而蛤蚌河景区的云雾山山顶水池，一泓清水，清澈如镜，常年有水，浑然天成，当地还传说是杜鹃花仙子沐浴的地方呢！蛤蚌河景区还有神秘难测的"夜郎神妍"，三尊石像耸立于顶，相传很久很久以前，七仙女下凡到蛤蚌河沐浴，七妹被此间美景陶醉，忘了在雄鸡报晓前归返，有四位仙子回到了天空，而姐妹情深的大姐、二姐因等候七妹，霍然一声鸡鸣，三仙子再也回不了天空，化作三尊"奇石"永驻人间，再加上很久以前的一场山火，蔓延至此骤然熄灭，"夜郎神妍"完好无损，更增添了几分神秘色彩。

在水湿环境良好的贵州，苔藓植物占据了极大的植物物种组成。只要留心观察，石壁、泥土、树干甚至水中都有它们的身影。葫芦藓一丛丛地长在土上，下了雨看起来愈发晶莹剔透；潮湿的树林子里，四川丝带藓如发丝般悬垂在树枝上；小蛇苔懒洋洋地趴在路边的石头上，把一整块儿石头都盖了起来。所谓一粒沙中有一个宇宙，一片叶子上就可能有一整个细鳞苔科的生态群落。近年来，泥炭藓风头正盛，生长在沼泽中的泥炭藓被开发出越来越多的应用，作为高山湿地沼泽植物泥炭藓在贵州的最大分布地，云雾山的生态价值也越来越被重视。

云雾山处于中国东部暖湿气流与印度洋暖湿气流在贵州的交汇区域，湿度大，常年云雾缭绕，宛若仙境，非常适合茶树生长。当地的苗族（海葩苗）利用环境特点，在云雾山栽培茶树，出产的贵定云雾茶以色泽嫩绿和芳香醇厚出名，属中国历史名茶中的绿茶上品，又称贵定云雾贡茶。位于云雾山的贵定县有2000多年的种茶史，600多年的贡茶史。贵定云雾贡茶是贵州省唯一的、全国罕见的、既有史志记载又有碑文记载的贡茶。目前贵定县全县茶叶面积达22.56万亩，古茶树的普查、挂牌、建档在5000株以上，一如当地农民道："井泉溪流灌阡阳，成茶品质最优越。"于仙境中泡一杯云雾茶，兰花香味、栗香味、蜂蜜香味，芳香四溢，有"一杯香、二杯浓、三杯甘又醇、四杯五杯韵犹存"的特点。云雾山上的贵定云雾茶是贵州良好生态的产物，也是当地苗族的生态智慧。

来到云雾山，你可以进入丛林，探秘原始部族的刀耕火种，也可以下榻村落，体验一把少数民族的热情淳朴，最后，对着沉静的青山绿水静品一杯茶。无需多言，自在心间。

38. 黔灵山
城中最大原生森林

地标名称：黔灵山 Qianling Mountain
地标类型：自然景观
地理坐标：106°25′E，25°13′N
生态系统：森林生态系统

文＊王野影　摄影＊陈正军　陈旭

核心价值：地标位于贵州省贵阳市中心，是黔中山原中部喀斯特地貌的一部分，海拔1100～1396米，登高可俯瞰贵阳全市。森林原生性强，拥有黔灵山冬青 *Ilex qianlingshanensis* 等特有种，是岩生红豆树 *Ormosia saxatilis* 的模式标本采集地。野生猕猴种群数量大且能与人友好相处，共享良好生态环境，对人与自然可持续发展具有重要的指导意义。它集自然生态、文物古迹、民俗风情和娱乐休闲为一体，是城市中人与自然融合的最好示范，也是贵州作为山地公园省的最佳印证。

猕猴

黔灵山位于贵阳市中心西北角，东近八鸽岩路，南接枣山路，西连长坡岭林场、七冲岭及三桥村，北至关刀岩、小关水库，是源于大自然匠心独具的城中绿地，原名大罗岭，旧名唐山。清康熙十一年，赤松和尚云游至此，看此山有灵气，创建了弘福寺，名其山为黔灵山。因集黔山的灵秀，素有黔南第一山的美誉，为罕见的林木苍翠，充满野味、野趣的城市公园。

走进黔灵山，仿佛置身于占地面积4.26平方公里的世外大桃源，大罗岭、象王岭、钵盂岭、杖钵峰、宝塔峰、三峰台、檀山、狮子岩等海拔在1100～1369米的山峰，围成了这个世外桃源，将城市的车水马龙隔离在九霄云外，但也不失欢闹：林中栗耳凤鹛、斑喉希鹛一展嘹亮的歌喉，响彻山谷，试图唤起熟睡的生灵；躲在林下的红头长尾山雀不停地跳跃，让人摸不清头绪；红嘴相思鸟在眼前叽叽喳喳，不停地向你吐露相思；普通翠鸟、绿头鸭、赤颈鸭和小白鹭等水鸟并不在意你的到来，一直在执著地盯着湖中的美味。

猕猴为黔灵山动物中的优势种，20世纪60年代，有几只猕猴成功逃出了动物园，并学会了开锁的本领，解救了圈在动物园中的同伴，工作人员索性开始人工驯养，使之成为"半野生猕猴"。发展到如今，已有600多只，分为4个种群，最大一个种群有近300只猕猴，如此庞大的数目，超越了世界上的任意一个猕猴种群。在黔灵山，还可看到另一部分视猕猴为家人的群体，他们每天背几十斤花生、香蕉、苹果及饼干等猕猴喜欢吃的食物，风雨无阻，甚至每年都会先给猕猴送来年夜饭后，再返回家中给家人做年夜饭，这些人被亲切称为"喂猴人"。猕猴可与游客亲密接触，但也会因抢夺食物而误伤人类。它们已掌握了人类的活动规律，会选择游客多的地方讨食，被市民称为"猴居士"，现已完全适应并偏爱人类的食物，对它们曾经最爱的青檀、大叶朴和构树等被子植物已失去了兴趣。水足饭饱后，便返回弘福寺对面山上的人工战壕里过夜或在岩洞内、岩石下等隐蔽处过夜。

罕见的崖壁地貌矗立在黔灵山公园内，崖壁上有形状各异的天然石臼，似乎看到其饱经上亿年的磨砺。早二叠世茂口组的石灰岩山的构成主体部分，形成一背斜构造，稳稳地坐在那里，呈现出 7 种不同的岩溶地貌，三种不同颜色的土壤，养育了万千生灵，这里的维管束植物多达 1500 余种，大部分为名贵药材。其中，中国特有的濒危树种——岩生红豆，首次在这里被发现，全国成熟个体不足 100 株，而这里有 18 株。然而，在大年初一，人类"空手出门，抱柴回家"的风俗及类似的祈福活动，让猴群误认为是被侵占家园，集体在树上上蹿下跳，时刻做好为保卫家园而奋力一搏的准备，无形中折断了很多树枝，使岩生红豆及其他多种植物的生存受到极大威胁。请人类在祈福的路上，多关注一下脚下及身边的生灵，也许一不留神，一个物种就会永远从黔灵山消失。

珊瑚、腕足类、双壳类、牙形石等丰富的古生物化石埋葬在沉积层中，不禁让人联想到几亿年前，这里可能是一片汪洋，鱼儿正在那里欢快地嬉戏。现如今，这里依然不缺水，潭、湖、泉和井应有尽有：沟谷积水成潭；拦大罗溪水，筑坝成湖；地下水出露地表成泉，在流水中复归地下，循环往复，源远流长。这里有一个奇泉，是迄今贵阳市留存最早的古迹，泉水每 9 分钟涨落一次，可验潮汐，名之圣泉。废弃的古井正上方为弘福寺，寺址乃第四纪冰川遗迹——冰窟，至今保存完好。弘福寺为黔中第一佛教丛林，年迈的老居士们不辞辛苦，每日为四面八方的来客准备斋饭，只为劝施主们少荤多素，简陋而安静的饭堂，让每位吃斋饭的人都能感受到身处佛祖脚下，自动禁止嬉戏打闹等不良行为，边吃饭边反思自己所做的一切。

集美学价值与科学价值于一身的黔灵山，教会了人如何与动物和谐共处，教会了动物如何与人类和谐共处，是市民的精神寄托、朝圣之地，是贵阳城的文化支撑。

39. 龙里草原
云上草原

地标名称：龙里草原 Longli Grassland
地标类型：自然景观
地理坐标：106°55′E，26°21′N
生态系统：草原生态系统

文＊蒙文萍　摄影＊杨成华　蒙文萍

核心价值：地标位于贵州省龙里县，与西部的花溪高坡和东部的贵定顶耳山共同组成黔中喀斯特高原台地，海拔1600米。台原面上由石英砂岩构成，形成83平方公里以泥炭藓 Sphagnum、莎草科 Cyperaceae 和禾本科 Gramineae 植物为主的草甸沼泽，有大量的泥炭沉积，是贵州省重要的碳汇地，是维持黔中水平衡的重要保障。

泥炭藓

黔乡中部有一台地，名曰龙里草原。海拔 1578～1674 米，拔萃于众多峰林、峰丛、洼地、残丘中，形似桌面，稍倾斜，西临花溪高坡，东接贵定顶耳山，共同组成喀斯特高原台地。台面由不易风化、不漏水的石英砂岩构成，多沼泽、水塘而无河流。可溶性碳酸盐岩垫底，溶洞、地下河穿行其间，上万年的风吹水蚀在平整的台面上划出 400 米深的峡谷。在满眼山高坡陡，亚热带常绿落叶阔叶林的黔乡，能有面积 83 平方公里的草甸沼泽生态系统，实属不易。

龙里草原海拔 1450 米以下是喀斯特山地阔叶林，林中最高层为多脉榆和鹅耳枥落叶乔木林。1450～1550 米为灌丛，1550 米以上的台地上演变为与湿冷、多雾、大风气候相适应的草甸沼泽生态系统，蓄水能力强，每年 1000 多毫米的大气降水，被湿地植物收之藏于身下，顺势流入峡谷养活那些比自己高大的同伴。它们不分种族，携手共进，一起维护家园安全。

平缓的台地上有禾本科、莎草科等植物组成的草地，也有一丛一丛金发藓与泥炭藓相间分布的沼泽湿地，不要被泥炭藓伪装成的草地所蒙蔽，若躺下休憩，你定会湿身。沼泽中的泥炭藓就像海绵一样，总是将水分尽量收纳起来，甚至将空气中的水汽也通过贮水细胞收集起来，只要你抓起来挤压，总会有水流出。它既可以断臂再生，又可以有性生殖，上身不断生长，下身因缺少阳光而变白，最后在缺氧环境下被微生物分解后形成泥炭土，每年只能沉积 1.75 毫米，不要小瞧那 1 米多厚的黑臭土，那可是上万年来一层一层累积的成果，每一层都代表着当时的气候、生物特征，是古环境演变的真实记录。

泥炭地是煤炭的前世，与气候变化息息相关，健康时可作碳库储存碳，受到破坏后，立即转为碳源，释放温室气体，加剧气候变化。并不是只有泥炭藓才能形成泥炭地，其他植物在低温积水缺氧的环境中经千百年磨砺也能完成黑公主的蜕变。

世人说每个人从出生开始都在奔往死亡的路上，最终都会化为一捧黄土。想来世间万物都是这般，落叶归根，化作春泥更护花，不过与活过千百年的树木相比，人类的区区几十年，谈笑间灰飞烟灭，何必斤斤计较，郁郁寡欢！像树像草一样浴雨而笑，乘风而跃，岂不快哉。

40. 八舟河
鸬鹚的情义

地标名称：八舟河 Bazhou River
地标类型：自然景观
地理坐标：109°7′E，26°15′N
生态系统：湿地生态系统

文＊冯 海　摄影＊杨成华 孙晓明

核心价值：该地标位于黔东南苗族侗族自治州黎平县，属于贵州东部变质岩包围的喀斯特丘陵区域，是清水江乃至洞庭湖的重要生态屏障之一。生物多样性丰富，苗侗文化中人与自然的和谐典范，有专门为普通鸬鹚 *Phalacrocorax carbo* 搭建的繁殖篷等。当地居民以侗族为主，形成独特的悬棺文化，是世界非物质文化遗产侗族大歌的发源地，也是红军长征的重要转折点——黎平会议的会址所在地。

鸬鹚

不是七不是九，独独是八。车辆限号吗？

八舟河，不限山，不限水，不限禽鱼虫兽，不限人不限仙，一切不限。

供八只小船撒欢儿的河，方圆 15 平方公里，足够了。崖壁上有鸬鹚，灌木里有红隼，领角鸮巡视着晚间的田野，斑头鸺鹠扯着嗓子喊。白尾鹞正逼近一只家养的小鸡，青鼬抽抽鼻子闻闻味儿，口水流在了搜寻老鼠窝的路上。水獭的家在水下，洞穴大宅，遛弯的工夫就能抓条鱼练练手。

黎平县城外的野外，八舟河的日子，小动物们美美哒。

八舟河本名亮江，条儿顺盘儿亮，大美女。八舟原来叫八洲，因为它共由 8 个河心沙洲组成，比地球还多一洲呢。

八舟河是长江水系清水江的一级支流，出露地层有古有新，周边地区主要是震旦纪的古地层，恰恰八舟河出露的是石炭纪、三叠纪的新地层，这就形成了常态地貌包围中的喀斯特地貌，发育成低山丘陵洼地、谷地。

该地属亚热带季风区气候，年平均气温 17～18℃，年降水量 1242 毫米，正是森林生长的最佳环境。这种环境对植被高度宽容，形成了以松杉为代表的针叶林，栲树为代表的中亚热带常绿阔叶林，多脉青冈、枫香为代表的中亚热带常绿落叶阔叶混交林，樟叶槭为代表的在钙质土上发育的中亚热带石灰岩山地常绿阔叶林，青冈、朴树为代表的石灰岩山地常绿落叶阔叶混交林，青檀、黄连为代表的石灰岩山地落叶阔叶林，还有竹林、灌丛……

基数大了，金字塔才辉煌。国家重点保护植物闽楠、樟、伞花木、金荞麦，这里都看得到。特别是伞花木，六十多株集中分布，在贵州全省十分少见。闽楠、厚壳树、朴树、樟叶槭、乌桕、青冈栎、柞木、云山青冈、皂荚等百年以上的古树，与人、与乡村、与周边，构成了自由往复的循环圈。

八舟河

古银杏树，生长在高屯镇湾寨村公路旁。树干高耸入云，根须不露。树高 43.5 米，胸径 2.15 米，树龄 800 年以上，宋朝那些事吧。

1992 年 6 月，在黎平县敖市镇玉田湾发现一棵杉木阴沉木，基径 2.36 米，已埋于地下 3600 多年。夏朝那些事吧。

沿八舟河，到了下乌鸦寨，前方峭壁上有一个大溶洞，洞高数十丈，洞口横放着木架。野鸬鹚们一排排站在木架上，像阅兵一般。河里银光乍现，一只鸬鹚飞身下河，活蹦乱跳地衔起一尾鱼来。再飞上木架，扇翅晃脑。老夫开饭喽。

侗族人爱鸬鹚。传说以前峭壁上并没有木架，鸬鹚在河里觅食累了，就栖息在洞里。某个泥石流暴发的夜晚，泥土夹杂着石块倾泻而下，把几只鸬鹚卷入河里，活着的鸬鹚发出阵阵哀鸣。侗族老乡深受感动，就搭起长梯，把溶洞建成一个鸬鹚的安全屋。鸬鹚与乌鸦都是黑羽毛飞禽，这里又总有鸬鹚栖息，附近的村庄名儿里也就有了"乌鸦"。

河里的笑声属于苗族姑娘们，美丽的河欢迎浴女。玩得嗨才洗得白，是八舟河的真理。姑娘们洗发用的是自家制的药皂，药皂也来自两岸的皂荚，纯天然，放心用。

两岸有蛇，乌桕树的果实可以入药，恰治蛇咬；当地潮湿，一种富含硒元素的绿茶应运而生，祛湿效果不错。

羡慕那棵杉木，那么能睡——水土好，睡在地下才舒服。

流水带走了光阴，光阴改变了人，但改变不了栖息者的舒适状态。

41. 清水江
订单林业诞生地

地标名称：清水江 Qingshui River
地标类型：生态文化景观
地理坐标：108°36′E，27°55′N
生态系统：自然-社会-经济复合生态系统

文＊冯海　摄影＊陈正军　杨胜华

核心价值：地标从贵州省黔南州都匀市一直横贯黔东南州，是沅江水系的主要发源地，具有将贵州东部丘陵与沅江、洞庭湖、长江水系连接为一体的重要生态廊道作用。河流两岸集中分布有大面积的杉木 *Cunninghamia lanceolata* 林，是我国南方重点林区。当地人民充分利用立地条件和人工林栽培与经营技术，创造了八年杉、十八年杉快速成材的高纪录。是中国历史上最早的订单林业发源地，形成独有的"锦屏文书"文化，对我国林业可持续经营具有借鉴意义。

① 杉木林
② 杉木王

清水江从贵州南面出发,像下楼梯一样,登登登登,曲曲弯弯,一直向东流,汇入长江。它历史悠久,在沿江剑河县八郎村的后山坡上,有一处距今5.2亿年的早、中寒武纪古生物化石群,包括三叶虫、盘水母、拉氏螺、蠕虫类、菌藻类等11类化石。此地就是地球古生物化石的摇篮。

清水江当然有鱼了,鲤形目最多,61种。为啥鱼爱住在这里?因为沿江分布有众多的山溪支流,有急流滩头,也有缓流渊潭,有日照香炉的直梯瀑布,也有水面阔大的水体豪宅。溶氧量要求高的马口鱼、洞庭华鳑,可以住水高浪急的险滩。草鱼、青鱼、瓣结鱼,可居于大平层缓流江段,这里的时间慢,车、马、邮件都慢。

渔民都说"七上八下"。每年农历七月以前,鱼儿从清水江干流游向支流,或从中下游游向上游产卵繁殖。农历八月以后,鱼儿们从支流游回干流,或者从上游游向中下游觅食越冬。走走走,游游游,天涯海角我过府又穿州。

如果见了白甲鱼,别抓,让它游远一点哈,因为它是濒危鱼种。

清水江的定居鱼里有一种鱼叫飘鱼。可它就这么"飘来飘去",愣是把本地"常住户口"给拿下了。

天柱段的清江两岸,崇山峻岭,温和湿润,土壤肥沃,是优质杉木的生产地。明清时期,清水江的木排满载杉木,顺流而下,经沅江、入洞庭、进长江、转运河,风风光光进了北京城。

黔东南富产杉木,其中清水江流域杉木蓄积量约3000万立方米,占了黔东南州总量的一半以上。打个比方,如果一棵杉木高30米,被密密匝匝地栽下,没有一点空隙的话,3000万立方米大约方圆1公里。

好像并不多,但不乏佼佼者。锦屏县的十八年杉,创下了每亩蓄积量48.6立方米、年生长量2.7立方米的高产纪录。

从明到清,清水江都是黔木出山最早、最大的通道。商贾络绎于道,由此带动了当地与中原、江南的木材贸易。贸易繁荣加速了山场田土流转买卖、租佃关系频频变更、种植采运收益计算,这些催生了"锦屏文书"。

种树不是种庄稼,一年一收,种植杉木三五年长成,二三十年才能砍伐。种树必须成林,必须同步生长、看护和砍伐,因此必须上规模,统一行动。山场主、栽种者、木材商,立字为据,规定种种,包括树木之间种多少稻子,但稻子不能争夺杉木的土壤和营养。种一茬杉木,半辈子就过去了。

苗族侗族兄弟的一纸锦屏文书,解决了当今中国乃至世界林业最头痛的植树可持续问题。凭这一张纸,少数民族兄弟就走在了中华民族大家庭的前列。

"锦屏文书"存世约30万件,反映林业方面的内容占了70%。它展示了清水江两岸居民在混农林业和人工林培育的经验、方法与社会契约,是一部林业经济、社会、生态的民间"史记",也是全球农林活动的活态记忆库。

每逢重大节日来临,这一纸文书就被老百姓请出来,供奉在神龛上。大家齐齐跪下,像祭拜祖先一样,温习一遍契约,温习某年某月的某一次庄严约定。

祖祖辈辈,年年如此。一苗下土,永不相负。

42. 岔河
腊梅河谷

地标名称：岔河 Chahe River
地标类型：自然景观
地理坐标：107°30'E，26°42'N
生态系统：湿地生态系统

文＊彭 涛 唐录艳　摄影＊彭 涛

核心价值：地标位于贵州省黔南州福泉市，属于喀斯特河谷地貌，河流两岸有保存较为完好的常绿阔叶林，河谷分布有大面积野生腊梅树 Chimonathus praecox，是凤头鹰 Accipiter trivirgatus、普通鵟 Buteo buteo、细痣疣螈 Tylototriton asperrimus 等珍稀生物的栖息地，也是沅江水系的发源地之一。其中的福泉山是张三丰悟道之处，曾经的道观仍保存，被视为道教传统文化的保护地。

虫草

岔河位于贵州省中部，黔南布依族苗族自治州北部。所在福泉市地理区位优越，是大西南出海的主要通道和华东、中南地区通往大西南的咽喉要道。岔河包括岔河湿地和福泉山，是福泉市最有魅力的地方。

岔河湿地位于福泉市西部城郊，包括洒金谷、高车水库等地，属于全国西南喀斯特土壤保持区，是以岩溶环境为背景的特殊生态系统，境内有河流沼泽、沼泽湿地、人工湿地三类湿地，涵盖了永久性河流、洪泛湿地、草本沼泽、库塘和稻田五个湿地类型。

走入湿地中，可以尽情地欣赏河流湿地峡谷风光。湿地内有展示长廊顺应山势紧贴岩壁在山腰间穿越，从高处俯视卫阻河峡谷，河流对岸的山林也映入眼帘，并依稀可见对岸树林中的飞鸟，水流声、鸟鸣声、风声不绝于耳，长廊两岸既可见一线绝壁，又能见山石画壁，或利用河岸平地亲近河岸滩涂，漫步卫阻河滨，可见滩石清瀑，慢慢仔细欣赏湿地植物风景，听潺潺流水，品鸟鸣山幽。有时也能见到有长距离迁徙的越冬猛禽普通鵟和全身披鳞甲、天然具备优秀的打洞穿山能力的穿山甲。

湿地的河谷中分布着大片腊梅树，约有数百棵，每到12月和1月，腊梅花在霜雪寒天傲然开放，腊梅花铺满整个峡谷，花黄似腊，浓香扑鼻，高风亮节、傲气凌人，腊梅花使整个峡谷充满了浩然正气。

岔河湿地除了大片腊梅树景观，还有大片的虫草分布。虫草是平时只能在青藏高原上分布的奇特昆虫与真菌的结合体，具有很高的药用价值。但是生成不易，必须在特殊的生境中，由球形的子囊孢子感染特殊昆虫幼虫而成，位于贵州中部的岔河湿地能够满足虫草形成的条件，意味着这里的特殊的小生境能同时满足昆虫和孢子的生活要求。

岔河湿地的虫草是亚香棒虫草，中文别名霍克斯虫草，为麦角菌目麦角菌科虫草

腊梅

菌属，生于林中落叶层下的鳞翅目幼虫上，每当夏季，鳞翅目昆虫将千千万万个虫卵留在花叶上。继而卵变成小虫，钻进潮湿疏松的土壤里，一旦孢子遇到幼虫，便钻进虫体内部，吸收其营养，萌发菌丝。受真菌感染的幼虫，逐渐蠕动到距地表2～3厘米的地方，头上尾下而死。并在来年春末夏初，虫子的头部长出一根紫红色的小草，高约2～5厘米，顶端有菠萝状的囊壳，这就是"夏草"。岔河湿地的亚香棒虫草是岔河湿地生态系统中动物和植物结合的天然产物，是真菌与昆虫的完美结合。

湿地内有一溶洞，该洞有多深多远至今无人探过，有说数十里，有说数百里，洞内神秘幽深，钟乳发育丰富，洞内流出的水，水量大，形成小溪，深不过膝，谓之奇就在于所流出的水呈乳白色，但不是因为污染所致。在整个约3公里的林荫溪涧，有数条飞流直泻而下，仰望似天上飞来，珠玉满面。进入幽峡的尽头，一个高70余米、宽约10米的大瀑布跃入眼前，水势宏大，水声如雷。整个瀑布由三叠组成，每一瀑布脚部都有一个深潭由下而上，曰为"浴仙潭""香水潭""玉女潭"。

相传洪武二十五年，张三丰从云南看望弟子沈万山返回武当山途中，路过岔河，见岔河旁的福泉山林木葱郁，山形奇绝，与犀江形成天然的太极水，是道家修炼的绝佳之地，遂在此居住修炼三十年。

43. 花溪湿地
一溪走过百花开

地标名称：花溪湿地 Huaxi Wetland
地标类型：自然景观
地理坐标：106°40'E，26°26'N
生态系统：湿地系统

文＊汤晓辛　摄影＊陈正军　曹经建

核心价值：地标位于贵州省贵阳市花溪区，属于喀斯特高原上的河流湿地，是云贵高原东部湿润低山丘陵区原生环境的缩影，具有陆生-挺水-浮水-沉水完整的湿地植被类型，有鸳鸯 *Aix galericulata* 等珍稀生物分布，湿地生态功能完整，是贵阳市母亲河——南明河的发源地，也是城市与自然融合的最佳典范，充分体现了自然对城市发展的重要意义。

钳嘴鹳

  一条充满野性的河，自西向东，静静地穿过两岸郁郁葱葱的树木。从左右两边环绕两个小岛后，转而向北流去。一路上，与山脉相伴，沿途满是花香鸟语，并行十余里。

  你一定以为这是一条荒郊野岭的溪流。不！这是坐落于贵阳城市中心的花溪国家城市湿地公园。

  花溪河是湿地公园的主体，水面碧波荡漾，清澈见底。据说"花溪"的"花"得名于早年仡佬族花样繁多的服饰，而今春夏时节，河面总会飘荡点点花瓣，让人更喜欢繁花似锦的溪水这一意境。花溪水质达二类水标准，是贵阳市数百万居民重要的供水点，它穿过车水马龙的闹市，丝毫不减其恬淡安详的特质。"爱河"是花溪河的另一个昵谓，这得名于巴金和萧姗，周恩来与邓颖超在河上泛舟的身影。而花溪河如母爱般的润物无声，静静养育着这片土地上的生灵，岂非不是对"爱河"的另一种诠释？花溪河，承载着贵阳数代人的浓浓情感及永恒的喜爱，因为那清澈的水、安静的桥、灵秀的山及那一条不亲临无法体会的黄金大道。

  水的旁边是大将山，山上植物茂盛，有针叶林、落叶阔叶林、常绿阔叶林。一年四季山上都有绿色，在春秋两季有时会有五彩的颜色点缀在绿色的森林中，那是树叶变色的样子。花溪河流经湿地公园各个区域，把各种类型生态系统有机地联系起来，形成河流、瀑布、浅滩、池塘、沟渠，形成多变的景观格局，为各种生物营造了安全的觅食、栖息、繁殖场所，形成连续性和完整性强的河流生态廊道，为物种生存和发展提供了良好空间，具备巨大的生态价值。

  湿地公园内有维管束植物495种，其中湿地高等植物51种，有国家二级保护植物香樟、榉树、牡丹和杜仲，其中海菜花是贵州特有种，仅长在湿地中，由于近年湿地的破坏，目前已属濒危植物。国家珍稀保护动物有大鲵、鸳鸯、游隼和红隼等。绿翅鸭、董鸡、扇尾沙锥、彩鹬、钳嘴鹳等候鸟，已经成为花溪湿地公园的常客。

花溪实验田，不大起眼的风景，一片神奇的湿地。自花溪公园出发，首先是荷塘，好美的荷花，荷叶下，是黑水鸡的天堂。秋天荷叶枯萎，满目苍凉的荷塘，到处是莲蓬的残枝和荷叶的残骸，黑水鸡依然在那儿，欢快地觅食。等等！那片枯黄的荷叶，竟然在移动，是只鸟。对！你没有看错，那的确是鸟，是擅长隐蔽的扇尾沙锥。仔细一看，这里一只，那里一只，褐色的羽毛上镶嵌些斑点，与枯黄的莲蓬残枝和荷叶残骸浑然天成，信手拈来的天然伪装。

继续前行至成片的水稻田，董鸡若隐若现，偶尔警觉地抬头东张西望，喙上红色的骨板格外显眼。董鸡原本并不稀奇，但随着城镇化的快速发展，栖息地越来越少，贵阳市周边很难再见董鸡，但是花溪实验田，属于董鸡。秋天，水稻已经收割，彩鹬来造访，彩鹬，彩色的鹬，那么美，那么艳。白鹭、苍鹭、池鹭依然在那儿守望，一些鹬和鸻也悄悄到来，在田里安静觅食，你若不来，我便不动，你若到来，我便起飞。黑鸢常年守望这片稻田，普通鵟只是冬天才会拜访，不用太劳累，只需安静地等，寻找合适的机会，自然丰衣足食，乐此不疲。

2006年，钳嘴鹳被记入中国鸟类的史册，2010年8月首次在贵州被记录到，体型很大，全长可达81厘米，长着一张豁豁的嘴，上下嘴不能完全闭合。钳嘴鹳主要以螺类为食，嘴上的缺口正好稳稳夹住食物，完整送入口中，直接咽下。它们生活在热带，喜欢潮湿和雨量充沛的觅食地；春夏两季，会从热带向北迁徙，花溪湿地是它们的一个驿站。钳嘴鹳是社会化程度很高的生物，彼此分工合作，也会和其他物种混群。在花溪湿地公园常常可以看到小白鹭和钳嘴鹳在一起和谐相处的场景。钳嘴鹳平常非常安静，偶尔发出深沉的哀鸣，虽然近几年钳嘴鹳在国内不难看见，但其庞大的体型和还算优雅的姿态，还是让它成为了花溪湿地公园夏季一道亮丽风景线。黑水鸡是花溪湿地公园常见的水鸟之一，青黑色的羽毛，通红的嘴，尾羽上两块白斑，非常醒目。黑水鸡的水性很好，警惕性高，远远地看见人立刻躲进苇丛，或入水潜行躲避危险。黑水鸡虽然擅长水性，但飞行的技能却不敢恭维，常常可以看见黑水鸡展现"水上漂"的功夫，在身后留下一道水痕，往往腾空不久，就会落回到湿地中间。花溪湿地就是一个舞台，这里可以没有掌声，但不能没有黑水鸡。

水墨黔乡：66个贵州生态地标

44. 格凸河
成就雨燕家园

地标名称：格凸河 Getu River
地标类型：自然景观
地理坐标：106°16′E，25°40′N
生态系统：森林生态系统

文＊蒙文萍 陈尽　摄影＊方忠艳 石牌垌

核心价值：地标位于贵州省安顺市紫云苗族布依族自治县，形成一山有5洞且洞厅很高的穿洞、盲谷、竖井、通天洞等喀斯特溶蚀地貌。地标保存有完整的亚热带常绿阔叶林生境，是国家一级保护动物黑颈长尾雉 Syrmaticus humiae 在贵州省的唯一分布地，拥有刺脉卷柏 Selaginella spinulosovena、附生兰科植物麻栗坡兜兰 Paphiopedilum malipoense、小叶兜兰 Paphiopedilum barbigerum、硬叶兜兰 Paphiopedilum wardii 等珍稀植物，地标穿洞有大量小白腰雨燕 Apus nipalensis 栖息，形成独特景观，同时是苗族的亚鲁王与洞葬悬棺及洞中人家等传统文化的保护地。

小白腰雨燕

格凸河在苗语中意为"跳花圣地"。每年正月初三到十五,贵州安顺等地的苗族人都会举行跳花节,也称亚努节,未婚男女青年穿着本民族盛装,吹着芦笙,唱着情歌,聚在一起,寻觅自己的心上人。

格凸河长128公里,流域面积2441平方公里,横跨安顺、平坝、长顺、紫云、罗甸等县,算是一条大河了,但让它真正扬眉吐气的却是地质与水力作用形成的世界上最高的古河道遗迹——穿洞,举世无双的大穿洞——燕王宫,巨大幽深、气势恢宏的世界第二大洞穴厅——室苗厅,高370米、宽200米的国内最大的岩溶竖井及盲谷,山顶洞等喀斯特溶蚀地貌。一山有5洞,洞洞相连,景致各异,巧夺天工,此景此情,世间少有。

喀斯特地貌之下奇幻无穷,地上是受亚热带夏热冬干季风影响而形成的地带性植被亚热带落叶阔叶林和亚热带常绿落叶阔叶混交林,保存完好、原生性强,生物多样性丰富,有蕨类植物新种次脉卷柏,还有红豆杉、方竹、榉木、带叶兜兰、硬叶兜兰、麻栗坡兜兰、石豆兰属、羊耳蒜属等珍稀植物,以及黑颈长尾雉、小白腰雨燕、猴面鹰、红腹锦鸡等珍稀动物。

燕王宫居住着数万只小白腰雨燕,疾速如箭,边飞边叫,早晨一般在附近的陡峭崖壁边活动,上午9~10时后会飞到20公里外转悠,阴云密布时会掠地而飞,晴天则高飞于蓝天白云间。它们选择在不漏雨的悬崖峭壁缝隙中安家,雌雄共筑爱巢,一般会选择灯芯草、早熟禾、莎草、苔藓及少量的仙女木叶、杜鹃叶等植物搭配羽毛,用自己的唾液,粘着成坚固的巢穴,巢沿较厚,边上有一凹口,供亲鸟放尾巴。小白腰雨燕是森林益鸟,主要吃叶蝉、蜻蜓、食蚜蝇、寄生蝇、蝇、蚊等害虫,是森林的守护天使,但是完美人生不是每个生物都能拥有的,天使也有害怕的东西,经常受红隼之类的猛禽及大嘴乌鸦的欺负,没办法,这就是自然规律,低营养级的生物供养高

石牌洞

营养级的生物,这种取食关系也是维持生物种群数量恒定的关键,也是生态系统稳定的必要条件。

格凸河周边以苗族和布依族为主,河岸传颂的《亚鲁王》史诗,陡崖边的悬棺,山洞中先祖古墓,以及至今仍生活在洞中的"山顶洞人",储粮的圆仓和独特的吊脚楼等都是朴素而又珍贵的历史传统文化,也是与自然相融的生态文化。

45. 红枫湖 - 百花湖湿地
岛屿两百多，问君有几湖

地标名称：红枫湖 - 百花湖湿地 Hongfeng and Baihua Lake Wetland

地标类型：自然景观

地理坐标：106°32′E，26°39′N

生态系统：湿地生态系统

文＊蒙文萍　摄影＊郑铁　陈旭　杨炎冰

核心价值：地标位于贵州省贵阳市西部，横跨清镇市、安顺市平坝区及贵阳市观山湖区，属于黔中岩溶化山原，是长江水系与珠江水系分水岭上因早期水利工程而修建的人工湿地，形成岛屿 238 个，周边分布有鸳鸯 *Aix galericulata*、斑头雁 *Anser indicus*、赤麻鸭 *Tadorna ferruginea* 等水禽，是贵阳市重要的饮用水源。

百花湖的斑头雁

"西子三千个,群山已失高,峰峦成岛屿,平地卷波涛",这是郭沫若先生赞美千湖岛的美句,但要是用在赞美黔中高原盆地区域红枫湖与百花湖,那就略为逊色了。两湖不仅确有大大小小的岛屿238个,而且每个岛屿都各具特色,充满生机。水虽柔,可千回百转,但在喀斯特地区,因水量少,很难形成如此多的岛屿。红枫湖与百花也曾过着自由奔放、无牵无挂的逍遥日子,但20世纪50年代末至60年代中期,两湖的命运因修建水利工程而改变,从此再也不是不食人间烟火,而成了兢兢业业为贵阳市提供水源的专职湖泊。

红枫湖与百花湖位于乌江支流猫跳河之上,红枫湖在上,百花湖在下,中间由老马河相连,形成梯级水库。红枫湖集羊昌河、麻线河、后六河、麦翁河、麦包河5河之势,成为东西宽约9公里,南北长约16公里,面积57.2平方公里,大小岛屿135个的湖中一霸。百花湖的猫跳河、长冲河、东门桥河、麦城河、麦西河、板坡场沟6河之真传,形成14.5平方公里的水面,大小岛屿103个。

两湖"身居要职,公务繁忙",但因周边环境好,陆生、挺水、浮水、沉水生物应有尽有,其中高等水生植物65种,包括爱干净、喜酸性的珍稀濒危植物云贵水韭,"水质检测员"海菜花,以及贵州特有种贵州萍蓬草,常年还有各种水鸟相伴。常驻者有骨顶鸡、小䴙䴘等80余种生物,来"度夏"的有28种生物,它们也想感受一下爽爽贵阳的清凉夏日。来此过冬的有41种生物,还有10多种生物只是路过此地,暂居一小会。两湖不一般,不仅水脉广,而且五湖四海皆是友,北方的绿头鸭、赤麻鸭、斑头雁等,冬天都会来此一聚。

有朋自远方来,不亦乐乎?来相聚者,性情各异,有嗓门大的赤麻鸭,也有个子大、胆儿小的斑头雁。它们吃饭、睡觉、运动都要在一起,而且总会有一只勇敢的领头雁站岗放哨,一旦发现危险,就通知朋友进入戒备状态,飞往安全地带。问世间万物能

红枫湖景观

有几位敢穿越珠穆朗玛峰者,但斑头雁可以,它能够承受仅有海平面30%的氧气浓度,甚至可以在海拔10700米的高空停留一段时间。别看斑头雁头顶有两道黑色羽毛,带点痞气,但是人家对爱人非常忠贞,一旦确定关系,终生不变,可谓是"执子之手与子偕老"的最佳写照。

好生羡慕斑头雁平淡而又真实的日子,但也会被贵州萍蓬草为等待一场轰轰烈烈的爱情而深深感动。百花争奇斗艳,恨不得全世界就我最美,然而贵州萍蓬草,不谙世事,开花时总是一个一个排着队,为其他兄弟姐妹留足够的时间来绽放一生。它们在开花时如果遇到下雨天,水面上升,就会立刻关闭开花按钮,转而生长花梗,直到出露水面,再继续开花。人生不易,花生也不易,只为开出属于自己的花朵,只为遇一良人终老。生物千奇百态,各有各的生存之道,作为旁观者,我们可以不理解,但至少要做到尊重。

水墨黔乡：66 个贵州生态地标

46. 岜沙苗寨

人与生命树，生同日死同穴

地标名称：岜沙苗寨 Biasha Miao Village
地标类型：生态文化景观
地理坐标：108°52′E，25°43′N
生态系统：自然 - 社会复合生态系统

文＊黄怀凤　摄影＊郑 铁 杨成华 龙令炉

核心价值：地标位于贵州省东南部从江县的月亮山山麓，属于月亮山山麓中低山区，由 5 个苗族自然村寨组成，村寨周边生长着茂密的常绿阔叶林，分布着红豆杉 Taxus chinensis、银杏 Ginkgo biloba、榉木 Fagus Sylvatica、鹅掌楸 Liriodendron chinensis、猕猴 Macaca mulatta、红腹锦鸡 Chrysolophus pictus、蛇雕 Spilornis cheela 等国家保护物种。村内居民有强烈的自然保护观念，对人与自然关系有朴素的理解，有树木种植与保护的习俗及相应的节日习俗，强化对族群的自然教育，反映了贵州苗族对守护良好生态环境的理解与对世代家园的热爱。

杉木林

　　都柳江自西北向东南静静流淌，江水绕过从江县东部的月亮山时自北向南而流。江水先接纳了从月亮山北面而来的龙江小溪的溪水，再接纳南边抛物线似的雍里河的河水。三面的水勾勒出了这里在当地人心目中村寨的轮廓——一匹战马。这匹战马背靠森森古木，腹有耕地，心为苗寨，寨名：岜沙。"岜"为芭芒草多，"沙"是杉树繁多。贵州黔东南"苗族"在苗语中称"猛"或"蒙"，而"猛"或"蒙"在苗语中意为"树心"。一切似乎都注定了这是一个与树密不可分的村寨。

　　岜沙苗寨就是一幅月亮山山坡上的写意画：溪水、河水、江水三面环绕，坡上点缀灰黑色吊脚楼屋顶，外围古树葳蕤蔓延至寨中、山顶，山麓稻田衣带般层层叠叠。在岜沙，大自然是画笔，当地寨民是画匠。

　　村寨建筑让出的山脚、溪谷都是土层较厚、土地较为肥沃的地带，这样既可营造较为舒适安全的居住环境，又宜于耕作，于是层层叠叠地环绕在月亮山脚下的便是当地村民口中的"腰带田"。"腰带田"完美诠释了当地寨民的生态智慧：农耕时节，田地里种上水稻，陪伴水稻生长的还有鱼、螺蛳、青蛙、鱼鳅、黄鳝等，同时在田坎边还有水芹菜、广菜等。岜沙人将离住所不远的荒山、草坡改造开垦成菜园地，用来种植玉米、黄瓜、大蒜、大葱、豇豆、红背菜等，另外还种植用来染布的蓝靛。当地人所穿的衣服，从种植棉花到纺线织布到最后的浸染完全靠自己——田里的蓝靛是天然的染料，枫香树的脂液是最好的固色剂。

　　从吃、穿到住，岜沙人都在充分地发挥着自己的才能：岜沙苗寨因地理位置的不同，过去取水大多肩挑背扛取于山脚的溪河，或在寨内掘井取水，但是水源仍较紧张，所以现今特意建造水渠、蓄水池或水井，均加盖或设围栏管理。蓄水池设置在房前屋后，水源来自天然降水或水渠补给，节省大量输水的人力，水池的换水采用的是自身排水系统，水池蓄满后，多余的水经水渠排出，保证了水质的洁净，蓄水池边上种植各类植物，如水竹、空心菜、肾蕨等，有的在水面上栽植睡莲，丰富水面的空间层次。

村寨中形成的大大小小、星罗棋布的水塘和泉井散落于民居间，与民居周围的田园风光、天然植被浑然成为一体，使之成为村寨景观中的又一个亮点。

大自然留下了参天的古木：有达49米高的，有直径超过1米的，有年龄300余岁的。在这里自然生长的树种有樟科、木兰科、松科、榆科、胡桃科、木通科、杉科、杨梅科、桦木科、壳斗科，在其生长的植被种类中，苔藓植物和蕨类植物较多，也十分丰富。岜沙的古树群主要是原生的木荷、枫木、香樟木、红杉和马尾松等。寨子里仅有300余户人家，2000余人，除了1000余亩的耕地便都是林地，有神秘的坟山林，也有天然林、人工用材林和经济果园。

树，对于岜沙人来说是神圣的，每一个孩子降生，父母都会为其栽种下一片杉树，等孩子长到两岁左右便要将其中的一棵选作他的生命树，其余的树就是未来的房屋建材、结婚陪嫁。生命树陪伴孩子一生，岜沙人死后实行树葬：将生命树砍成两筒，破成四块，一块做底，两块做左右板壁（或叫做墙），放入墓穴中。这是一个没有人扫墓的村寨，因为死后没有坟墓，只有重新栽种下的杉树或柏树，最后就形成了坟山林。家族坟山林，有的宽达10多亩，最小的也在3亩以上。当晨曦从月亮山上照下来，北面、南面、东面的小溪、河流、江水升腾起来，使得整个寨子云烟氤氲，仿若仙境。云雾拥抱着寨里的参天古木，也拥抱着世世代代村寨人的魂灵。

岜沙男子自小就会留"护棍"的发型，成了中国旅游景区中唯一一个看民族风情是看男人的地方。岜沙男子用镰刀剃头，他们认为只有将周围头发剃掉，中间的"大树"才能茁壮成长。岜沙人染布离不开枫香树，岜沙是最后一个可以持枪的民族也与树有直接的关系：岜沙苗寨的最高处在"香樟亭"，此处原有一棵非常古老的香樟树，被人们称为神树。毛主席去世后，人们砍了这棵神树，刨出了树根，神树被拖车拖走时，村民赤脚追了7公里。回来后集体在树坑旁跪了两三天。政府就在树坑处修建了一座亭子——毛泽东香樟木纪念亭。毛主席水晶棺下面的木托就是来自于这棵古神树。所以，这个村寨就受到了政府和百姓的保护，政府还特别批准该寨子的男人可以携带火药枪。

就是这样一个"人树同体"的村寨，让人们知道了什么叫做真正的"人与自然"。在这里，寨民拥有生态智慧，大自然才能郁郁葱葱。

47. 加榜梯田
诗意的稻鸭鱼

地标名称：加榜梯田 Jiabang Terraces
地标类型：生态文化景观
地理坐标：108°35′E，25°35′N
生态系统：自然 – 社会 – 经济复合生态系

文 * 丹 菲　摄影 * 李贵云

核心价值：地标位于贵州省黔东南苗族侗族自治州从江县，在云贵高原向广西丘陵地区过渡的斜坡带上，在变质岩发育的陡峭山体上，当地少数民族构建了规模宏大，气势磅礴，既有涵养水源、改善小气候又具生产粮食等强大功能的水田农耕系统，其独特的"稻 – 鱼 – 鸭"耕作模式是将生态知识用于实践的成功案例，周边极具少数民族风情的村寨是兼生态文化与美学价值为一体的古建筑，被选为全球重要的农业文化景观。

①②加榜梯田稻作

山峦、梯田、清流、鱼群、鸭影、村庄，再加一阵风吹来的鸟鸣，一派亘古的田园风光唤醒人们记忆深处的泥土情怀。这是失去翅膀的人类降落大地后建立的家园，心所沉醉的家园：辽阔、壮美、奇诡、婉转，仿佛妙不可言的虎斑花纹。

加榜梯田位于贵州省黔东南苗族侗族自治州从江县西部月亮山腹地的加榜乡东北面，距离从江县城80公里，总面积近1万亩，主要分布在党扭至加榜的公路两侧。这段公路长约25公里，途径党扭、加页、加车、从开、平引、加榜及加车河对岸的摆别、摆党等村庄。一条河流将两岸的梯田串联，形成壮观的农田湿地景观。

为了适应从江高山峻岭、丘陵起伏、森林茂密的自然环境，苗族先民经过长期的探索，在丘陵地区依山开垦梯田，种植稻谷，实现了对半山地区自然环境的人工改造，加榜梯田就是其中的杰出代表。

为了增加土地利用率，除了对水资源的管理利用，加榜梯田还从附近的少数民族那里学习沿袭了一套古老的"稻－鱼－鸭"的生产方式。一年四季，加榜梯田之水从不倒空干涸，兼有鱼塘和稻田的功能，与河流、池塘、草地等构成一片生机勃勃的湿地生境。每年正月备耕前，憨态可掬的鸭崽首先被放入水田里，直到农历三月初水稻播种；然后开始撒鱼苗，到四月中旬插秧时，鱼个体很小，稻鱼共生；等鱼苗长到5厘米以上时，稚鸭再次放入水田里；而当鱼苗体长达到8厘米以上时，成鸭也放养其中；这之后的112～137天，稻、鱼、鸭和谐共生；水稻收割前期，稻田再次禁鸭，农人抱回成熟的庄稼连同田鱼；之后，稻田再次向鸭开放。这个人工干预的农业生态循环系统，充满"平等、互助、分享、包容"的智慧。

每一块稻田都是一个平衡精致的小世界，围绕着"稻－鱼－鸭"的生产方式，农人培育出数十种优质传统糯稻，同时还共生着多达百余种的其他动植物。除人工养殖的鲤鱼、草鱼、鲫鱼、水鸭、三穗麻鸭等鱼鸭之外，还有水下隐秘的螺、蚌、虾、鳖、蟹、

小鲵

泥鳅和黄鳝等野生水生动物,以及茭白、莲藕、慈姑、水芹菜等野生植物在水面之上迎接阳光。但这个小世界并不是一个单纯封闭的微循环,它与周遭的森林植被、村寨人文等相互渗透和支持,构成一个更大的生态系统,价值鲜明。2011年联合国粮农组织将其列入全球重要农业文化遗产,具有人类史、社会史、宗教史、生物史等更广泛的文化意义。

森林、河流、梯田和村庄的四度同构特征,显示了人类顺应自然的智慧。梯田上方,矗立着茂密的森林,形成并涵养了下方的溪涧、河流、池塘和稻田之水。这股活水保证了旱时不崩,涝时不溃。人类在自身的生存发展中,懂得顺应那股势力,押了那个韵律,人与自然便高度协调,可持续发展的循环生态系统不再是多么令人不安的奢求。加榜梯田的农业生态系统便是一个成功的亮点。

梯田依山而开,随山附形,因此有了高低、大小、长短、肥瘦等生动变化。于陡坡上开垦出局部平整的田地,再叠罗汉一般创造出生动的平衡。近看恍若平地,远看仍是山坡。可谓一步一景,一步一智慧。低头劳作,抬眼看天,太阳和云朵为这片大地增添了光芒和色彩。这是一个梦幻之地,季节轮回,人心安定。一切都刚刚好,没有一片雪花落错地方,没有一个生命走丢灵魂。

错落有序,而又一起成长。加榜梯田的故事写在大地之上,活水之中。湿地生境蓬蓬勃勃,苗族人民在有限的土地上立体栽培,一田多用,收获了温暖香甜的多重果实。

48. 增冲侗寨
侗不离水，侗不离鱼

地标名称：增冲侗寨 Zengchong Dong Village
地标类型：生态文化景观
地理坐标：108°54′E，25°45′N
生态系统：自然 – 社会复合生态系统

文＊水 伊　摄影＊邹学军　潘永荣

核心价值：地标位于贵州省黔东南苗族侗族自治州从江县往洞镇增冲村，属于黔、湘、桂三省交界处的九洞地区，三面环水，背靠山，周边森林植被原生性强，多百年红豆杉 Taxus chinensis。增冲侗寨是侗族地区传统生态文化的经典代表，其"稻－鱼－鸭"农田系统，水循环系统与风景林、鼓楼、风雨桥等建筑艺术一起承载着极高的村落环境营造艺术及传统生态智慧。增冲侗寨每样布局都与自然紧密联系，因从未发生过火灾水患而著名。其中，增冲鼓楼为侗寨地区规模最大的鼓楼，是国宝级文物保护单位。

增冲侗寨鼓楼

分明是抢了人家鹅的地盘。不过,也许是神迹。

增冲侗寨意即侗地最好的寨子。

传说增冲侗寨当初是一块棉花地,一只母鹅每天进入棉花地产卵,一天一枚,一段时间以后,鹅妈妈领着一群小鹅出现了,鹅妈妈美丽而小鹅们健壮。棉花地附近的侗族先人们想,也许是块风水宝地呢,把寨子盖在棉花地上吧。就是现在增冲侗寨的样子,高处看,增冲侗寨像一枚大鹅卵。

侗族古歌相传,寨子建成八十八年后,增冲侗寨人建了鼓楼。鼓楼始建于康熙十一年(1672年),被誉为侗寨第一鼓楼,位居寨心,周围聚着两百多户人家,全是侗族。

增冲侗寨的鼓楼,外观模仿杉树,全木结构,是寨中最高建筑,高25米共13层,占地面积160平方米。内四大柱构成锥形方架,外八支柱将四大柱团团围住,以穿枋与内四柱相连,呈辐射状。最上面两层是八檐八角的伞顶,不脱离杉树原状,糅合汉族密檐多层佛塔设计,形成下大上小的宝塔形。

1997年国家邮政部发行《侗族建筑》邮票一套四枚,其中就有增冲鼓楼。

议事、教习、救火、御敌、治安、解决纠纷、惩戒偷盗、明确男女关系,包括沉塘,都是在鼓楼议定的。乡规民约在这里制定和发布并且立碑为证。

侗寨有三宝,鼓楼、大歌、花桥。

多声部的侗族大歌,蝉鸣鸟叫,行云流水,是人和大自然的唱和。

增冲侗寨有三座花桥。花桥也叫风雨桥,是一种长廊式木结构桥梁,由廊、桥、亭三部分组成,是侗寨特有的交通设施,兼有保护村寨风水的职能,族人歇脚、纳凉、摆古、迎来送往、谈情说爱,都选这风啊雨啊一座桥。

侗寨有萨坛,祭祀萨岁女神。

除此以外,还有一系列女神。比如庄稼婆、酒曲婆、桥头婆、井婆、山坳婆、专管恋爱婚姻的迷魂婆，以及天花婆、偷孩婆、雷婆等。

不得不承认，那只鹅还是有眼光的，增冲侗寨所居的棉花地三面环水、一面是山。族人还在背山的一面开凿了引水渠，明水暗水，实际上是四面环水。

侗族是贵州世居的少数民族，人口 162.85 万，占全国侗族人口的 56%，其余侗族分布在湖南、广西等地。贵州侗族大多聚居在黔东南的锦平、剑河、镇远、天柱、三穗、岑巩和铜仁地区的铜仁、玉屏和江口等县。其中，居住在黎平、从江、榕江的侗族称南侗。

侗族人是百越人后裔，古歌中讲到，其祖先"造只船儿，撑上河来"，沿西江上游及支流如都柳江到达湘、黔、桂交界地。

贵州侗族聚居地有九溪十八侗之说。依山傍水正是侗族建村立寨的原则。

增冲侗家人会养寨，拿什么养？水。

增冲侗寨东面靠山，两溪在东南角交汇，经村寨的南、西、北，最后从东北角流出，寨东地势稍高，其他地方微微向河道倾斜，对排水十分有利。寨中石板古巷道、水渠网络建于清康乾年间，防洪堤、码头建于民国初年。

增冲人把这些沟渠水看成用来养寨的。一是养鱼塘。养鱼塘需要这些沟渠，增冲侗寨鹅卵状地形由河流冲击形成，底部多沙石结构，不保水，每天都需流水补充。二是防火。增冲房屋密集，木结构居多，须时常保证村寨有水，以防万一，鱼塘兼有消防功能。三是排除村寨生活污水污物。四是人畜饮用。特别是养鸭，沟渠的水对鸭尤为重要，鸭是当地人除鱼以外蛋白质的主要来源。五是用水磨坊来加工粮食稻谷。六是利用溪流的自然力运输木材。七是发电。从前村头村尾建有两座小型发电站。

侗不离鱼，是说侗族人爱吃鱼。爱吃鱼就要养鱼。怎么养？三种方法。一是利用"稻－鱼－鸭"耕作系统，田里种水稻，同时养鱼养鸭。二是鱼塘养鱼。三是鱼窝养

①② 增冲侗寨景观

鱼。所谓鱼窝就是河道中水流较缓河底较深的地方。鱼窝养鱼主要在村寨周围的河段进行，传统上增冲的鱼窝由家族管理和使用，同时负责本河段的治理养护。

增冲侗寨森林覆盖率高达80%，两溪交汇绕村而过，寨子不受风灾影响。植被区系属贵州高原东部林区与华南林区毗邻地带，今划为贵州黔东南植被小区，气候温和，雨量充沛，植物生长发育快，林木、藤草、真菌、苔藓植物种类丰富。

沟渠水网及森林高覆盖率，使增冲侗寨数百年来未发生一起火灾，百余年来无一场水患，这在以木构建筑为主体的侗族地区是一个奇迹。

增冲侗寨位于贵州省从江县往洞乡，距县城90公里，因地处偏僻，文化得以保全。时至今日，当地侗家人忌养鹅，怕鹅族兴旺抢了子孙的风头。

49. 登鲁村
楠木风景林

地标名称：登鲁村 Denglu Village
地标类型：生态文化景观
地理坐标：108°20'E，26°37'N
生态系统：自然 – 社会复合生态系统

文＊刘艳丽　摄影＊陈正军　刘保党

核心价值：地标位于贵州省东部的雷公山北麓，属于常态地貌森林区域的苗族村寨。海拔900～1300米，村落布局中除了吊脚楼、风雨桥、踩鼓场、青石步梯、土地庙等文化空间，在村落南边的沟谷溪流中与青石步梯旁还分布着2万多棵楠木组成的风景林，是村寨环境营造系统的重要组成部分，是国内集中分布、面积较大的楠木林。楠木是中国文化中地位卓越的林木，也是自然演化中较为顶级的植被群落，400多年来村民与楠木风景林共生存，为保护自然制定了严厉的"三个一百二"乡规民约，反映了村民对人与自然关系的理解、守护自然的信仰及对美好家园的追求。

青石步梯旁的楠木

"从森林中来,到森林中去"是现代森林城市建设常常提的一句口号,可是,真正把这点实践到最好的是雷公山北麓有400多年历史的苗族村寨登鲁村。

登鲁村位于黔东南苗族侗族自治州台江县台拱镇,距离县城12公里,登鲁村有136户,554人。登鲁村村民遵古训,世代守护村寨周围的2万多棵楠木树,保留了今天国内最大、最连片的一片楠木林。现在,村寨中两人合抱的楠木有200多棵。

登鲁村海拔900~1300米,楠木林主要分布在村寨南边的沟谷溪流中与青石步梯旁,树木高大,风景宜人,由村口楠木溪与交片溪的交汇口进入,沿着青石步梯拾阶而上,两旁都被古朴的高大楠木围绕,空间高大,沉静肃穆,犹如进入神圣的境域。林间同时还伴有其他壳斗科乔木和倒木。环境湿润,很多树上挂了绿色的地衣,沟谷中被树林遮挡的溪谷水流水声潺潺,令人心旷神怡。

上百年的传统村寨往往有强大的环境营造系统,登鲁村也不例外,跟今天人们在城市中大多时间奔波在住房与公路上不同,登鲁村400年的村落布局中包含吊脚楼、风雨桥、踩鼓场、青石步梯、土地庙等文化空间,为村民的生活提供各种便利:173公顷的梯田围绕在村寨周边,为村庄提供衣食来源。吊脚楼用石块高高垫起,避免南方潮湿地基的侵蚀,保持房间干燥;风雨桥修在村口,应对随时落雨的天气,为村民提供避雨和休息场所;踩鼓场用来举办节日祭祀和歌舞比赛,是村民沟通情感与分享快乐的场所;土地庙是村民与自然对话的窗口和信仰的寄托。楠木树也是这个宜居环境系统的一部分。

长久以来,楠木在中国文化中占据很高的地位,"楠"字由"木"和"南"组成,木主仁义,顺应天道,南方寓意太阳的极尊之位,木中之南的"楠木"就成为中国文化中与天感应的祭祀礼器。人们对楠木充满敬意。

楠木得到人们如此重视也有它自身的品质支撑。与平时我们见到的各种迅速生长的年轻先锋树种不同,楠木是亚热带气候下森林演替的顶级树种之一,是森林中最后

登鲁村

出场的王。楠木的种子为椭球形，黄豆大小，在10月掉落到地上，在楠木的幼年阶段，它韬光养晦，默默无闻，森林中的其他树种一年能长1米多高，8年就可以长大成材，而楠木一年只长几厘米至十几厘米，它在树林的地上一点一点地凝聚力量，只能得到很少阳光。但这正是楠木的生存之道。几十年后，楠木才发力迅速长高。一旦楠木发力，森林中的桦木科植物如桤木、鹅耳枥根本无法与之竞争。楠木极其长寿耐心，从容长到树冠的顶层，与其他壳斗科、木兰科的树木一起称霸，整片森林成为它的天下。

楠木是王，木材自然好，要守护楠木林，守护家园世代传承，就要看住觊觎的人心。登鲁村有一系列文化习俗来守护。首先，每户人家都要选一棵楠木看护，有时也选一棵楠木系上红布，祈求身体健康。其次，村寨中有"三个一百二"的乡规民约来惩罚盗伐者，即盗伐楠木的人必须用一百二十斤酒、一百二十斤肉、一百二十斤米向全寨人当面认错。以当地的经济水平，这样的惩罚可算严厉，可令盗伐者倾家荡产。今年村庄周边有人试图盗伐楠木但没被逮到，村长召集全村村民杀鸡喝下鸡血向神起誓：如果是自己盗伐楠木，就要自己家断子绝孙。

强大的文化禁忌与守护愿望共同维护了登鲁村的楠木林，有了好林子，自然就有好水、好家园。村口溪水汇聚的地方是登鲁的"翁禄呆"（意为财宝汇藏之处），登鲁土地庙也修建于此，距离土地庙不到50米的地方，有一股山泉，叫"外婆泉"。据说此泉可祛除百病。

苗族有父子连名制的习俗，村支书张胜毅的苗名是"赛八"，他父亲名字是"八九"，祖父是"九麻"，依据连名制，村民能向上回溯二十多代祖先的名字。从世人公认的以25岁为一代计算，登鲁至少有400年的历史。

登鲁村比较热闹的节日是二月二、六月六和苗年。世人都渴望归隐山林，在世外桃源安享美好家园，殊不知美好家园要靠自己来建设，而且需要数百年的坚守和耐心。登鲁村楠木林就是最好的启示。

50. 久安古茶树群
黔史问茶香

地标名称：久安古茶树群 Jiu'an Ancient Tea Tree Group
地标类型：生态文化景观
地理坐标：106°35′E，26°32′N
生态系统：自然－社会－经济复合生态系统

文＊黄怀凤　摄影＊孙鲁荣

核心价值：地标位于贵州省贵阳市花溪区久安乡，有茶树 54000 丛以上，占地 4000 余亩，平均树龄超过 600 年，是国内已发现栽培历史最久、面积最大的中小叶类茶树群，是连通四川与云南的古驿道，留有丰富的茶文化，是贵州境内濮苗等种茶民族通过掌握自然规律发展经济的最好代表，也推动了黔乡茶文化的蓬勃发展。

久安古茶树

初到花溪,总是不禁想起家乡的"浣花溪",浣花溪因杜工部而得名,步步皆景,处处诗意。而花溪地处黔中,有十里河滩、青岩古镇,亦是自然与人文交融之处。久安乡,这样一个和谐的地名镶嵌在花溪区之中,已经给人一种安详舒适之感,再加上屡屡茶香,似乎一切都放慢了脚步。

这一慢,便久安了六百年,乡民久安,古茶树亦久安。如今的久安,一条公路由西北向东南穿乡而过,民房、耕地、山林依次依附于公路向两旁山坡排列,久安的古茶树仿若一群久经风霜的老者,端坐于这片土地上,看着沧海桑田的变化。久安乡境内森林面积30000余亩,其中古茶树就达3000亩,据调查统计,久安乡已发现古茶树33035丛。花溪久安古茶树是目前国内已发现的最古老、最大的栽培型灌木中小叶种茶树。久安属亚热带季风湿润气候,气候温和,冬无严寒,夏无酷暑,雨量充沛,四季分明,大陆性季风气候显著。所有的条件都在指向一个结果——产好茶。古语"煤山出好茶",这里位于花溪区西北面的阿哈湖畔,地形为中山山地,海拔1200~1410米,相对高差210米,坡度为10~25度。这里地势起伏大,谷底幽深,山地丘陵占总面积的95%以上,地质为二叠煤系地层,而作为煤炭形成保护层的地表土壤硒元素的含量最为丰富。久安古茶树生长地土壤呈酸性,比较适宜茶树的生长。

而与久安古茶树相伴而生的植物种类丰富,大多也为酸性土壤的植物,如水杉、杨梅、白栎、刚竹、铁狼萁等。它们的枯枝落叶也为土壤提供了丰富的有机质。于是六百年风风雨雨,久安的见证者不止有古茶树,还有古茶树周边的朋友们。

这样大规模的古茶树群在此安居,也不是大自然的"一时兴起",它们的出现与传承背后都有着众多的历史原因：久安古茶树历史上限可以上溯到 600 多年前，也就是与贵州建省几乎同步。明廷西征云南大获成功后，朝廷核定金筑安抚司的贡品，包括茶叶和马匹两大项目。这样的贡赋配额，最终推动了久安古茶树群落的定型，并派生出了茶树与稻田穿插种植的格局。而它在明代得到稳定延续的历史原因是：这里是土司直辖并得到地方政府和卫所军队保护的贡茶生产基地。久安古茶树群落的最终定型，是金筑安抚司与卫所屯军相互支持的成果。

这是一块人与自然和谐共生的地方。这批古茶树大多连片集中分布于居民生活区或农田耕地周围，零星分布于天然林中的原生态高大茶树极为罕见。这批古茶树的分布很有规律，就像派给每家每户的守护神，都是沿着耕地周边生长，而且株距均匀，树冠规模适度。它们用自己枝叶的绿色描绘着这片土地的民居与农田的轮廓。它们都是苗木定植形成的群落，而且定植后在漫长的历史岁月中还不断得到了精心管护和利用，不断加以整形处理，这片古茶林的经营与当地苗族开始从事固定稻田耕作相同步，苗民利用这些茶树去维护耕地保坎的稳定性能。茶树和水稻能够相伴而不相克，其间隐含着极其精准的技术操作和精心的调控。这批古茶树群落的周边大致是人工种植的由壳斗科乔木为优势树种形成的混交林，这样一来，生长在其间的古茶树，可以免受好氧型、喜阴型微生物的威胁，而厌氧型的微生物由于受到了稻田伴生微生物的节制，也很难对古茶树构成威胁。就是这样一个人的智慧与自然的魅力相互结合的地方，生态与智慧并存的久安，古茶树们生活得安闲自在。

花溪永安古茶树，是各民族文化同时适应所处生态环境和社会环境的产物，是优秀的农业文化遗产，2015 年农业部将"贵州花溪古茶树与茶文化系统"列入第三批中国重要农业文化遗产名单。

黔南州处于贵州高原向广西丘陵过渡的斜坡地带，地势北高南低，碳酸盐类岩分布面广，层厚质纯。在温暖多雨的气候条件下，岩溶地貌在各地广泛发育，形成类型复杂多样的地表、地下岩溶景观。同时全州有着较大规模的地下河水系，随着地下岩溶的发育，地表河常常伏入地下成为暗流，流经几公里或十几公里，又流出地表，形成明暗相间的独特运动形式，这是黔南州地貌的重要特征。州内丘陵所占面积较小，主要集中分布于北部，其余地区较为零星，北部地区丘陵为草山、草坡，南部多为石质山丘，以石灰岩和白云岩为主要组成岩石。多数丘陵顶部平缓，坡度较大，有较厚的残积层。

第二部分 / 第七章

万仞锥峰竞成林
/ * 黔南喀斯特丘陵区 8 个地标

/ 茂兰喀斯特森林：地球腰带上的绿宝石
/ 紫林山：都柳江源
/ 桑郎河谷：贵州雨林
/ 龙头大山：唯一的辐花苣苔分布地
/ 万峰林：锥峰与水的旋律
/ 招堤湿地：喀斯特丛中的湿地
/ 花江峡谷：万家花瓣一江流
/ 打岱河天坑群：天眼之所

51. 茂兰喀斯特森林
地球腰带上的绿宝石

地标名称：茂兰喀斯特森林 Maolan Karst Forest
地标类型：自然景观
地理坐标：107°43'E，25°15'N
生态系统：森林生态系统

文＊刘 杰　摄影＊陈东升 吕敬才 杨成华

核心价值：地标位于贵州省黔南布依族苗族自治州荔波县，属于中亚热带湿润气候区，发育有典型的喀斯特森林生态系统，是地球同纬度保存最完整、面积最大、原生性强、分布集中的喀斯特森林生态系统。拥有峰丛洼地、峰丛漏斗、峰丛槽谷等喀斯特地貌的系列组合形态及丰富的洞穴生态系统，是掌叶木 Handeliodendron bodinieri、单性木兰 Kmeria septentrionalis、白花兜兰 Paphiopedilum emersonii、茂兰原矛头蝮 Protobothrops maolanensis、荔波盲高原鳅 Triplophysa liboensis 等特有物种和珍稀濒危动植物的栖息地，生物多样性位居贵州省前列，被誉为地球腰带上的绿宝石。

原矛头蝮

在全国的森林中，茂兰喀斯特石上森林绝对算得上是形象最"奇特"的一个，只要一提到森林，一些固定化的符号就会浮现在我们脑海，肥沃的土壤、茂密的树木、潺潺的流水，这样的形象持续已久，已经成为一种思维定式。茂兰喀斯特石上森林位于贵州荔波县境内，锥峰、断崖、暗河、瀑布、溶洞、洼地、峡谷等遍布全区。最为奇特的莫过于山坡陡峭、基岩裸露、怪石嶙峋、土壤极少、岩石裸露率在80%以上的土地上，生长着的200平方公里郁郁葱葱的原生常绿落叶阔叶混交林，是名副其实的"石头上的森林"。更为震惊的是茂兰的水上森林，这里的大树依石而生、盘根错节、互相依赖，似乎用生命诠释着水中的秘密。

喀斯特森林树种的根系极为发达，而且有很强的穿透力。它没有密集的细根，根系形态和发育完全根据岩石、缝隙、地表土壤、枯枝落叶的情况而定。树木的根系就长在大家看得到的石沟石缝中，树根穿石而过，形成了树抱石的独特景观。有的树从整块岩石上拔地而起，树干与岩石的结合天衣无缝，好像树干就是岩石的延伸；有的树在岩石上织成根系，把岩石完全包裹起来；有的树根从几十米高的陡岩上悬挂下来，再钻进岩缝。用"咬定青山不放松，立根原在破岩中"来描述喀斯特的森林十分贴切。这里既有参天的单性木兰，也有刚刚破地而出的掌叶木，既有已经历了几年风雪洗礼、长成一二米高的红豆杉，也有几米乃至一二十米甚至几十米高的喜树。那高耸云端的五针松的根系深深地扎入大地之中，根深蒂固，其深度难以探寻，有的根系却裸露在地表之上，其根系相互交织在一起，它们粗大而有力。一棵高度不过三十多米，胸径不过三四十厘米的南方红豆杉，其根系占地面积就得需要几十平方米。是啊，没有这样的地域，又怎能满足它们向上延生的需求哪！没有坚实稳固的根基，又怎能长成今日的参天大树哪！它们懂得如何因地制宜，因势利导，或深深扎根于泥土之中，或因地势坚硬而向四周拓展其根系。

① 白花兜兰
② 单性木兰

　　林下那早已换上一身鲜艳绿装的苔藓，厚厚实实地围绕在树根下，一脚踏下去绵绵软软的，好似地毯一样，让人不愿抬起脚步向前行进。这里有世代生息繁衍的原始森林涵养水分，有年复一年积聚的枯枝落叶层积蓄水源，还有丰富多彩的真菌菌丝鞘的辅助作用，使森林滞留水和喀斯特地下水同时并存。在地下河的出入口，溪水沿着洼地一侧流出，穿插在洼地的森林中，然后再沿着洼地的另一侧潜入地下，来无影去无踪，只看到泉水流淌、溪水潺潺，使瀑布、泉水、暗河、溶洞、深潭、沼泽相映成趣。瞧，那暗河里不停游动的巨须金线䰾，它全身通透，眼睛的退化完全没有影响它的生存，宛如溶洞浓缩生态系统派出的秘密使者，向人们透露着古老地质运动及岩溶变化的点滴信息。

　　除此之外，这里的种子植物有143科494属1172种，苔藓植物144种，大型真菌163种，脊椎动物300多种，珍稀动植物170余种，许多禽类、兽类、昆虫及真菌类生物组成"天然的基因库"，森林成了它们生活的天堂。不信你听，林中传来各种鸟鸣声，时而优雅、时而清脆，或独奏、或合唱，此起彼伏，好似在享受这"森林浴"，好不热闹。这里不仅是科学工作者研究喀斯特森林、植被、动物、土壤、气象、水文地质及生态环境等自然科学的博物馆，也是中国最美的森林——荔波喀斯特森林，被联合国批准纳入"生物圈保护区"的网络成员。正是由于这绝妙的自然现象，如今才成了我们倍加珍惜的世界自然遗产。

　　由于地理位置特殊，气候温暖湿润及喀斯特地质地貌影响，茂兰形成了丰富多样的小生境。大自然把千姿百态的喀斯特景观与喀斯特森林翠绿多变的色彩、复杂多样的形态糅合在一起，构成了独特的喀斯特自然景观：上有森林下有石林，石头上长树，石缝里生根，明河暗流，深潭溶洞，组合成了水上迷宫、水上森林、漏斗森林、洼地森林等一系列绝妙美景，不但赏心悦目，而且包含着深奥的科学道理。

52. 紫林山
都柳江源

地标名称：紫林山 Zilin Mountain
地标类型：自然景观
地理坐标：107°38′E，25°57′N
生态系统：湿地生态系统

文＊冉景丞　摄影＊陈正军

核心价值：地标位于贵州省黔南布依族苗族自治州独山县，属于喀斯特中山台地。紫林山常年云雾缭绕，台地之上是原生性较强的泥炭藓 Sphagnum 沼泽，沟谷内是茂密的森林植被，蓄水能力强，是都柳江的发源地。生物多样性丰富，拥有金毛狗 Cibotium barometz、水獭 Lutra lutra、松雀鹰 Accipiter virgatus 等国家保护物种，是国内同类保护区中湿地生物最多的地区之一，也是贵州和中国西南部地区中山山地沼泽湿地的典型代表。

紫林山湿地

紫林山，位于贵州省黔南布依族苗族自治州的独山县境内，东北部与都匀市、三都县交界，是在众多喀斯特丘陵包围之中的一处台地。在大地构造上属扬子准地台黔南台陷，主要地貌类型为构造侵蚀台地和峡谷型河流侵蚀地貌。区内岩石类型均为沉积岩，整体上以质地坚硬的石英砂岩为主，层间夹泥页岩。简单地说，就是在距今7.8亿年时，今天紫林山这一带就已经脱离了海浸过程，成为了古老的陆地，而周边的广大区域还在海底。后来的造山运动，将这一区域抬成陆地，而周边海相沉积的碳酸盐岩又受到强烈溶蚀作用的影响，形成了一个个锥峰，古老台地也出现了几条长达3公里的峡谷，深度达300米，但宽度仅几十米，最窄处才十余米，是一条真正的地缝，让这里的生态系统变得更加扑朔迷离。

整个区域属于中亚热带高原季风湿润气候，但因切割很深，台面上与沟谷里的温差可达7℃以上，年平均气温在11～17.9℃，年降水量为996.2～1607.6毫米，俨然是两重天地。夏季，沟内炎热无比，台面上却凉风习习，早晚还会有几丝寒意。空气湿度大，方便那些假叶没有角质层覆盖的苔藓直接从空气中利用水分，所以在台面上生长的苔藓植物异常繁盛。加上地带性土壤主要为红壤和黄壤两大土类，还有喀斯特发育的非地带性的山地草甸土和粗骨土两大土类，但总体土壤pH都在酸性至强酸性，更加为喜酸的泥炭藓提供了生长条件。4000多公顷台地上充斥着各种各样的苔藓，不管是在藓类沼泽湿地、草本沼泽湿地、灌丛沼泽湿地、沼泽化草甸湿地，还是在森林沼泽湿地，都有多种泥炭藓分布，如多纹泥炭藓、拟宽叶泥炭藓、卵叶泥炭藓、尖叶泥炭藓等十来种。这些矮林和草甸分布于分水岭附近及高海拔地段，居高临下、视野开阔，似张张巨毯铺陈在山上。草甸上的野花从嫩绿中冒出，茵茵地泛出片片红晕。在一些平地上还可以看到成片的黄角苔、褐角苔和地钱，若不是它们那一把把小伞似的孢蒴支在那里，还真就以为是绿地毯了。就是这些低等的生命和草木一起，涵养了宝贵的水源。初步估算，保水量应该不少于812万~1015万立方米，相当于一个中型水库的功能。因此有了大大小小的河流和沟渠，有92条河流或水道从台地上泻下来，形成众多的瀑布跌水，森林瀑布神秘莫测。这些水汇集后流入了都柳江，因此紫林山被称作都柳江源。

良好的气候和多样的生境，为动植物生长发育提供了优越的条件。不仅低等植物长得好，森林植被也一样良好，有成片的次生性常绿落叶阔叶混交林、落叶阔叶林，以及在地势陡峭地区残存少量的原生性常绿阔叶林。保存了丰富的生物多样性。已知有野生高等植物2030种，茶花、含笑、三角枫、五角枫、鸡爪槭、蔷薇、凤仙花等植物，就像人为有意栽培来点缀环境一样，这些植物或可观花、或可观叶、或可观果，美丽的红翅槭在林中格外耀人眼目。漫山遍野怒放的杜鹃花，红色的、白色的、紫色的，交相辉映。花瓣上那晶莹的水珠若集若滴，动感分明。分布有伯乐树、红豆杉、南方红豆杉等珍稀濒危野生植物近170种，其中不少树木已经历了几百年风雨，具有很高的观赏价值，特别是在甲定乡达头村，小区域内聚集了数十颗南方红豆杉古树，据传那株胸径超过1.7米的南方红豆杉树龄已达千年。

有了丰富的生产者，肯定就少不了野生动物，像竹鼠、野鸡、画眉鸟、长寿鸟、红嘴相思鸟等动物总是随处可见，当然也不乏大鲵、猕猴、黑熊、灵猫、林麝、斑羚、毛冠鹿、红腹锦鸡等国家级保护动物。每当走进谷底的森林时，总能听到山上鸟鸣叠起，一不留神，也许就在林沿看到了红腹锦鸡。那金黄闪亮的羽毛，那矫健的体态，美丽而高贵。

极目远眺，满目苍翠，顿感风高云淡，心旷神怡。水平石英砂岩形成的"翻天印"，溪谷河流冲刷风蚀形成的"牛榜角"，矗立悬崖绝壁之上的"风动石"，无不是大自然的鬼斧神工。森林深处，时而是直插云霄的奇峰，时而是险峻幽深的峡谷，那些峥嵘诡谲的岩石，飞珠溅玉的山泉，云蒸霞蔚的飞瀑，让人叹为观止。多姿多彩的生物景观，雄峻奇特的峰石景观，变化万千的气象景观，让人油然而生敬意。

生活在这里的布依族、水族具有很高的文艺天赋，上山劳作有山歌，回到酒桌有酒歌，一旦遇到节日，那独具特色的花灯调，肯定让你如痴如醉。

53. 桑郎河谷
贵州雨林

地标名称：桑郎河谷 Sanglang River Valley
地标类型：自然景观
地理坐标：106°25′E，25°13′N
生态系统：森林生态系统

文＊姜运力 刘冰　摄影＊魏鲁明 安明态 杨成华

核心价值：地标位于黔西南布依族苗族自治州望谟县桑郎镇，属于乌蒙山脉东南侧边缘岩溶化山原区，在太平洋北部湾输入的暖湿水汽影响下，发育有目前少见的、独特的、典型的、完整的地球最北端的南亚热带沟谷季雨林和山地季雨林，生物多样性丰富，是孑遗植物叉孢苏铁的集中分布地和望谟南星、望谟曲板叶蝉和望谟幽灵蛛等贵州特有种的模式产地。

贵州特有种：望谟南星

桑郎河是望谟县境内的第一大河，全长60多公里，发源于望谟县的北部，由西北向东南注入红水河。在桑郎镇桑郎河中段——桑郎电站库区上游至六里峡谷段，分布有全球最北缘的沟谷季雨林和部分山地雨林。

这里经历了第三纪以来的构造运动，位于云贵高原向广西丘陵过渡的斜坡地带，属乌蒙山脉东南侧边缘岩溶化山原区。由河流深切而成的大峡谷，给南部吹来的暖湿气流提供了一个特殊通道，每年的春夏两季，来自大洋的季风沿着两岸绝壁之间的道路，由南向北推进，将丰沛的降雨带到这里，从而形成了沿江的茂密森林。同时河谷下部的温度较同纬度其他地区高一些，也使很多热带植物沿着河谷向北迁移过来，如结星状果的苹婆、鱼尾状叶的短穗鱼尾葵、秆带密刺的大喙省藤，以及藤漆、垂子买麻藤等藤本植物。它们连同壳斗科、樟科等乔木类群一起组成了茂密而具特色的森林植被景观。季雨林郁闭的林下空间为带叶兜兰提供了阴性环境，带叶兜兰生长在林下裸露的岩石上，它特殊的兰菌能分解空气中的氮，把无机氮变成有机氮，从而获取营养。桑郎河谷的季雨林为带叶兜兰提供了家园，这里分布着全世界最大的带叶兜兰种群。同时，由于兰科植物的花粉不是花粉粒而是花粉团，不能依赖风传粉，带叶兜兰传粉要靠昆虫，因此桑郎河谷也有不少与之相对应的昆虫。

在类雨林气候的优越环境下，桑郎河谷中的森林演化十分精细，乔木层壳斗科、樟科、无患子科、楝科、山矾科的高大成员垄断了森林上层的阳光；灌木层也被以短穗鱼尾葵、小乔木紫金牛、九里香、序叶苎麻等占据；草本层植物中肾蕨、野芋、海芋在奋力生长；层间植物藤漆、大喙省藤、短柄垂子买麻藤、小花清风藤、小果微花藤、毛过山龙也在寻找生存空间，植物间的竞争变得异常激烈。附生植物在这种环境下设法找到了自己生存的方法：在大树枝丫间萌芽。

桑郎河谷两岸的绝壁之上，附生有大量的兰花，如带叶兜兰、长瓣兜兰等，在桑

① 带叶兜兰
② 美花石斛

郎河谷最窄处，谷宽约50米，在这绝壁之处，不经意间就能见到附生的兰科植物。林中的大树上，也不乏附生的蕨类和兰花，如巢蕨、槲蕨、硬叶兰、金石斛、石豆兰等。它们都长在森林乔木层的上方，能够更容易接受阳光，此外，乔木层落叶在大树枝丫间沉积形成的腐殖质也足够为它们提供生长所需的营养。

在河谷沟谷季雨林森林群落的边沿，河流变得湍急，不时有河水回旋。在河谷约1500米处，一块出露于水面的石山上，远看只是稀稀疏疏生长着圆果化香和珊瑚朴等，当你走近时，你会为大自然的神奇而感叹，在这不足8平方米的石山上，密密麻麻生长着金石斛、疏帽卷瓣兰、硬叶兰、银带虾脊兰、长茎羊耳蒜、云南石仙桃、足茎毛兰、半柱毛兰等珍稀兰科植物。

沿着河谷两侧崎岖的石山，在茂密的森林下穿行，不时涉水而过，不时得脱衣游行于清澈的河流中，时时感受到河水的清凉中带有一丝丝的刺骨。在穿行过程中，沿途会与多种珍稀植物相遇，如短萼仪花、四瓣崖摩等。

这里独特的环境和气候还保存了很多宝贵的濒危植物，共有50余种国家级保护植物，100多种具有重要保护价值的植物。叉孢苏铁是一种珍稀的苏铁，在我国分布于贵州、广西和云南，而这里便是它的集中分布区。另外，这里还是一些特有物种的家园，如望谟南星、望谟曲板叶蝉和望谟幽灵蛛，模式标本均采自这条特殊的河谷。

54. 龙头大山

唯一的辐花苣苔分布地

地标名称：龙头大山 Longtou Mountain
地标类型：自然景观
地理坐标：105°27′E，25°24′N
生态系统：森林生态系统

文 * 水 伊　摄影 * 郭泽玉　杨成华　郭 亮

核心价值：地标位于黔西南布依族苗族自治州安龙县北部与兴仁县、贞丰县等县接界处，在海拔 1600～1930 米的公龙岭上，有 100 多公顷的原始杜鹃矮林，是辐花苣苔 *Thamnocharis esquirolii* 在贵州省的唯一栖息地，生境独特，物种丰富，是重要的生物保护地。在西方生物大发现时期，这里也是伦敦博物馆众多标本的采集地。

辐花苣苔

当地传说,龙头大山里看到瓜果可以吃,但不能带走,否则会迷路。带走不该带走的,山神就会把你留下。好东西不能出山,偏偏,龙头大山里好东西多。

比如辐花苣苔,多年生小草本,只认龙头大山,地球上仅此处有。辐花苣苔特别在花。苦苣苔科植物的花基本上都是不整齐花,两侧对称。偏偏,辐花苣苔是整齐花,辐射对称。花以任何角度通过中央轴线一分为二,所得两半对称相等,称为辐射对称花或整齐花。有些花只能从一个角度切得两个对称面,称左右对称花或不整齐花。

辐花苣苔娇气,只长在阔叶林潮湿的苔藓丛中。好在龙头大山里苔藓多,有45科93属181种,包括亚种、变及贵州省1个新记录种。其中还有14种药用苔藓,隶属于10科11属,苔类2种,藓类12种。

龙头大山是以常绿阔叶林为主体的生态系统,有原始森林,有天然草场,林地1.65万亩,草坡灌木15万亩,分布有维管束植物123科298属489种,其中珍贵稀有野生植物33种。

主峰公龙岭,海拔1966.8米,在1600～1930米公龙背的几条槽沟处,有1500亩原始矮林杜鹃,树龄多百岁,多见的是多花杜鹃,少见的如马缨杜鹃、长蕊杜鹃、百合杜鹃、青莲杜鹃、露珠杜鹃、蝴蝶杜鹃。还有千亩天然方竹林,方竹笋味美。

另外,龙头大山有鸟,有蛇,有鱼,有野兔,有蝙蝠,有豪猪,有豹猫。有国家重点保护动物穿山甲、游隼、白腹锦鸡、大灵猫、小灵猫、蟒蛇。

周边居民有布依族、苗族等。

还有一处惊奇,龙头大山明洞、道洞和暗洞共存,是四方洞的代表,龙头山中部山腰的四方洞因四方皆洞得名。明洞、道洞、暗洞上中下层次分明。上明洞悬于70米峭壁处;下暗洞有暗河奔涌,须乘竹筏出入;中道洞与平地齐腰,有左右两洞门;明洞、道洞、暗洞说来神奇,其实是千万年来河床位置更替的表现。出露地面的多层

白腹锦鸡

溶洞,是贵州省地质抬升的例证。

  龙头大山状若龙头,是苗岭支脉,位于贞丰、安龙、兴仁三县交界处,山体面积有300多平方公里,山脉为三叠系的砂岩和页岩。龙头大山自带珍稀物种,是世界性的生物多样性基地。西方植物大发现时期,大量的植物标本被采集陈列在了伦敦博物馆。

55. 万峰林
锥峰与水的旋律

地标名称：万峰林 Wanfenglin Scenic Area
地标类型：自然景观
地理坐标：104°55′E，25°0′N
生态系统：森林生态系统

文＊张明明 王娇娇　摄影＊张 霆 陈正军

核心价值：地标位于贵州省兴义市，属于高原喀斯特地貌，是贵州省峰林面积最大的区域，也是峰丛集中分布区，形成以岛屿、森林、万峰湖等为一体的天下奇观，体量庞大，被誉为中国锥状喀斯特博物馆和中国最美的五大峰林之一。通过马岭河大峡谷将乌蒙山、南盘江及珠江连接在一起。当地虽有石漠化现象，但通过种植金银花 Lonicera japonica 等经济作物，实现生态与发展双赢，是生态修复的模式地，并成为贵州西南部重要的人文休憩场所。

万峰湖

"天下名山何其多,惟有此处峰成林;峭峰离立分宽颖,参差森列拔笋柚。"明代地理学家、旅行家徐霞客惊叹万峰林为"天下奇观"。作为中国锥状喀斯特地貌的代表,万峰林具有分布集中、地貌典型、峰群奇秀的特点,被称为"中国锥状喀斯特博物馆"。

距今3亿年前,万峰林、万峰湖所在的地方,还是滇黔古海的一部分,在2亿多年前的造山运动中,地壳上升、山峰出现,石灰岩被冲刷、风化而裂缝,逐渐形成了现在无数的洼地、河流、溶洞、峰林、暗河、漏斗等奇观。万峰林呈东西走向,分为东峰林和西峰林,从海拔2000多米的兴义七捧高原边沿和万峰湖北岸、黄泥河东岸呈扇形展开,延伸至安龙、贞丰等地。万峰林五大类型的峰林形态各具特点、相互映衬;而在秀丽的万峰林身畔聚水成湖,因万峰环绕而得名的万峰湖,与之遥相呼应。颇具"千峰竞秀峰峰秀,万水环绕水水柔"的意境美。

万峰林处于亚热带季风气候带,以湿润温和型气候为主,代表性植被类型主要为常绿、落叶阔叶混交林和热带北缘的季节性雨林,万峰林喀斯特生境的特殊性表现为:水平空间上的高度异质性,垂直剖面上的多层次性,土壤有效水分的高度时空异质性。这种生境要求本地生长的植物有特殊的耐旱能力、对高钙土质的强适应性,以及对丰富的小生境及其配置格局的适应性。这种严苛的生境对生命是个挑战,在碳酸盐岩发育的喀斯特脆弱生态环境下,植被群落的生长和演替需要漫长的历史时间,稍有干扰,便会导致严重的水土流失和植被退化,加剧石漠化进程。

物竞天择,在万峰林的喀斯特生境中,有一些植物能够打破这种限制。具有匍匐茎的藤本植物就很善于利用喀斯特小生境的空间分布格局开拓生存空间,如忍冬科的金银花,它的植物根系发达,穿越岩溶石缝的能力强,在岩溶石漠化地区的石山能穿透到地下1.5米的深度,水平分布大于垂直分布,而且耐干旱、耐贫瘠,很快成为适应喀斯特生境的重要生物。同时,金银花的高覆盖率、高水分涵养能力有效地整合了

八音坐唱

地域气候和空气湿度,遏制了水土流失,促进了植物、微生物、小型动物生物链的形成,对地域性生态起到良好的保护和改善效果。

世居于此的布依族人民,早早地发现了金银花涵养喀斯特水土的特点,用勤劳的双手在贫瘠的土地上广泛种植金银花,改善生态环境和生活条件,"金银花开金银来",当漫山遍野的金银花开放的时候,闪耀的金色和银色花瓣迎风飘舞、沁人心脾的阵阵清香在空气中弥漫,绘出世间最美的金银交织生态图。

万峰林地质年代久远,广布各类古生物化石,更是贵州龙和绿荫顶效龙动物化石群的重要发现地。本地现存动植物高达 1445 种,国家珍稀动植物种类多,是生物遗产较为丰富和独具特色的区域。

"天下奇峰聚兴义,汇成浩瀚万峰林;峰丛绿水织田园,人间仙境纳灰村。"万峰林山脚下布依村寨、古树池塘错落分布,灵动的纳灰河在峰林下的农田中缓缓流淌,像一根丝带,将沿岸散布的布依族村寨如珍珠串般串联起来,绘就了奇峰成林、田坝胜锦、村落如珠、古树若翠的巨幅山水画卷。布依族人能歌善舞,古朴的说唱艺术"八音"源远流长,"傩仪"是带有趋善逐恶的信仰,也是一种极富生活气息的娱乐性祭祀活动。

万峰林中峰内有谷,谷内有峰;峰里有田,田里有峰;峰下有寨,寨里有峰;峰中有水,水中映峰。大自然的鬼斧神工造就的峰林和巧夺天工的村寨、梯田,成为跳动在高原上的最美音符,更体现着"天人合一"的中国审美哲学。

56. 招堤湿地
喀斯特丛中的湿地

地标名称：招堤湿地 Zhaoti Scenic Area
地标类型：自然景观
地理坐标：105°30′E，25°8′N
生态系统：湿地生态系统

文＊杜 安　摄影＊杨成华

核心价值：地标位于贵州省黔西南布依族苗族自治州安龙县，是在古代水利工程规划下形成的集喀斯特峰丛洼地、溶洞、岩溶湖泊——绿海子（贵州省第二大岩溶湖泊）等地貌为一体的复合湿地生态系统，具有陆生-挺水-浮水-沉水完整湿地植被类型，是岩溶地区湿地的典型代表。南明朝皇帝、十八先生和张之洞等历史人物都曾在此居住，留有南明永历帝故宫、明御校场、清代试院、武庙石碣等古迹，具有重要的生态文化价值。

莲

你见过"沧海桑田"吗?在中国的西南,有一块"地无三尺平,天无三日晴,十里不同天"的地方,它现在叫"云贵高原"。但是在亿万年前,它也曾经深深隐藏在茫茫大海之下,亿万年后,它又被推为高高的高原。然而大海的痕迹总不能那么轻易被抹灭,于是它在这样的高原上洒下点点蓝色的墨迹,阳光下,这些墨迹在高原山川间闪闪发亮。

有一滴墨迹点洒在贵州安龙县城的东北,这里水面有十数里之遥,俗称"陂塘海子"。城的四周群山环抱,林木葱郁,水源丰沛。每年夏秋雨季,山水下泻,灌注于陂塘海子之中,城北顿成泽国水乡。

泽国虽好,但如野马尚待规训。清康熙三十三年(1694年),驻军安龙的中营游击招国遴,见城外水无关锁,为护城和保护农田,自捐俸银两千两,并率工匠采石沿陂塘海子筑堤。经过一年多的时间,筑起长270米,高、宽约3米的石堤,横亘于田野上。为了纪念招国遴,取名"招堤",后人誉为"仿白堤""肖苏堤"。这样悠远的历史,源远流长的文化,使得招堤与苏堤、白堤齐名,是贵州迄今保存最完整的古代水利工程,也是古代堤垸水利工程保护与展示的样板。

清道光二十八年(1848年),兴义府知府张瑛将招堤加高1米许,在堤侧开辟水池数亩,遍植荷花。春深夏初,垂柳夹岸;平波十里,芰荷飘香;上下天光,一片澄碧,初步形成了"十里荷花"的景致。堤畔金星山东侧有半山亭,可览招堤全景。半山亭竣工后,张瑛大宴宾客,仿滕王阁事,他的儿子张之洞时年11岁,即席作《半山亭记》,刻石嵌于亭内石壁上。咸丰四年(1854年)张瑛又在金星山筑屋三楹,名"省耕亭"。不久,寓居的闽商黄绍奇捐资,在堤上建石亭,名"挹秀亭",后毁于兵燹。宣统三年(1911年),代理安义镇总兵刘显潜、代理兴义府知府聂树楷与地方人士集资重修招堤和金星山上诸亭阁。

招堤修建至今历时已逾300多年，依然保持着当年的主要面貌。当地本属典型的喀斯特地貌，按常理而言，喀斯特地区发育了众多洼地和峰丛，地下水蕴藏丰富，地表却往往缺水和多洪灾，对农业生产影响很大。招堤最大的亮点是地表水异常丰盈，形成了由绿海子、十里荷香、白石岩水库、红旗水库、巧洞水库、晒纳水库等串联起的一片延绵十数里的湿地，维系着安龙县城的水生态系统及饮用水源安全。

千百年来到底是人顺应着自然在发挥自己的聪明才智，还是大自然不过是通过人类的手让自己更加完美？招堤修建百年之后，此地竟然形成了一片广袤的湿地。在这块湿地上发现鱼类37种，隶属5目9科。招堤湿地的鱼类数量占贵州鱼类数量的18.32%。招堤湿地的鱼类中，沙鳅、南方拟䱗、侧条光唇鱼和暗鳜属于中国特有种。沙鳅的体格最合适在石缝里钻来钻去，它们的嘴特别尖，最适合捕食石缝里面的小虫子，包括一些大型鱼类吃剩下的腐烂的食物碎屑。它的花纹能够在石缝里隐藏自己。沙鳅和暗鳜都善于穿上伪装的外衣，将自己隐匿于水底世界，不仅能够保护自己不被敌人发现，还可以此伪装捕获猎物。与沙鳅不同，暗鳜因为身体很扁，它能够很好地感受水底的动静，于是它选择了守株待兔，把自己藏在水草或石缝中，对过往的小虫、小虾采取"闪电战"。这水底的一动与一静便是这招堤万千之美中的一瞥。这些荷叶下的生灵，恰好是水鸟的食源，因此骨顶鸡、黑水鸡总是穿行于荷叶间，当然也少不了白鹭、牛背鹭和普通秧鸡的身影。

招堤的美，美在人力与天工的自然和谐。在方圆几平方公里的范围内，有雄峻的山峦，幽秀的小峰，水绿波澄的湖泊，淙淙流水的小溪，荷盖千重、舞翠摇红的莲塘，迷离远岸、如烟似雾的柳林，以及无数亭台楼阁、长堤小桥、竹篱茅舍、稻田蔬圃点缀其间，可谓处处有景，步步可观。

水墨黔乡：66个贵州生态地标

57. 花江峡谷
万家花瓣一江流

地标名称：花江峡谷 Huajiang Valley
地标类型：自然景观
地理坐标：105°38′E，25°41′N
生态系统：荒漠生态系统

文＊容丽　摄影＊郭泽玉　杨成华

核心价值：地标位于贵州省关岭县与贞丰县交界处，属于北盘江大峡谷中段，是典型的喀斯特深切河谷，长约80公里，宽3公里，是中国最长的峡谷，号称"地球裂缝"。从谷底到谷坡、谷顶形成三个明显的气候植被带，虽然石漠化严重，但仍有巨瓣兜兰 *Paphiopedilum bellatulum*、贵州地宝兰 *Geodorum eulophioides* 等珍稀生物分布，非常难得。为寻找生存出路，当地人利用自然智慧，在石漠化土地上种植花椒 *Zanthoxylum armatum*、火龙果 *Hylocereus undulatus* 等为代表的经济作物，实现了生态、经济和社会效益的统一，是贵州生态修复与石漠化治理的"顶坛模式"诞生地。

花江峡谷地貌

以"花江"这个美丽的名字命名的"花江峡谷"位于北盘江峡谷中段关岭县、晴隆县、贞丰县、兴仁县境内。据当地人讲，古时候这一地段两岸的山崖上花草树木十分繁茂，每到春夏时节，百花盛开，花瓣纷纷坠入江中，碧绿的江面上飘着一层绚丽的色彩，所以就把这段北盘江称为"花江"，这一段峡谷自然也就叫"花江峡谷"。这里山势险要、连绵不断、水流湍急、奔腾呼啸，正如当地民歌所唱：山顶入云端，山脚到河边。隔河喊得应，相会要半天。

峡谷区主峰旧屋基大坡海拔1850米，最低点是北盘江和打帮河的交汇处，海拔仅370米。该峡谷深切千米，长约80公里，宽3公里，是中国最长的喀斯特峡谷之一。区内碳酸盐岩广泛分布，各种碳酸盐岩占峡谷区面积的78.45%。喀斯特峰丛峡谷地貌发育典型，形成典型的峰丛洼地、峰丛谷地及喀斯特丘峰等组合形态，占峡谷区面积的78%。具有干热河谷气候条件，冬季温暖干旱，夏秋温热，在河谷斜坡下部热量资源丰富。年降水量约1100毫米，河谷处降水量仅800毫米，但季节分配不均，干湿季明显，干旱频率高、程度深：干旱频率可达90%，几乎年年发生春旱，且连续干旱的时间长。发育的石灰土多为质地差、结构不良、营养元素不平衡的黄色石灰土、红色石灰土及由其演变而成的旱作土。在地形封闭的局部河谷地段，水分受干热影响而过度损耗，使得这里的森林植被难以恢复，缺水使大面积的土地荒芜，河谷坡面的表层土大面积丧失，露出大片裸岩地。同时受人为活动的影响，植被多为次生性喀斯特灌丛植被，森林分布少，森林覆盖率小于3%。水土流失严重，水土流失面积占总面积的80%，土壤侵蚀量每年每平方公里达406吨，已经石漠化的坡地土壤侵蚀量达12.7吨，已呈现无土可流失的状态。

花江两岸是典型的喀斯特地貌，是名副其实的"石头的王国"，很少能见到泥土，更没有茂密的森林，岩石裸露率达70%，呈典型的石漠化景观。自然植被以斑块形式

① 顶果木
② 贵州地宝兰

残存于山顶陡坡、河谷等局部地段，形成了多种具有喜热耐旱特性的喀斯特植被类型，主要包括以香椿、复羽叶栾树、慈竹为主的村寨风景林，以圆叶乌桕、清香木、香叶树、朴树为主的常绿阔叶林，以圆果化香、毛麻楝、柏木为主的针阔混交林，以栎类、圆果化香、粗糠柴为主的常绿落叶阔叶混交林，以石岩枫、粗糠柴、竹叶椒、圆果化香幼树为主的灌丛，以红背山麻杆、野桐为主的灌丛，以悬钩子、火棘、仙人掌为主的有刺灌丛，以牡荆、云实为主的河谷灌丛，以水麻为主的河滩灌丛，以黄茅、旱茅及杂草类为主的草地等自然植被群落。树种以无性繁殖更新为主，且具有天然物种侵入的条件。群落各层片内层次差异不显著，不同石漠化等级间群落盖度存在差异。这些残存的森林斑块为硬叶兜兰、巨瓣兜兰、贵州地宝兰、任豆等珍稀濒危物种提供了栖息地。

说起贵州地宝兰还有一个有意思的故事：1921 年，德国植物分类学家斯彻莱彻特（Schlechter）在中国贵州罗甸进行兰科植物考察时，发现了一株独特的兰花，并为它起了一个美丽的名字，叫做"贵州地宝兰"。没想到这株兰花竟然成了近一个世纪以来唯一的一份标本……

随着 2008 年在广西雅长兰科植物国家级自然保护区的一个悬崖边上发现了 2 株贵州地宝兰后，这一以"贵州"命名的兰花时隔将近一个世纪再次出现在人们的视野之中，并且在花江峡谷发现了 3 株。美丽的粉紫色花瓣在河谷陡峭稀疏灌丛地段的石灰岩石缝中迎风摇曳，感受这喀斯特河谷吹来的微风。

花江峡谷虽然是岩石裸露的石漠化地区，却也蕴藏着丰富的种质资源。以这里鼎鼎大名的顶坛花椒来说，此"花椒"非彼"花椒"，而是花椒的近亲竹叶椒的变种，经峡谷顶坛片区居民的筛选驯化，在海拔 900 米以下的喀斯特河谷生长最好，形成含油量高、果皮香、麻味浓的特点，是深受广大消费者喜爱的新品种。这一品种在花江峡谷广泛推广种植，为当地居民的脱贫致富提供了条件。

石漠化土地上的生存条件是很艰难的，而贵州人民硬是在这种被认为"不具备生存条件"的喀斯特地区创造了奇迹：一是发展生态农业，利用当地热量优势配合水利工程建设，发展种植花椒、金银花、火龙果、艳山姜等作物，将石漠化土地变成绿洲，彻底改变了生存环境。二是打造农业经济品牌，培植了"顶坛花椒"等品牌。三是发展生态畜牧业，开发高产种养殖技术，养殖黄牛等经济效益较高的品种。从自然－社会－经济复合生态系统的角度实现不同石漠化等级的有效治理模式。石漠化治理景观如火龙果种植景观、金银花种植景观、花椒－砂仁种植景观、坡改梯景观等也成为一道道独特的风景。

尽管这里是石漠化生态系统的典型代表，但并不影响这里拥有美丽的风景，峡谷两岸群山巍峨，秀丽挺拔，常有云雾缭绕其间，如同仙境，明代地理学家、旅行家和文学家徐霞客就曾游历至此。从花江大峡谷铁索桥景区至210省道新花江大桥，往下到关兴高等级公路，便可看到号称"亚洲第一高桥"的北盘江大桥，然后到北盘江和打帮河交汇处的三岔河景区，全长46公里的水路，形成了一条有"地球裂缝"之称的中国最长峡谷。这条集峰林、溶洞、怪石、瀑布、伏流、花滩、旋塘和原始森林植被于一体的峡谷生态系统，既有长江三峡的秀丽险峻，也有美国科罗拉多大峡谷的雄奇壮美。在这段峡谷中，还萦绕着远古壁画、古城遗址等夜郎文化之谜，以及铁索桥、摩崖石刻、古驿道等人文景观。电视连续剧《西游记》中"流沙河收沙僧"一集就是在花江峡谷拍摄的。

作为贵州喀斯特石山区的典型峡谷地貌——叠置箱形谷代表的花江峡谷，由于其独特的喀斯特干热河谷特性和人地矛盾使该地区形成了非常典型的石漠化生态系统。花江峡谷不仅承载了喀斯特石漠化生态系统的结构、过程和功能特性，也为探索石漠化治理提供了天然试验场。

58. 打岱河天坑群
天眼之所

地标名称：打岱河天坑群 Dadaihe Tiankeng Groups

地标类型：自然景观

地理坐标：106°49′E，25°35′N

生态系统：洞穴生态系统

文＊杨卫诚　摄影＊代传付

核心价值：地标位于贵州省黔南布依族苗族自治州平塘县与罗甸县交界处，属于溶蚀塌陷形成的天坑群，由12个深度超过300米以上的天坑组成，体量巨大，地貌发育完整，是喀斯特二元水文结构的典型代表，属举世罕见的地质遗址。天坑群位于红水河流域，受峡谷水热条件影响，是带叶兜兰等很多热带植物的分布北界。坑内坑外植被类型差异大，是研究地质演化与生物发育的绝佳基地。世界最大单口径射电天文望远镜——郭守敬望远镜（LAMOST望远镜），架于天坑群中最大的天坑上。

天坑景观

前些年,"水怪之说"霸占各大频道和网站头条,一时间,"水怪"发现地的长白山天池被推上风口浪尖,天池这一名词也为更多人所熟知。天坑,与天池仅一字之差,无水,且形成上差距甚远,打岱河天坑群,不仅众多天坑在此聚集,瑰丽而壮观,还是目前世界上最大的天坑群。

所谓"天坑",通俗点儿讲,就是地上天然形成的大漏斗。打岱河天坑群,位于贵州省黔东南州平塘县西部与罗甸东部的交界上,是深数百至两千米左右的三叠纪次深海内一个孤立碳酸盐岩台地,东西长约 70 公里,南北宽 10 公里左右,容积约 12 亿立方米,由打岱河天坑、安家洞猫底陀天坑、倒陀天坑、瑶人湾天坑、音洞天坑、打赖河天坑等大大小小 12 个天坑组成。整个天坑群以其规模庞大,天坑地貌发育完整,凹陷深邃,植被繁多,被地质专家称为"自然天坑博物馆"和"世界岩溶圣地",是全球保存最完整、研究程度最高、备受国际地学界关注的地质遗迹,极具科学考察和旅游价值。

天坑四周为悬崖绝壁和繁茂的原始森林,底部有种类繁多的喜热、喜阴动植物。打岱河天坑群中以倒陀天坑最为险峻,以打岱河天坑最为深邃、壮美。其中倒陀天坑四周均为悬崖峭壁,地貌惊险壮观,是真正四面绝壁的天坑,是开展悬崖速降和攀岩等现代探险与极限运动的最佳场所。打岱河天坑群是罗甸大、小井地下河的重要露头和补给源。地表天坑群、溶蚀洼地群、断头河流的存在,正是构成喀斯特地区地下河水系的必要水文地质条件。喀斯特地貌发育较为完善,洞内大小溶洞相互交错,洞重洞,洞穿洞,洞内钟乳石分布均匀,洞中有水,水上有滩,洞底有河,构成庞大的地下溶洞群,是休闲观光的旅游胜地。

天坑群的形成原因与国际知名的"大贵州滩"特殊地质条件有密切关系。著名地质学专家魏家庸先生指出:"大贵州滩"位于黔南州平塘、罗甸、惠水三县交界处,

天坑景观

从发生到消亡同样经历了大约2500万年的时间，它与贵州省北部大型三叠纪碳酸盐岩台地的发育特征极为相似。由于其顶部保存着盖层，所以它是全球发育历史记录最完整的三叠纪孤立碳酸盐岩台地。"大贵州滩"的三叠纪地层出露非常好，无论滩上的台地相岩层，还是滩缘斜坡的盆地相岩层，均从二叠系顶部–下三叠统底部连续出露。这为深入研究二叠纪末生物大灭绝和三叠纪生物复苏与环境变化，提供了全球独一无二的、最理想的条件。正如魏家庸先生所说："大贵州滩"的喀斯特地貌壮观秀丽，美学价值极高，探险、旅游潜力巨大。

若您来到星罗棋布的打岱河天坑群，您一定会误以为进入仙界神境，这12个天坑似乎对应了十二生肖，每一个游客看到不同的天坑，都能感悟到天、地、人之间的关联与传奇，加上在天坑附近居住的是布依族和苗族人民，其浓厚的人文风情与天坑的神秘相得益彰。当登上打岱河天坑的观景台前，郁郁葱葱的阔叶林一望无际，山头的迎客松探出头来，天坑内大片的秋海棠顶着蝴蝶形的花朵，为坑底增添了一抹粉色。探也探不到底的巨大天坑，您将会产生一种前所未有的视觉冲击和心理震撼：下至坑底，智者难辨东西；若宿一夜，文人不知魏晋。进桃源，未逢村舍人烟；入仙境，不见庭院楼阁。唯有绝壁千仞，古树枯藤，雾岚缥缈，野溪蜿蜒。青山作围，蓝天似盖，红尘烦恼，一切皆抛。

如此天地造化、鬼斧神工、壮美庞大的天坑群，将旅游地学与旅游美学合二为一，实属人间不二景。

贵州省的交汇过渡带分布着8个生态地标。乌蒙山和大娄山的交汇带，坐落着长江上游珍稀鱼类保护区，具有区系组成独特、珍稀濒危物种多、特有种多等特点。地处贵州高原与四川盆地过渡带的黔北丹霞，主要以高原峡谷型和山原峡谷型为主。国家级自然保护区——习水中亚热带常绿阔叶林，属大娄山北坡与四川盆地南缘的过渡地带，以超深切割的峰谷及剧烈的崩塌地貌形态为主要特征，是国内亚热带常绿阔叶林的典型代表，也是贵州省面积最大的自然保护地。武陵山向大娄山过渡带的白鹭湖，是贵州省鹭类分布最多的地区。有着"岩溶瀑布博物馆"之称的黄果树瀑布群，位于苗岭向黔南喀斯特丘陵交汇带，以其雄奇壮阔的大瀑布、连环密布的瀑布群而闻名于海内外。在地势西北高东南低、境内河流众多的苗岭向湘西丘陵过渡地带，散布着云台山、潕阳河、朱家山三个重要生态地标。

第二部分 / 第八章

绿野仙踪任迁徙
/ * 交汇过渡带 8 个地标

/ 长江上游珍稀特有鱼类保护区（赤水河段）：唯一的原生态河流
/ 黔北丹霞：赤壁隐桫椤
/ 习水中亚热带常绿阔叶林：红岩绿洲
/ 白鹭湖："百里画廊"百鹭飞
/ 云台山：白云石上走白云
/ 朱家山：㵲阳河源头
/ 㵲阳河：黄金水道
/ 黄果树瀑布群：世界岩溶瀑布博物馆

59. 长江上游珍稀特有鱼类保护区（赤水河段）
唯一的原生态河流

地标名称：长江上游珍稀特有鱼类保护区（赤水河段）Rare Fish Reserve in the Upper Yangtze River（The Chishui River Section）

地标类型：自然景观

地理坐标：105°41'E，28°35'N

生态系统：湿地生态系统

文＊唐 明 田 园　供图＊中国科学院水生生物研究所 周卓诚

核心价值：地标位于贵州省遵义市，横跨赤水市与习水县，经上游喀斯特地貌流向下游的丹霞地貌，全长628.23公里，是长江上游唯一没有设坝的原生态河流，是白鲟、达氏鲟、胭脂鱼等长江流域珍稀鱼类的重要栖息区域和繁殖场所，对研究和保护长江上游鱼类多样性及维持生态环境安全具有重要作用。

胭脂鱼

蜿蜒奔腾的赤水河位于中国地势第二阶梯的边缘，因沿河大部分地区为红壤土层，每年丰水期间，山洪不断将红土冲入河中，整条河流呈现褐红色而得名。这条发源于云南省镇雄县，流经云南、贵州和四川数个县市，最后于四川合江县投入长江怀抱的河流，自古便是黔北和四川之间重要的政治、军事、经济和文化交流要道，是民族融合和人口迁徙的重要通道，也是南方丝绸之路网格布局中的主要干线之一，具有多层次的重要历史作用。

赤水河是长江上游右岸的一级支流，全长 436.5 公里，流域总面积为 190007 平方公里，自然落差达 1473.96 米。整个流域地貌基本以中山丘陵为主，间有少量的丘陵和河谷坝地，长期的河流切割使该流域的地势更显陡峻雄奇。赤水河流域生境复杂，上下游气候差异大。上游处于高原地带，气候垂直分异明显，中游气候温暖湿润，无严寒无酷暑，下游海拔低，为亚热带气候区，气温较高，日照充足，雨量充沛，四季分明。仅在它的流域范围内，就有 1 处世界自然遗产、4 处国家级自然保护区和 1 处国家级风景名胜区，其生态环境的多样由此可见一斑。

赤水河由于落差大，河谷从气候到水文的变化都很大，鱼类多样性十分丰富。从高原寒冷气候类型的鱼到亚热带气候的鱼都有分布。赤水河上游的两岸是海拔超过 1000 多米的峡谷，河流比降大，河底以砾石为主，滩沱交错，水流湍急，裂腹鱼亚科、鳅科、野鲮亚科这些喜欢在激流中拼搏的鱼类找到了良好栖息场所；中下游河段开阔，水流缓慢，河底以泥沙为主，滞水区及河漫滩较发达，是鲌亚科、鳡科这些鱼类的适宜生境。在赤水河中栖息着 130 多种鱼类，其中长江上游特有鱼类近 40 种，白甲鱼、中华倒刺鲃、岩原鲤、昆明裂腹鱼、圆口铜鱼这些长江上游的珍稀鱼类在这里找到栖息地和产卵场。赤水河下游曾经分布着国家一级野生保护动物达氏鲟。达氏鲟也称"长江鲟"，体长可达 1 米，和中华鲟一样属于洄游性鱼类，野生达氏鲟数量较中华鲟更少，

赤水河谷

已经多年芳踪难觅。

　　赤水河整个流域主要是丹霞地貌及少量喀斯特地貌,河道底部多石头,多洞穴,这本身也是很多鱼类的天然庇护所,使得河流中的鱼有更多栖身之所,不容易被捕捞,此外,由于大多数中小型的鱼类都有洄游繁殖的习性,赤水河的完整给了它们繁殖的区域。因此赤水河对长江中小型鱼类而言是一个很重要的存在。

　　河水中的浮游植物和浮游动物虽不起眼,但它们也是水生生态系统中的重要成员,是鱼类赖以生存的食物。赤水河里共有300多种浮游植物,主要是硅藻门浮游植物,还有原生动物、轮虫、枝角类等多种浮游动物,充分的饵料,哺育着在这儿生活的鱼类。

　　在长江上游绝大多数落差比较大且没有被纳入保护范围的河流,基本上都修建了梯级电站进行水电开发。水电站的建立对长江支流的众多水生生物尤其是洄游性鱼类,造成了破坏性的影响。在这种背景下,赤水河作为唯一一条没有修建水坝和水库的一级支流,为长江上游半数以上的鱼类物种提供了最基本的生存基础和重要的产卵场地,保证了这些物种能够持续地生存繁衍。

　　2005年,国务院办公厅批准建立了长江上游珍稀特有鱼类国家级自然保护区,主要保护白鲟、达氏鲟、胭脂鱼等67种珍稀和特有鱼类,赤水河干流上游鱼洞至白车村,赤水河干流中游五马河口至大同河口,赤水河干流习水河口至赤水河口由于河流生态系统保存完整,鱼类资源丰富多样而被纳入到该保护区的核心区中。

60. 黔北丹霞
赤壁隐桫椤

地标名称：黔北丹霞 Qianbei Danxia Landform
地标类型：自然景观
地理坐标：106°1′E，28°26′N
生态系统：森林生态系统

文＊王野影　田园　摄影＊喻德江　安明态

核心价值：地标位于贵州省遵义市赤水市、习水县境内，属于全球亚热带面积最大、最连片分布的川黔渝丹霞地貌区，是全国面积最大、发育最壮观的早期青年丹霞地貌，是"中国丹霞"世界自然遗产的重要组成部分，是高原-峡谷型丹霞地貌的代表，红色的崖壁与绿色的树林、蓝色的河流之间构成强烈的对比，向世人展示了一幅壮美的自然画卷，有"丹霞绝壁、天下奇观"之称。丹霞地貌之上发育并保存了典型的亚热带常绿阔叶林生态系统，拥有世界上数量最多、面积最广的桫椤林区及贵州省数量最多、面积最大的楠竹分布区，是贵州金花茶、黑熊、豹等生物的重要栖息地，也是研究丹霞古植被和现代植被的理想地。

桫椤

黔北丹霞，包括赤水丹霞和习水丹霞，总面积3412平方公里，素有"丹霞之冠、千瀑之地、竹海世界、桫椤王国"的美誉，是世界上最大、发育最完整的丹霞地貌集中分布区，是地球同纬度保存较完好的亚热带常绿阔叶原始森林。赤壁在林中时隐时现，犹如一颗颗红宝石镶嵌在原野绿洲之中，十分耀眼。加之，丹崖风化，被雨水侵蚀呈现出黑色条纹，丰富了地貌的色彩，极具意蕴。

丹霞地貌的成长过程饱受时间磨砺，一共经历了古湖沉积期、抬升剥蚀期、幼年丹霞期和青年丹霞期四个时期。三叠纪的印支运动使西南大地下陷形成巴蜀古湖，沉积了2000～6000米深的红色岩层（主要成分为不溶于水的三氧化二铁）和含煤层，同时也把介形虫、瓣鳃、叶肢介、鱼、鳖和恐龙等史前生物的身影凝固在沉积层中，留下生命存在过的证据。白垩纪的燕山运动让巴蜀古湖向上抬升挣脱了大地的怀抱，露出巨厚的沉积红层，整个地貌呈东南高、西北低之势，向斜成山，背斜成谷，大白塘向斜、磨子岩背斜、土城鼻状背斜、旺隆场背斜及官渡背斜等古夷平面艰难维持平衡。至第四纪，情况更加恶劣，红层随着贵州高原的迅速隆升而显著上升，古夷平面纷纷瓦解和崩塌，最终形成了"赤壁丹崖""峡谷""方山""石柱""溪流""飞瀑"及"林海"组成的风光胜境，正所谓"天造地设、鬼斧神工"，极具美学价值。整个丹霞地貌的形成是中国西南地区大地构造运动的缩影，也是中生代以来地球演化历史的突出例证。

侏罗纪的残遗种——桫椤，一种唯一能长成大树的蕨类植物，曾和恐龙同生共荣，是恐龙的重要食物。恐龙取食桫椤后，孢子随着粪便被排出，桫椤便在新的地点开疆拓土，继续延续族群的基因。虽然恐龙已经不幸灭绝，但桫椤却因青藏高原对气流的阻隔，在未受到气候影响的丹霞大地之上存活至今。桫椤见证了恐龙的灭绝、陆地上从蕨类植物到裸子植物、被子植物的演变，成为研究自然地理环境的理想材料。又因其随着环境的改变，不停地变换孢子的类型来适应环境和扩大种群，因此也是研究适应性进化的典型，是适者生存的绝佳体现。

亚热带山地季风气候、丰富且具有垂直分带特点的地形地貌和水文条件，以及常人难以涉足的无人区，让丹霞充满生机，成为2116种高等植物和1668种野生动物栖息的家园。这里的植被覆盖率达90%以上，在中亚热带地区位居前列，植物成员中不仅包括桫椤、穗花杉、三尖杉等许多孑遗植物，还有井冈寒竹属、青钱柳属、异叶苣苔属、血水草属、小黄花茶和赤水蕈树共27种中国特有植物。除此之外，昆虫的种类也十分丰富，共有1264种，其中有90余个为新种。习水丹霞现存高等植物1674种，野生动物1435种，均低于赤水丹霞，这可能与两地的海拔差异有关，但在贵州的保护物种中，两地都占有很高比例。因此，黔北丹霞地貌极具科研和保存价值。

被誉为"中国十大最美竹海"之一的赤水，竹林面积达114万多亩，占全市森林面积的50.6%，拥有竹类12属40多种。漫步在竹海中，当对着弧形的丹崖开口说话，便会出乎意料地听到类似"锣声"的回应，这是因为丹崖绝壁面积太大了，已与竹海形成了声音反射区。竹子心无杂念，不求虚名，深受人类的爱慕，就连我国丹霞地貌上最大的瀑布都选择驻扎在这里，无私地滋养着这片土地，使这里的竹群更加壮大。

黔北丹霞不仅是众多野生物种的庇护所，就连生活在这里的人类也依赖丹霞而生。从新石器时代至今，人类的活动空间随着丹霞命运的改变而改变。丹霞沉积时，他们生活在沟谷；丹霞隆升时，他们走向洞穴或河畔；丹霞被削平时，他们则向丹霞平地迁居。整个迁居过程中，人类对丹霞逐渐适应并与之依存，最终结成了地球上最坚固的生存联盟！

61. 习水中亚热带常绿阔叶林
红岩绿洲

地标名称：习水中亚热带常绿阔叶林 Xishui Mid-Subtropical Evergreen Broad-Leaved Forest

地标类型：自然景观

地理坐标：106°10′E，28°26′N

生态系统：森林生态系统

文 * 谢双喜 田 圆　摄影 * 周东亚 杨成华 钱长江 徐 建

核心价值：地标位于贵州省遵义市习水县，属于贵州高原北坡向四川盆地过渡地带，丹霞地貌上的中亚热带常绿阔叶林，原生性强、保存完好、分布集中、面积较大，是国内亚热带常绿阔叶林的典型代表。地标水热条件优越，生态环境特殊，物种资源丰富，动植物区系组成复杂，拥有山茶科植物、福建柏等典型群落，是习水杜鹃、习水报春、鹅掌楸、云豹、藏酋猴等珍稀生物的栖息地，是贵州省面积最大的自然保护地，也曾是华南虎的重要栖息地。

习水杜鹃

在贵州省习水县西部,分布着大片中生代红色岩系地貌,在这片"红层地貌"之上,生长着全球同纬度地带最好的一片中亚热带原生性常绿阔叶林,红绿色调交相辉映,融为一体,随着季节更替变幻出万千神韵。

习水的中亚热带常绿阔叶林山地总面积达519平方公里,整体地势从贵州高原北坡向四川盆地南缘急剧下降。从县城西南部穿流而过的赤水河将红层森林山地分为东北和西南两大部分,并依次形成了三岔河浅切割中山区、大白塘－天鹅池深切割中山区和蔺江－中桶坝台状山地区三个地貌亚区。随着岁月变迁,在这红层山地上发育出典型的丹霞形态,孕育出丹霞赤壁、丹霞岩穴、丹霞峰柱、丹霞围屏、丹霞瀑布和丹霞峡谷等极富地域特色的地貌景观,集雄奇险峻和静噪神秘于一体。

得益于优越的气候条件和丰富的光热资源,在这雄浑大气的立体环境中萌发出的地带性中亚热带常绿阔叶林,更是为丹霞地貌增添了一幅浓墨重彩的自然写意画卷。习水的森林是国内中亚热带常绿阔叶林的典型代表,森林层次结构复杂,大致分为2～3层,林相和季相色彩十分丰富。壳斗科、樟科等科属的高大乔木在森林中占据优势,乔木下方是由冬青科、杜鹃花科与山矾科等科属组成的茂密灌木,林间穿插生长着藤本植物和喜欢附生在树干上的附生植物,地面上散布着众多草本植物和种类各异的菌类。其中的楠木曾有皇木之称,据记载,明嘉靖至清代,习水境内的楠木大都被砍伐运往北京,以修缮紫禁城。

习水的中亚热带常绿阔叶林系统地处贵州高原向四川盆地的过渡地带,动植物成分复杂,种类异常丰富。在这绿色的森林生态中,南方红豆杉、珙桐、福建柏、鹅掌楸、桫椤、习水杜鹃、习水报春,以及豹、云豹、林麝、苏门羚等珍稀动植物,严格遵循自然法则,彼此相互依存而又相互制约,共同维护着生态平衡,呈现一派生机盎然的景象。这里还曾是华南虎的重要栖息地,虽然它的足迹曾经遍布中国的热带和亚

习水报春

热带山地森林,但如今,人们已经无法在野外一窥华南虎的身影了。

习水的红层地貌以丰厚的营养基质支撑着绿色森林的成长,森林又以自身的强大生命力保护红层免受侵蚀破坏。由于红层地貌的生态环境十分脆弱,易遭受风化剥蚀,极易发生崩塌、滑坡及泥石流等地质灾害,既易爆发山洪,又易遭受干旱,对下游河谷盆地地区的农田、赤水河航运及长江三峡库区等地的生态安全都构成威胁。扎根于此的大面积常绿阔叶林雨季能蓄水,可以把泛滥成灾的雨水化为涓涓细流,保护地表免受雨水冲刷,防止水土流失;旱季则能吐水,向大气中蒸腾水分,缓解并减轻旱情,发挥着多种重要生态功能。

在这绿色森林生态系统中繁衍的生物物种,无论是高大的乔木、低矮的灌丛,还是天上的飞禽、地面的走兽,都按照各自的生存空间和生活习性而生存,它们严格遵循着自然法则,彼此之间既相互竞争又相互依存,形成了一个繁荣稳定的森林生态系统。从科学考察来看,该中亚热带常绿阔叶林的森林生态系统极为特殊,不仅有丰富的地带性动植物种类,还有非地带性的种类出现,区系成分复杂,表明这里是不同动植物区系的交汇和过渡地带。因为保护区地处贵州高原向四川盆地的过渡地带,地貌、地质、气候、土壤、湿地的差异极为明显,导致了生态环境的多样性,多样性的生态环境必然孕育了丰富多样的生物种类。所以,丰富的动植物生态系统完美地呈现在世人面前,表现为食物网络复杂,具有自行调节、自行更新、自行培肥的能量流动与物质循环规律,从而形成独特的地带性顶级群落。加之受第四纪冰川期的影响,大量北方种类迁入该地,冰川北退后由于该地有较高海拔的相似生境,这些物种也在此地长期生存下来。这里不仅有广泛的常绿阔叶林,还有针叶林、灌丛、灌草丛等植物群落;不仅有喜阳耐旱的群落类型,也有喜阴喜湿的沟谷群落类型,这些复杂的植物群落类型适合多种类型的动物生存,形成繁杂的、多层次的食物链结构,使这绿色森林显得

珙桐

更加生机盎然。

  独特的地质构造和多样的景观环境，养育了丰富的生物种群，也滋养着习水大地。无数的生命轨迹在这里交织，它们如同一个个跳跃的音符，共同演奏着属于这红层绿洲的生命之歌！

62. 白鹭湖
"百里画廊"百鹭飞

地标名称：白鹭湖 Bailu Lake
地标类型：自然景观
地理坐标：108°10'E，27°48'N
生态系统：湿地生态系统

文＊冉景丞　摄影＊蒲红强　吕敬才　曹经建

核心价值：地标位于贵州省铜仁市思南县，属于乌江中游以库塘湿地为主体、自然河流湿地为补充的喀斯特湿地生态系统，生境多样。白鹭湖是贵州省鹭类分布最多的地区，也是鸳鸯 Aix galericulata 等其他水鸟的栖息地，还是国家保护种胭脂鱼 Myxocyprinus asiaticus 的重要繁殖地。

① 白鹭
② 斑腿泛树蛙

"西塞山前白鹭飞，桃花流水鳜鱼肥"是唐代诗人张志和的一首词的开头两句。山关清幽，白鹭翻飞，桃花相映，鱼翔浅底，将苍岩野村描绘得如此唯美。然而在贵州思南就真有一个地方叫做白鹭湖，每天都能体会到词中的美景。

白鹭湖位于贵州东北部的思南县，因乌江上游修建的思林水电站而形成一片巨大的水面，再加上黑滩河、六池河等支流沟岔，构成了融河流、库塘、洞穴、峡谷为一体的喀斯特湿地，面积超过 5000 公顷。

如今宽阔的湖面，已经看不出昔日水岸人家与小码头边的繁荣，感受不到乌篷船穿梭摆渡时的拥挤与打情骂俏的欢娱，听不见那拉纤的号子与纤夫们沉重的脚步，就连那千年古镇文家店也成了水底之物。但是随着湖面的形成，一个新的湿地生态系统应运而生。

广阔水面、洞穴、岸边农田和森林环境，孕育了丰富的生物多样性，仅湖岸边就有维管束植物 331 种，珍稀植物柔毛油杉、中华蚊母树等就在岸边。那些粗壮的树根紧紧地抱着坚硬的岩石，丝毫看不出它们对险峻的畏惧，依旧郁郁葱葱，挺拔屹立，正好为各种水鸟提供了栖身之地。鹭类算是白鹭湖的最大特色，不光数量大，种类还很多，不管是河岸还是湖边，无论在山上还是村旁，总能看到各种鹭鸟的身影。大白鹭总是三五成群，而苍鹭却独自在水中站立，一动不动，等待猎物的靠近。牛背鹭像是多动的孩子，不停地在大树上欢腾，夜鹭就在不远处冷眼旁观。草鹭弓曲着脖颈飞过头顶，绿鹭却不合时宜地出现在眼前。这些都是我的一次经历，当我将照片通过微信传递出去时，连观鸟专家都羡慕不已。

良好的自然环境，成就了野生动物的乐园，已经发现野生脊椎动物218种，其中鱼类57种，两栖动物16种，爬行动物24种，鸟类78种，哺乳动物41种。它们中的胭脂鱼、岩原鲤、鸳鸯、黑耳鸢、普通鵟、红隼、游隼、短耳鸮、红腹锦鸡等都是国家重点保护的珍稀动物。特别是每年的冬天，大队的普通鸬鹚、绿头鸭、鸳鸯等从远方赶来，在这里度过共荣共生的时节。

当地的土家族群众都很喜欢鸟类，尽管有时鸟儿们会调皮地跑到农地里采食村民的蔬菜和粮食，村民们也最多是笑骂两句，对这些，鸟儿们已经习以为常，不会往心里去。黑鹅溪、黑滩河、六池河区域内的自然景观、农林渔产业、民俗文化等资源，形成了具有多元生态文化背景的示范区。

如今的白鹭湖已是长江支流乌江的绿色生态屏障，是连接长江流域、云贵高原、巴蜀地区和湘西地区的文化纽带中的重要节点。风光旖旎的高峡平湖、生态良好的乌江山水和鬼斧神工的喀斯特地质地貌等自然景观与博大精深的乌江文化、绚烂多彩的民族风情等人文景观交融，营造并组合而成具有不同景观风貌和丰富多样的生态系统，以及独具地域特色的多元文化。沿岸的悬崖绝壁上，雨水浸蚀留下的斑驳痕迹，像一幅幅巨画，充满了神秘色彩和遐想空间，因此得到了"百里画廊"的美誉。

63. 云台山
白云石上走白云

地标名称：云台山 Yuntai Mountain
地标类型：自然景观
地理坐标：108°7′E，27°6′N
生态系统：森林生态系统

文＊汤晓辛　摄影＊王云

核心价值：地标位于贵州省黔东南苗族侗族自治州施秉县，是世界上少有的发育在质纯、厚层、年代古老的白云岩基础上的壮观喀斯特锥状峰丛峡谷，展现了中亚热带湿润季风气候区保存完好的典型白云岩喀斯特生态系统，为野生动植物提供了多样的栖息和生存环境，包括硬叶兜兰 Paphiopedilum micranthum、鹅掌楸 Liriodendron chinense、猕猴 Macaca mulatta、藏酋猴 Macaca thibetana、林麝 Moschus berezovskii、鬣羚 Capricornis sumatraensis 等。云台山拥有天象奇观、奇峰丽水、佛教遗址、道教古刹等复合景观，是生态与文化有机融合的典型区域。

鲕状白云岩

云台山诞生于5亿多年前的寒武纪时期，那时这里曾经是一片海洋，在造山运动、隆升事件、生物大爆发的过程中，经过海洋－陆地的交替变化，逐渐形成了今天的云台山。目前从这里考古发现的三叶虫、古杯等古代生物化石，见证了地球演化的记忆。

岩性之美，是云台山最引世人瞩目的地方。作为黔东南苗岭山脉的北缘，具全球代表性的白云岩喀斯特自然景观，美丽非凡，因此入选"中国南方喀斯特世界自然遗产"。云台山喀斯特景观集雄、奇、险、俊、秀于一身，一座座雄伟的山峰拔地而起，彼此相接又常常若即若离，千奇百态，美不胜收。

云雾是云台山的气象奇观，美轮美奂的峰、石、松的景观，辅以瞬息万变、扑朔迷离的雾气，增添了"犹抱琵琶半遮面"的艺术效果，幻化出动态和朦胧之美。云台山全景的最佳观赏位置在黑冲，早起远观云雾缭绕中延绵的山峰，如群龙在大海中翻滚，蔚为壮观。而晴天时更可一览无余，只见山势蜿蜒起伏与远处的天地合为一体。

云台山是生命的奇迹。喀斯特地区土层十分浅薄，树木矮小，有时甚至寸草不生。白云岩地质构造是喀斯特最脆弱的一种类型，光秃秃的石头上往往没有一点泥土。但你会发现，山上到处长着茂密的森林，构成了云台山独特的景观，茂密的森林中蕴藏了丰富的植物资源，银杏、红豆杉、穗花杉、香果树等珍稀植物成为群落，为植物的繁衍提供了避难所。而猕猴、野猪、鼯鼠、穿山甲等数十种珍稀动物也在这里找到了自己栖息的家园。

是什么原因让云台山保持如此丰富多样的野生资源？也许这个问题目前还没有一个准确的答案，但你会发现，这里的生命都散发出坚韧的生命气息。喀斯特地区的植物，本来就生长不易，即使生长出来，往往幼小孱弱。在石头的缝隙中，小草会牢牢抓住仅有的泥土，顽强地生存下去，而自身凋亡之后，尸体也不会离开这片土地，而是依然挂在悬崖之上，直至化作了新的泥土，变成营养滋养自己的后代。而山顶的树木，

云台山

往往有着很深的根,从石头缝里一直抓下去,稳稳地固定自己的"身体"。有时风雨太大,有的树被连根拔起,无奈地歪倒在路边,但还会有更多的小树,茁壮成长,前赴后继地成为参天大树。也许这就是一种生命的精神吧,就是在这种精神的激励之下,植被涵养了水源,水源也滋养了生命,让云台山成了一个稳定的生态系统。

山中的水从石缝间汩汩流出,渐渐汇成清澈见底的溪流,汇入杉木河。杉木河穿越两岸秀丽的奇峰,河水清澈晶莹,映照出山峰翠绿的倒影,更增添了山的灵气。漂流运动是杉木河的一大特色,在山间漂流,可以自由自在地欣赏奇峰、异水、流云,让人不得不叹服大自然的鬼斧神工,从不同角度看都能给人以美的享受。杉木河最终汇入了潕阳河,潕阳河汇入了沅江,沅江汇入了长江。杉木河干净的水质,为长江下游人们饮用水的安全、为预防水土的流失,提供了重要的保障。

云台山是苗、侗等民族世代居住的家园,具有独特的少数民族文化。苗年、龙船节、吃新节是当地苗族的传统节日,每年县城都会举办盛大的龙船节,邀请四方宾朋前来参与。"刻道"是记录苗族青年男女古老婚姻的历史史诗,2006年经国务院批准列入第一批《国家级非物质文化遗产名录》。

64. 朱家山
潕阳河源头

地标名称：朱家山 Zhujia Mountain
地标类型：自然景观
地理坐标：107°40'E，26°57'N
生态系统：森林生态系统

文＊麻俊虎 王瑞卿　摄影＊陈 林 王文秀

核心价值：地标位于贵州省黔南州瓮安县与黔东南州黄平县的交界地带，属于浅变质岩地貌，分布有保存完好的中亚热带常绿阔叶林，形成以丝栗栲占优势的典型群落，是银钟花、白辛树、银鹊树、斑羚、金猫、金雕、勺鸡等珍稀生物的重要栖息地，也是潕阳河与清水江支流的发源地。

白颈长尾雉

朱家山位于贵州省黔南布依族苗族自治州瓮安县，属低中山地貌，最高海拔1392.1米，最低海拔686米，总面积4888.2公顷。朱家山是典型的亚热带季风气候。由于常绿阔叶林的存在，云量较多，阴雨多，晴天少，年平均相对湿度大于80%，年降水量1300毫米左右，春夏降水较多，秋冬季降水较少。朱家山是一个冬无严寒、夏无酷暑、气候宜人、养心润肺的福地！

朱家山有一片广袤的林海，是典型的常绿阔叶林。这里的林木茂密，蜿蜒翠绿，峰峦叠嶂，眺望远近诸山，错落有致，峥嵘葱翠，使人心旷神怡，宛如一幅天地间的泼墨写意作品。郁郁葱葱的树林不仅带给了我们好的氧气，使我们的空气得到了净化，尘埃得到了过滤，也养育了众多的物种。

朱家山的植物甚是丰富。其中被称为植物界"大熊猫""活化石"的银杏树在这里安家落户。银杏树是著名的长寿树，自然条件下从栽种到结果要20多年，40年后才能大量结果，"公种而孙得食"，因此别名"公孙树"。银杏出现在几亿年前，是裸子植物中唯一的阔叶落叶乔木。它高大挺拔，叶似扇形，不仅能净化空气，保持水土，还能调节气温，调节心理，果实有祛痰止咳等功效。远远望去，朱家山像一位手执蒲扇的老者，凝望着这片山水，更像是站在这里见证子孙的发展与变迁。

在朱家山还有一颗"养在深闺"的明珠，那就是银杉，它生长于海拔941～1870米处的陡坡山脊、孤立的石山顶部或悬崖绝壁的缝隙中，它的树干挺直，主枝平展，仪态刚健优美，像托塔李天王手里的宝塔，树干布满鳞片像苍松，而那青翠欲滴的针叶又和杉树相似。凝视它那窄窄暗绿色的叶背，会发现两条长长耀眼的白线，当一阵山风吹过，可见满树银光闪闪，美不胜收。

在森林里，斑羚、猕猴、大灵猫、小灵猫、斑灵狸、金猫、林麝等快乐地生活着。不过很多哺乳动物都是昼伏夜出，隐藏身形是它们的拿手好戏。与之相比，鸟类则显得更为大方。朱家山的鸟类物种也非常丰富，红腹锦鸡和白颈长尾雉无疑是它们中最艳丽夺目的代表。红腹锦鸡因为头部羽毛的发型奇特而在网络上爆红，不过它却是实打实的中国特有物种，也是国鸟的有力竞争者。在朱家山，红腹锦鸡"鸡丁兴旺"，人们常常不经意间就在山路上和它们偶遇。红腹锦鸡冬季会集成十余只的大群在山上游荡，夜间就飞到树上休息，到了繁殖季节就更热闹了，雄鸟会聚集在一起，围着雌鸟绕圈子，争相展示最华丽的一面，期望雌鸟能选中自己。那场面绝不亚于人类的任何舞蹈，会给任何见到的人留下深刻的印象。

白颈长尾雉是朱家山另一种气质非凡的动物。它们的尾羽有半米多长，令人印象深刻。白颈长尾雉虽然拖着一条长尾巴，但这并不影响它们的行动，无论是在山路上奔跑还是飞行，它们的速度都非常快。

好山孕育了好水。朱家山的水，发源于落水洞上游的清泉，一年四季清澈见底。它蜿蜒而下，汇聚了四面群山的小溪，吸收了大地森林内蒸发的水蒸气，凝结成一条弯弯曲曲的长带子——大河。大河盘绕在连绵起伏的群山脚下，河水清澈，日夜不息地从"万马归槽"的"拱龙"身边流过，故有"鼻绞水"的佳传。

朱家山的水中世界同样生机勃勃。在众多的水生生物中，鳜鱼无疑是这片水域的霸王。鳜鱼性情极为凶猛，体型也可以称得上巨大，生长两年身长就可以接近70厘米。鳜鱼活动在开阔水域的中上层，拥有近乎完美的细长身材，这也使它们的行动异常迅速，被盯上的其他鱼类和沼虾基本都难逃毒手。就像非洲草原上的狮子和西伯利亚森林中的东北虎一样，鳜鱼同样是水中的顶级猎食者，它的存在，也意味着朱家山水域的富饶。

在鳜鱼的统治尚不能触及的角落，叉尾斗鱼默默地生活着。叉尾斗鱼偏爱水流缓慢的区域，在沼泽、半沼泽的水草间出没。这些不起眼的小鱼，却是模范父母。繁殖时，雄鱼会在水草间吐泡泡，创造出一个个"产房"，雌鱼就将卵产在泡泡里。等幼鱼孵化后，雄鱼会继续守护幼鱼，直到幼鱼能独立生活了才离开，大大提高了幼鱼的生存几率。

朱家山的美丽和神奇，是要你亲身融入到其中去，接触她、凝望她、抚摸她，你才能真切感受到。在那里，你会有一种进去之后就不想再出来的感觉，同样在那里，你会真正感受到什么是人在画中游！

65. 㵲阳河
黄金水道

地标名称：㵲阳河 Wuyang River
地标类型：自然景观
地理坐标：108°55′E，27°15′N
生态系统：湿地生态系统

....   文＊张 潮 王瑞卿 摄影＊郑 铁 杨传东

核心价值：地标发源于贵州省瓮安县，经黄平县、施秉县、镇远县、岑巩县，在玉屏县出贵州境进入湖南省，干流全长258公里。属于贵州东部喀斯特高原向丘陵地带过渡的河流湿地。地标保存有较为完整的亚热带森林，生物多样性丰富，是香果树、甜茶树、大鲵等珍稀生物的栖息地。沿岸多古建筑、古民居、老码头，是历史上的交通枢纽，具有悠久的历史文化。

潕阳河

沿着湘黔铁路，穿过重重隧道和山峰，忽地青砖青石矗就，楼阁殿宇耸峙，满载古重气息的城塞就跃入眼帘。这就是有着两千多年历史的古城镇远，一条大河蜿蜒穿城而过。河水穿过这座有雄伟奇特、蜚声中外的国家级重点文物保护单位青龙洞古建筑群和明清古民居、古巷道、古码头、古城垣的千年古镇，并与古镇融为整体。

这条穿古城而过的河流，就是长江支流沅江的支流，名为潕阳河。潕阳河发源于瓮安县垛丁区凤关乡，向东经施秉、镇远、玉屏等县城至露水溪入湖南省境，至黔阳与清水江汇合，全长291公里，是贵州境内流经县城最多的河，是贵州古代最好的航道。潕阳河航运最早史载是在春秋战国时期，楚扩展疆域利用潕阳河进兵攻黔伐滇。

历史上，潕阳河一直作为贵州东部对外交通的重要水道发挥着重要作用，但潕阳河并不只是一条水道，还是贵州东部美景聚集地及生物多样性的家园。

潕阳河的上游，自然的原本面貌尚得以保留——这里是以白云岩喀斯特地貌为特色的"施秉喀斯特世界自然遗产地"。其地域内，喀斯特常见的奇峰、岩洞、巨石、天生桥、塔状群峰、裂谷、窄脊、石柱等在这里充分发育，崖如斧削，峰似剑立，姿态万千，造型奇特生动。白云岩体经风雨千百万年的侵蚀，或直立千尺棱角分明，或层峦叠嶂延绵百里，能给人的视觉乃至灵魂造成强烈的冲击。在这片区域，杉木河和瓦桥河清澈晶亮的河水、险峻嵯峨的峰丛，集"秀、幽、奇"的自然本色于一身。

按照中国传统的说法，奇境出异兽。潕阳河流域洁净无污染的水，喀斯特地区的重重岩洞，也联手孕育了一种奇特的动物——大鲵。

大鲵属于两栖纲有尾目隐鳃鲵科，和我们通常能见到的青蛙、蟾蜍算是远房亲戚。不过和青蛙比起来，大鲵算是一个庞然大物。成年的大鲵身长可达1米，口中长满了细碎的牙齿，平时沉在水底一动不动，遇到猎物就突然发起攻击。水中的小鱼小虾都是它们的猎物，在水中几乎没有敌手。成年大鲵的眼睛退化，不能见强光。它们依赖

大鲵

喀斯特洞穴的黑暗恒温环境进行繁殖。

虽然大鲵十分强悍,但是它们的生存状况却并不乐观,在 IUCN 的评级中,大鲵被列为极危物种,比我们耳熟能详的大熊猫、朱鹮的评级都要高,这其中一个很重要的因素是大鲵对环境要求极高:它们只栖息在冷水环境中,要求水中富含溶解氧,因此只有纯净无污染又有一定流速的水流才能满足它们的需求。大鲵生性隐匿,平时总是昼伏夜出,休息的时候它们就会躲藏在水下的洞穴中。大鲵又有同类相食的习性,因此必须有足够的水下洞穴和活动、觅食空间,才能支撑起大鲵的繁衍生息。潕阳河及其支流的河谷地带有特别多的洞穴。

还有众多的其他物种与大鲵同享一片家园。这里有湿地维管束植物 665 种,野生脊椎动物 212 种,既有厚唇光唇鱼、棘腹蛙、红腹锦鸡这样的中国特有种,也有水鼠耳蝠这样的濒危物种。历史文化与珍禽异兽,就这样在潕阳河交织在一起,生生不息。

水墨黔乡：66 个贵州生态地标

66. 黄果树瀑布群
世界岩溶瀑布博物馆

地标名称：黄果树瀑布群 Huangguoshu Waterfalls
地标类型：自然景观
地理坐标：105°22′E，26°5′N
生态系统：湿地生态系统

文＊汤晓辛　摄影＊黄 强　安明态

核心价值：地标位于贵州省安顺市，属于岩溶侵蚀裂点型瀑布群，以落水洞开始，经历了下游暗河塌顶和瀑布自身冲蚀后撤的过程，代表了岩溶地段河谷演化的完整模式，自白水河至螺丝滩，共由 18 个风韵各异的大小瀑布组成，堪称是世界上最典型、最壮观的喀斯特瀑布群。沿河有心滩、漫滩、峰丛、峰林、槽谷、洼地等古老的山盆期地貌，以及溶洞、地下河等溶蚀地貌，是喀斯特地区水分二元结构的典型代表。最大的黄果树瀑布，宽 101 米，高 80 米，是亚洲第一大瀑布。瀑布顶层与下层生物存在明显差异，是黄果树爬岩鳅的模式产地，对研究生物分类与地质演变相关性有重要作用。

滴水潭瀑布

  黄果树的上游发源于贵州西部的白水河,白水河河宽水急,从岩溶广布的山峦间穿过,流经镇宁县时,河床断落成九级瀑布,形成以黄果树大瀑布为中心、自北向南延绵40公里、面积达450平方公里的瀑布群,包括黄果树瀑布、滴水滩瀑布、陡坡塘瀑布、天生桥瀑布、银链坠潭瀑布等。

  黄果树瀑布群发育于碳酸盐岩层中,属喀斯特地貌中的侵蚀裂点型瀑布,其形成原因十分复杂,瀑布群在几十万年前曾是巨大的落水洞,经过冲刷和溶蚀作用,落水洞的洞顶塌陷,逐渐形成了今天瀑布的形态。

  在黄果树瀑布下游6公里处的天生桥是喀斯特地貌上的一大奇观,由于地下水把下部岩层溶蚀掉形成地下暗河,随着时间推移,逐渐形成拱桥一样的构造景观。拱桥长2公里,宽800米,范围1.6平方公里,是世界最大的天然桥。

  瀑布也像生命一样,有自己的寿命,在风雨溶蚀和雨水冲刷下,不断后撤直到消亡,地质学家称为"向岩后撤"。与世界三大瀑布每万年后移1~10公里相比,黄果树瀑布每万年仅向后移动1米左右,几十万年来后撤了205米。

  黄果树瀑布群不仅是喀斯特地貌的美丽景观的集合,也是生物多样性的家园。由于瀑布群的落差大,水流急,岩石多,在下游的深水中,濒危鱼类似鳡正在水中虎视眈眈,似鳡一听名字就知道是性情凶猛如同鳡鱼的鱼,它们的个头比鳡鱼小,但是游速极快,一旦看中附近出没的鱼虾,会迅速出击撕咬猎物。它们的体色为青灰色或银白色的花纹,和水体颜色十分相近,在水中游动时,猎物很难注意到危险。与似鳡不同,贵州特有种黄果树爬岩鳅生活在黄果树瀑布群的上游,上游的水较浅,它们整日趴在水体下方的石头上,刮食岩石表面的藻类,黄果树爬岩鳅与世无争,无意中却担当了水体清洁工的角色,对藻类的刮食能避免藻类过度生长造成水体富营养化,它们与水体中其他生物一起协作,维护水体中生态系统的健康。黄果树爬岩鳅斑驳的棕褐

① 安顺润楠
② 黄果树瀑布

色肤色与水中的石头颜色相近，是很好的保护色，远远看去，根本分不清哪里是岩石，哪里是鱼。

如果你看过1986版的《西游记》，一定会被水帘洞那种壮观的景象所深深震撼，水帘洞拍摄的外景就在黄果树瀑布。水帘洞是瀑布后面一个长134米的天然溶洞，是世界瀑布中独一无二的景观，水帘洞的形成与喀斯特特有的钙华沉积有关，水中的钙离子和二氧化碳形成了碳酸钙沉淀，附着在瀑布壁上，一层层向前推进，从而形成钙华帷幕。

一些密集丛生在阴暗的洞口的苔藓正发出绿色的闪光，这是光苔，苔藓家族中与众不同的一类，它们喜欢在滴水的石头上或是潮湿的泥土中生长，样子看起来扁扁的，很可爱，但其实它是岩石的克星。由于苔藓能够吸附水分，延长岩石与水面接触的时间，此外苔藓还能分泌有机酸和生物碱，苔藓的存在加速了岩石的溶蚀。

在黄果树瀑布，离瀑布远远地就能听见水声，当你渐渐靠近瀑布，会有星星点点的水滴从天而降，一滴滴溅在身上，如天降甘露，清凉无比，酣畅淋漓。听着万鼓擂响般的瀑布声，望见水流跌入深潭溅起的水花，这时会有一种莫名的感动，似乎这一滴滴水珠从皮肤渗入，一下子和自己的身心合在了一起。自己的灵魂似乎也变成一只小鸟，飞上天空，俯瞰这美丽的瀑布群，瀑布就像镶嵌在碧绿群山上的一个个仙子，身着一袭白衣轻轻飘过。

后记

文 / 冉景丞

初次听到"生态地标"一词,是在习水听鹿蒿工社的刘保党老师提起的。觉得很新鲜,与当前的大生态、大旅游能够联系起来,便应邀参加了关于习水生态地标的创作,希望将生态地标这一新鲜事物继续推进。在向时任贵州省林业厅分管厅领导汇报后,黎平厅长也提出了对生态地标的一些看法,并提到与大数据、大扶贫、大旅游、大生态的关联与结合,使我眼前一亮,重新审视生态地标的含义,便积极地与鹿蒿工社的同仁探讨。

也学现在的年轻人,有问题找"度娘"。我百度了半天,"生态地标"这个词条居然没有找到,只看到有关地标的解释:"地标是户外广告的特殊名词,是指每个城市的标志性区域或地点,或者能够充分体现该城市(地区)风貌及发展建设的区域。"如今说到地标,天安门广场、八达岭长城、中央电视台大楼、贵阳甲秀楼、黔灵山公园等都是地标。地标有大有小,大至一座山、一片水、一条河,小至一栋楼、一面墙。生态地标究竟是什么?为什么在地标的前面要冠以"生态"二字?我这人就喜欢标新立异、挑战自己,将没有的东西变成现实,就是一种创新,就是乐趣所在。

我的理解,"生态地标"首先它是一个地标,同时还必须有丰富的生态内涵。这个地标应该是一个有代表意义的生态系统,同时要考量地标点重要生态区域与周边民众生产生活、文化艺术与精神安全的联系。如此,就清楚了我们做生态地标整理和解读的意义:通过对大地理中具有重大生态作用及影响的生态地标进行研究解读，阐述生态与民众之间的关系，增强民众对家园生态环境的理解，普及自然保护的知识与理念，建立民众对家园的情感。

虽然2015年在习水做生态地标时心中就已经确定会积极推进全省的生态地标的评选和解读，但由于能力和精力的原因，2017年，由贵州省林业厅、贵州省生态地标研究中心（筹）与鹿篱工社才共同筹备了贵州省生态地标项目组，从贵州省选出第一批有代表性的生态地标名单。生态地标毕竟是新生事物，要统一概念就不容易，更何况不同知识背景的专家有不同的角度和看法，因此前期统一共识花费了较长的时间，给出了生态地标相对固定的标准。项目组首先罗列了贵州1300多处生态价值较高的区域，根据评选标准选出了第一批180个生态地标。选出的这180个地标有些区域广大，有些小得可怜，有些闻名遐迩，有些不为人知。之后又经过多次集中会议的头脑风暴和争论，项目组听取了各方面专家的意见，通过自由投票等方式，地标数量经过从180个变成130个、130个变成52个、52个变成82个的过程。最后一次筛选会议，20多个专家现场讨论，从早9时到晚10时，确定下来第一批生态地标为66个。

现在讲起每一次地标个数的变化，总是轻描淡写，其实每一次都付出了艰辛的努力。毕竟是新事物，涉及全省生态格局，能说得出道理的人屈指可数。在名单讨论与价值分析的阶段，IUCN驻华代表朱春全博士为此专门到贵阳待了两天，足不出户的与专家们高强度讨论。贵州师范大学副校长乙引教授忙完手里的工作，晚上8时多赶到会议室与我们讨论到凌晨3时。贵州大学生命科学学院院长喻理飞教授对贵州的生态格局有深刻的理解。为了征求他对生态地标评选的意见，鹿篱工社的刘艳丽从贵阳追到铜仁，争取到喻教授晚间从铜仁返回贵阳的乘车时间，与喻理飞教授交换了对项目的理解。她还大着胆子单刀赴会，向大教授熊康宁讨教如何从全球视野看贵州的地质地貌。事情再怎么紧急，龚记熠老师总能有办法解决，而且总是不愠不火，面带笑容，真正的是招之即来、来之能战、战之能胜。蒙文萍是一个既好学又热情的人，大家都叫她蒙蒙，话不多，却掷地有声。有极好的归纳整理和文字组织能力，为了地标中某个字的表达，可以琢磨半天。在专家们讨论地标价值点时，记录和整理得最清楚的就数她，即使第二天就要硕士论文答辩，头一天的讨论会议她还是坚持到了晚上十一二时。贵州省林业科学院研究员杨成华老师第一时间从野外考察中赶回来参加会议讨论。贵州大学高华端教授为了生态地标讨论会议，将装修买家具的重任全部托付妻子处理。贵州师范大学的杨卫诚教授爱人剖宫产住院，自己也生病打点滴，但依然参加讨论并积极参与写作。听着他剧烈的咳嗽声，我都为他难受。整个过程，几十天的时间，令我感动的事情太多，无法一一列举。

即使大家非常努力，但还是感受到了很大的压力。当大家都处于焦灼状态时，领导的肯定无疑给大家带来了勇气，黎平厅长专门参加了几次会议，肯定了生态地标概念的新颖，指出生态地标的解读是唤起人们尊重自然、增强对家乡自豪感的有效途径，是扩大知名度和影响力的有效措施，对全省范围内进行研究和宣传的意义重大。鼓励大家要一鼓作气，高质量完成，向贵州省第一个"生态日"献礼。

按照这些思路，地标的格局又经历了精益求精的调整。第一批生态地标名单里的剑河县与黎平县之间的老山界，有成片的国家重点保护植物鹅掌楸林，但由于风电建设导致满目疮痍，不得不忍痛从名单中拿掉。台江县的登鲁村面积不大，但村庄成片的古楠木群落和优美的环境，属于人与自然的和谐案例而入选。此外也有另类的例子。瓮安白水河的古生物化石群因为开矿而被严重破坏，令国际古生物大会的专家们痛心疾首。为了引起人们足够的重视，专家们又一致要求将瓮安古生物化石群列入地标名单。有些地标是几起几落，最后才得以入选。如思南的白鹭湖，最开始在名单中，后来我们倾向于认为乌江是贵州的一个整体地标，包含了沿岸的诸多湿地地标，遂将白鹭湖排除在外。不过很快项目组就发现，乌江本质上是一个大地理地标，与生态地标有区别，如果整个乌江仅作为一个生态地标，将损失大量有价值的信息。因此，乌江沿岸的各个湿地与喀斯特峡谷重新纳入规划。

价值点的确定是需要众多知识作为支撑的，不仅要熟悉地标点的价值构成，还要具备很高的视野来提炼。鹿蒿工社的刘艳丽和冯杰承担了前期的价值点调研与文字提炼工作。查阅大量文献、组织专家讨论、邮件往来、登门拜访，对整个贵州省的生态本底分析与前期调研文案做了大量工作。蒙文萍协助刘艳丽，根据专家会议的讨论结果与价值定位，对生态地标价值点进行提炼。在贵州师范大学的苔藓实验室里，刘艳丽、蒙文萍、方忠艳、赵璐、谷祥卉，夜以继日、废寝忘食地工作，查阅了几大堆资料，电话打了几百个，终于完成了生态地标价值点的文字梳理工作。

地标创作的过程更是狂风暴雨、电闪雷鸣。专家们严谨的科学态度与文学家欢快轻松的笔调总是调和不到一起。刘保党老师极力推崇的文章风格，在刘艳丽看来有着很大的缺陷。为了确保对地标的统一认知和品质呈现，伏案工作一天的刘艳丽根本不看时间，晚上11时30分拨打我的手机，我能感觉得到电话那端的着急与伤心。交流了一个多小时，不得不插上电源边充电边接听，直到双方达成共识。由于作者的知识背景不同，争执在所难免。刘保党老师智慧又坚决，总能让不如人意的文章推倒重来。设计大师王明自老师也几易其稿，一次次推翻自己辛苦设计的版式。李文义老师总能在大家都词穷时想出很多连珠妙语。深夜里在群里问候，每一次都有冯海老师的回应。有好几位生态地标的作者，为完成文章花了大力气，又是查文献，又是电话咨询，文章几度修改，但最后却还是没有采用，成了无名英雄。

其实我知道，大家都是希望做到最好，就连一个书名，讨论了不下五次。我知道此时的我千万不能出问题，既要帮助所有的作者一起梳理价值点，还要参与各种协调工作。尽管已经小心谨慎，痛风、眼疾、颈椎疼与腹泻还是接踵而至。来到太原，右腿痛风又犯了，疼痛难忍，坐立不安。夜里尤其严重，极度困乏却整宿无法成眠。2017年6月10日凌晨3时，本书工作接近尾声，好不容易熬来点儿睡意，迷迷糊糊中，刘保党老师突然说，还得加两个地标。东部一个，西部一个。天山应该入选，天山控制了西部气候，必须加进去。我抗议，坚决不行，时间来不及。情急之下，我一边拍桌子一边准备起身，病腿的疼痛如撕裂一般将我霹醒。哈哈，原来是一场梦。这个家伙，梦里都不忘折磨我。

66个地标要展现出来，图片是不可缺少的。项目组考察了沿河、思南、务川、长顺、台江、剑河、镇远、凯里、习水、赤水、荔波、独山、福泉等几十个地方，但要在短时间内把这66处都跑完，还要抓得住好天气，几乎是不可能的，只能向各地征集图片。每个地方对提供图片态度不一，有些地方非常乐意，迅速回应，贞丰等地还专门派人将照片送到贵阳。有些地方却并不积极，几番催促，也是提供几张一般小图敷衍了事。非常感谢我们的专家安明态教授、粟海军教授、杨成华研究员，还要特别感谢贵州省摄影家协会的陈正军、郑铁、李雁秋等老师，是他们在关键时刻伸出援助之手。十几G的照片要整理分析，贵州师范大学生命科学院的同学们做了大量的工作，最后整理的工作几乎都落到了贵州大学方忠艳同学肩上。因为不能按时上课，面临被老师惩罚的风险。长时间盯着电脑，眼睛实在难受，方忠艳戴上墨镜继续工作，俨然一位大侠！

总而言之，项目的第一批成果将出，是以一本书的姿态展示生态地标的风采。这绝不是一本书就能代表的。几十个人，若干个日日夜夜，一次次地争论、一次次地整理，本身就是一个培训过程。通过项目增长了生态知识，形成了生态理念。星星之火可以燎原，每一位项目成员就是种子，是宣传队，能够将生态理念推向更深更远。本书的出现，不是结束，而是事业的开始！

生态地标项目是贵州省林业厅第一个从全省格局做价值分析和知识点提炼的项目，因时间紧迫，难免有瑕疵，但仍然是我们努力工作的呈现。希望未来能越做越好。

凡此种种，不胜列举。完成此书，增进友谊。